A Devilish Perspective Psychology Encyclopedia

相手の心を読む!

透視心理学大全

監修 齊藤 勇

宝島社

はじめに

「人は外見では判断できない」とよく言われる。

しかしその反面で人は、外見からの情報で「あの人は誠実そうだよね」「あの人は遊んでいそう」などと、その人の性格や行動傾向を推測している。それは決して間違いではない。

というのは、人間は無意識内に、心の奥底に眠る心理状態を仕草、言動などに表しているからである。

たとえば会話をしているとき、やたらと相手にボディタッチをする人がいたとする。こういった人は、より親密になりたいと思っているのだ。

また目や手にはその人の心理状態がよく表れる。会話中に手で鼻を触ったり、話をしながら斜め上を見たり、年中サングラスをかけていたり……人間はそういった行動の中に、不安、愛、優しさや嫉妬などのあらゆる感情を無意識のうちにあるいは意識してサインとして表しているのである。

本書では人間の行動から読み取れる145のサインをわかりやすく解説している。人の心を透視することで、ビジネスや恋愛、生活の中できっとスムーズな人間関係を築くことができるはずである。

そして透視心理学を知ることで、人生に幸福がもたらされれば幸いである。

齊藤勇

相手の心を読む！

透視心理学大全 ―目次―

Chapter 1 見た目で読み取る人間心理

♡ 本当の自分がわかる心理テストⅠ

Chapter2 仕草で読み取る人間心理

本当の自分がわかる心理テストⅡ

Chapter3 会話で読み取る人間心理

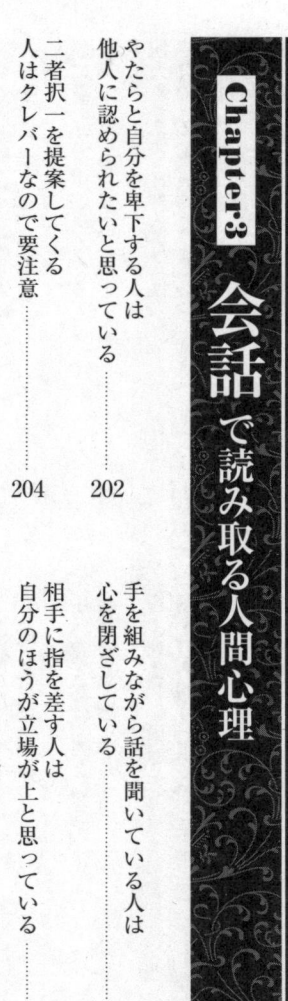

本当の自分がわかる心理テストⅢ

Chapter4 口癖で読み取る人間心理

本当の自分がわかる心理テストⅣ

Chapter5 行為で読み取る人間心理

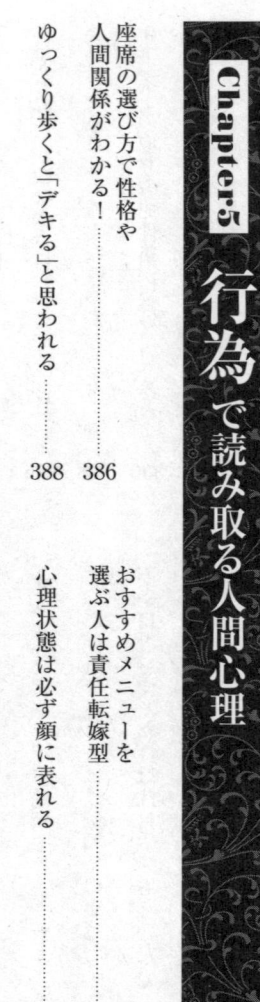

♥本当の自分がわかる心理テストV

Chapter 1

見た目で読み取る人間心理

相手の気持ちは顔で見抜け！

透視力キーワード　表情判断

人の感情は顔に出やすいという特徴がある。どんなに取り繕っても本当の気持ちはすぐ表情に出てしまう。つまり相手の表情から今どんな感情に支配されているのかすぐに推察できるのだ。このように相手の表情から、喜び、怒り、悲しみなどを判断することを「表情判断」という。人間の表情判断能力は、人間が社会的な動物であり、集団で生活する上で必要な感情的コ

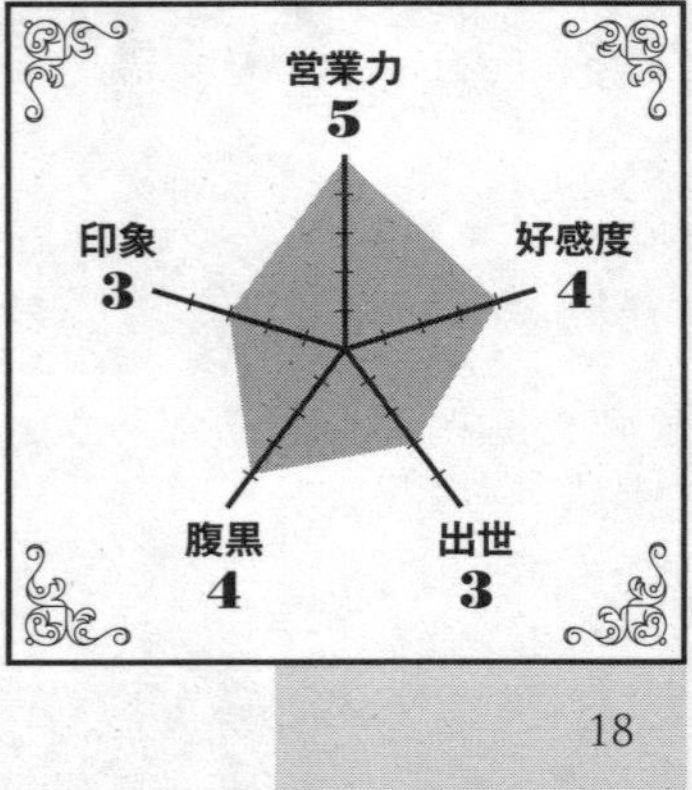

ミュニケーションをより円滑にするために発達してきたと考えられている。人は言葉によるコミュニケーションも発達させたが、同時に表情判断も発達させてきたのだ。

人間の表情を作る顔の筋肉は表情筋だが、表情筋は額領域、目領域、頬領域という3つの領域に分かれていて、それぞれ顔の骨と皮膚、顔の皮膚と皮膚を結び付けている。骨格筋に比べて表情筋は非常に繊細で、一つの神経細胞が動かす筋繊維はわずかである。また、各領域が異なる動きをすることも可能なので、人の表情は非常に複雑に変化することができるのだ。

心理POINT

相手の微妙な表情を読み取れるようになれば絶対有利

人間の顔に表れる感情

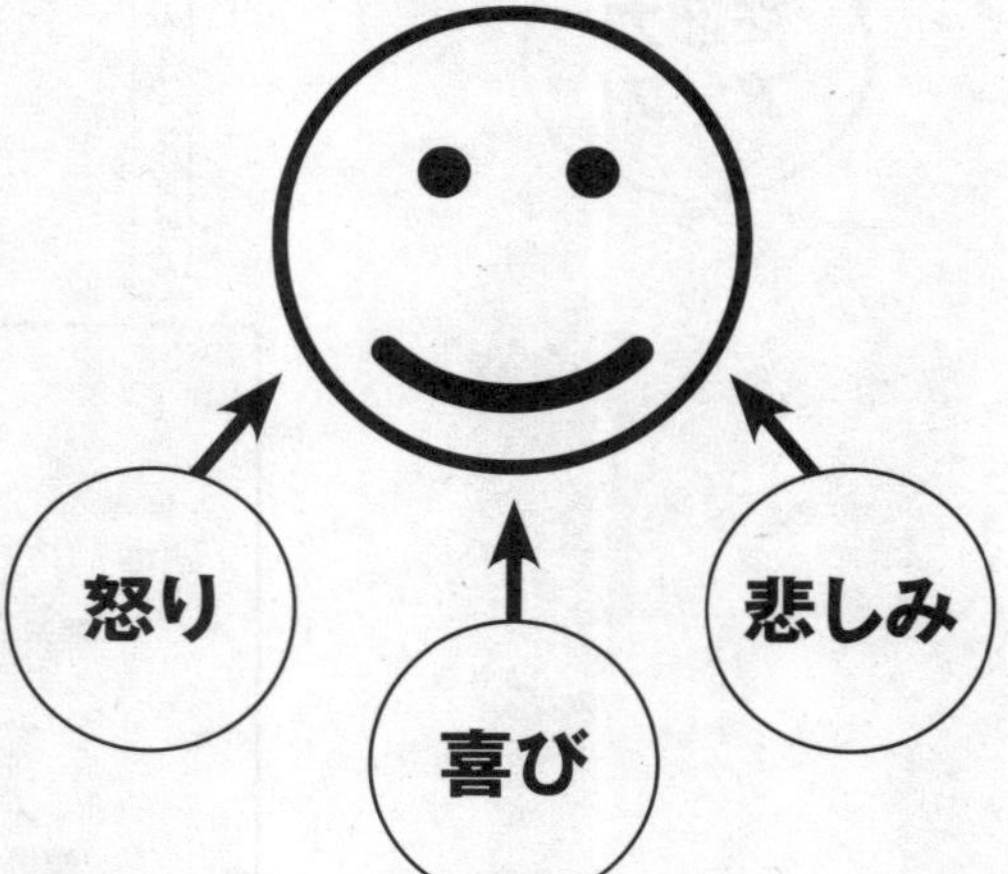

人は目、頬、額の3つの領域で感情を表現する。

身振り手振りを派手にすれば聞き手は魅了される！

透視力キーワード
コミュニケーター・スタイル

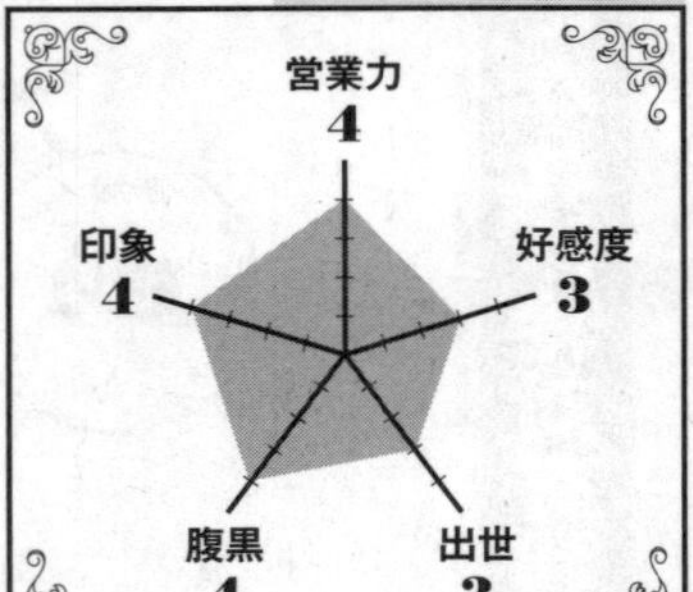

相手の表情だけでなく、動作や仕草、姿勢などからも今どんな心理状況にいるのかを判断できる。この動作や姿勢の違いはコミュニケーター・スタイルと呼ばれ、主に8種類に分類できる。

1番目は「ドラマチック・スタイル」で身振りや手振りを派手にし、図解的動作を多用する。話し声も誇張し、聞き手は魅了されることも多い。

2番目は「支配的スタイル」といい、大声で話し、自分の体を大きく見せて、周囲を威圧するような話し方をする。自信家やうぬぼれが強い人に多いのが特徴。

3番目は「いきいきとしたスタイル」。会話中にジェスチャーを多用し、快活な話し方をする。

4番目は「くつろぎスタイル」。常にリラックスした雰囲気で緊張感を相手に与えない。話し方も優雅で聞き手に安心感とくつろぎを与える。

5番目は「傾聴スタイル」。会話中に微笑みやうなずきを多用することで、話し相手は自分の話に興味を持たれたと感じて、より一層話し続けることもある。6番目は「オープン・スタイル」といい、非常に友好的、社交的な振る舞いをして、明るく、自由で開放的な印象を相手に与える。

7番目は「フレンドリー・スタイル」で、このスタイルは相手とある程度距離を保ち、相手に嫌われないように細心の注意を払う。相手の話すことに対して肯定的に受け入れ、信頼感やフレンドリーさを全面に出す。最後は「論争スタイル」といって最初から相手に対して戦いを挑むような形で接していく。断定的に話したり、前かがみで相手を睨みつけたり、威嚇するような動作を取るのが特徴。

心理POINT

話し相手の性格はコミュニケーター・スタイルで判断する

人は外見だけで異性の能力を判断する傾向がある

透視力キーワード　視覚的動物

男性は視覚的動物とよく言われるが、特に異性に対してはかなり敏感に反応する。恋人を選ぶ場合も外見重視で選ぶのは当然、これは心理学的にも実証されている。

ある実験によると男子学生に写真付きの女子学生が書いたレポートを評価させたとき、美人で魅力的な女子学生の写真の付いたレポートは高い評価を得て、あまり美人ではない女子学生

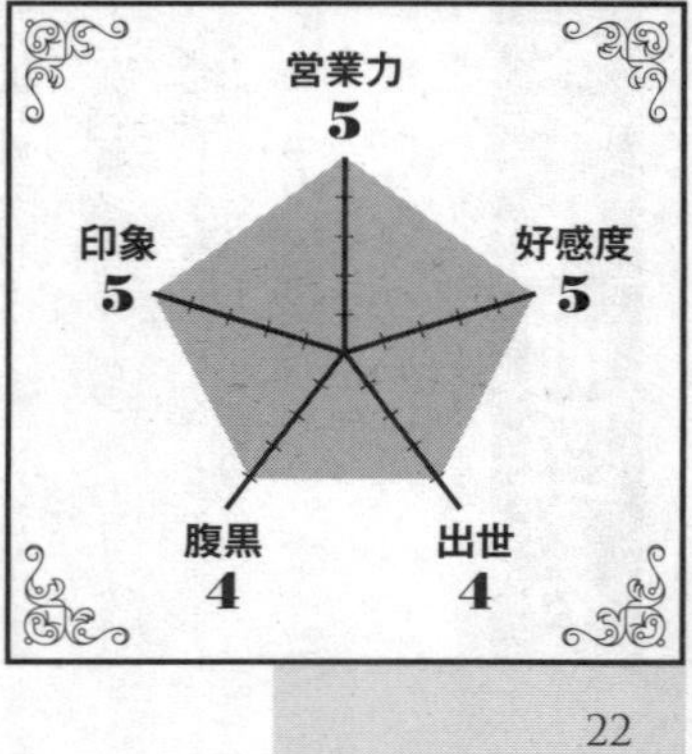

の写真を付けたレポートは評価が高くなかったという結果が出ている。

もちろんレポートの内容は美人、不美人などとはまったく関係がないのだが、美人の場合、あまり内容的によくないと思われるレポートでさえも、あまり悪く評価されなかったのだ。反対に美人ではない女子学生が書いたレポートで、内容がよくない場合は、評価はかなり低くなった。

つまり、美人の場合はレポートの内容にかかわらず、かなり優位に評価されたということになる。

この実験から、見た目の判断で、知的な優劣まで判断されてしまう傾向が著しいことがわかった。もちろん、実際には外見と知能はまったく関係ないのが事実なのだが、ここではそのようなことは関係なく、人間は外観の影響を大きく受ける性質があり、外観の魅力は業績や能力評価にさえ大きく影響することを示している。

つまり外見をよりよく見せることにより、他者からより知的と判断させることは学業やビジネスの上でも有利になることは間違いなさそうである。

心理POINT

外見を整えれば実力以上の評価が得られる！

結婚生活がうまくいっているかどうかは夫婦の外見からわかる

透視力キーワード　マッチング仮説

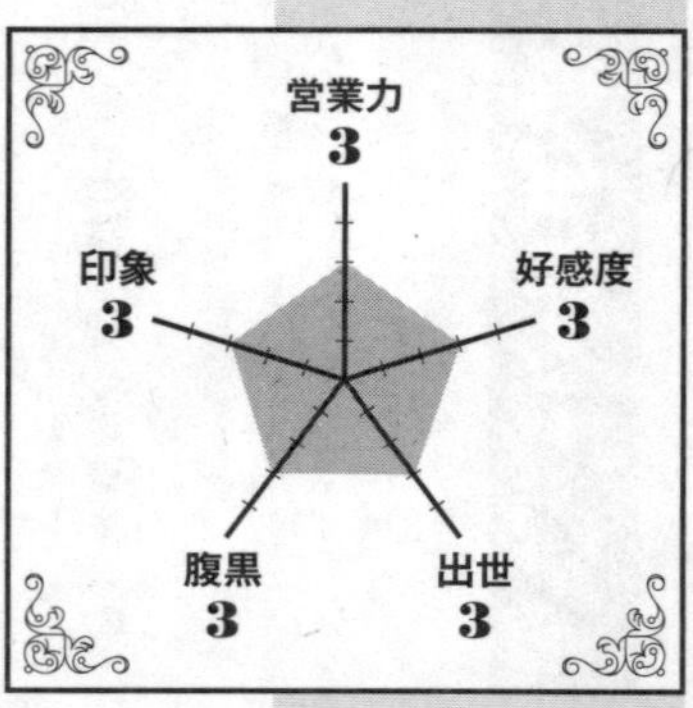

結婚生活がうまくいくか、いかないかを左右する要因に外見も含まれるとしたら……。ある心理学者は夫婦の外見の魅力と結婚生活がうまくいっているか、いないかの関係を調べたが、その結果、うまくいっている夫婦の場合、外見が魅力的な人が多かったという結果が出たという。特に妻が美人で魅力的なほうが夫婦関係は良好になる傾向が強かったとか。これは夫が妻

の外見を重視しており、その魅力に満足しているからである。

このように外見を重視することは男性、女性に限らず当たり前のことと考えられるが、あまりにも高望みをすると、相手に拒否され自尊心を傷つけられるため、自分と同じくらいの魅力を備えた相手を見つけようとする傾向が表れる。これをマッチング仮説というが、外見的に同程度の魅力を備えたカップルは手を握る、腕を組むなど比較的身体的接触度が多いのに対し、外見の魅力の類似性が低いカップルでは接触度が低いという結果が出ている。

マッチングの法則

似てるって
ことは
仲がいいって
こと!?
Love
Love

外見の類似性が高いほうがカップルは仲がよく、結婚生活もうまくいく。

心理POINT
妻が美人で魅力的であれば、夫婦生活はうまくいく

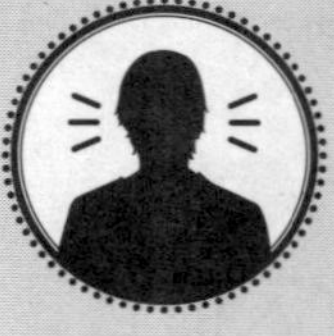

どんな髪型をしているかで相手の特徴がわかる!?

透視力キーワード　ハロー効果

人は見た目がすべてであるとは、言い切れないが、ある程度外見でその人なりのイメージを作り上げてしまうのは仕方のないことだ。一つの好印象材料が全体の印象を上げる効果を心理学では「ハロー効果」と呼んでいるが、ハローとは「後光が射す」の後光と同じ意味である。よく宗教画に聖人の背後に円形の光輪のようなものが描かれているが、これは聖人に神聖なイメージ

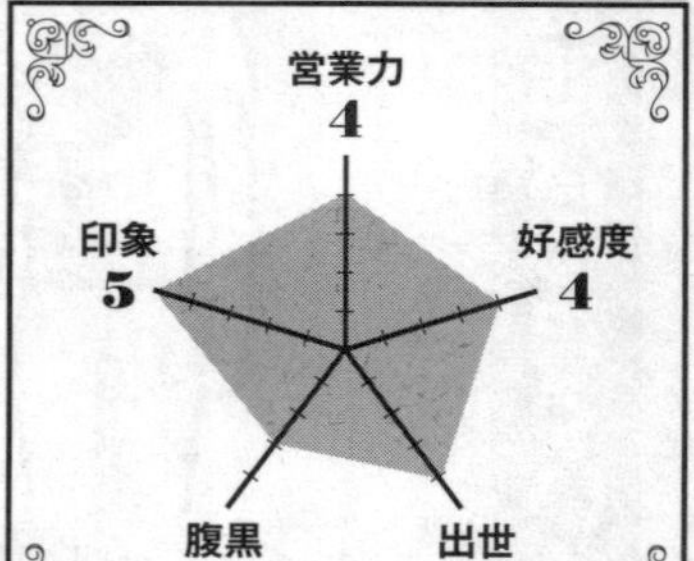

を与えるために描かれたものなのだ。

さて、一般の人の場合、ハロー効果の役割を果たすものとしては、髪が上げられる。特に髪型の与える印象は大きい。たとえば七三にきっちりと髪を分けている男性は、几帳面で誠実な印象を、短髪またはスポーツ刈りの頭は活発な印象を与える。長髪の場合は音楽家や芸術家のようなイメージを受ける。

これを応用すれば相手に与えたい印象に合わせて、髪型を変えることも可能である。つまり、きちっとした印象を相手に与えたいなら頭髪を七三分けにすればいいということになり、快活な印象を与えたければ髪を短くすればよいのである。次に、髪自体をどう扱っているかでその人の性格を判断することもできる。たとえば白髪を染める人は、いつまでも若々しくありたいと願い、そのために努力を惜しまない努力家であり、白髪を染めずにそのままでいる人は自然の流れに逆らうことをしない、順応型の性格と言える。また頭髪が薄くなったりしても、まったく気にしない居直り型の性格の人もいる。

それぞれ頭髪に関する考え方は個々人により違ってくるが、相手に与える「ハロー効果」という点では髪型は重要なファクターになることだけは確かなようだ。

心理POINT

髪型を変えただけで自分に対する印象を変化させることができる！

人の感情は顔の左側に表れる!

透視力キーワード
左右非対称

人間の顔をよく見ると、左右が非対称になっている。つまり左側の顔と右側の顔が少し違っているのだ。これは顔の写真を使って見るとよくわかる。喜怒哀楽の感情を表した表情の写真を撮り、その写真を真中で切り、片方を反転してプリントして、顔の右側同士の写真、左側同士の写真を合成して作ると、左側同士の写真で作った合成写真がより強く感情を表している表情

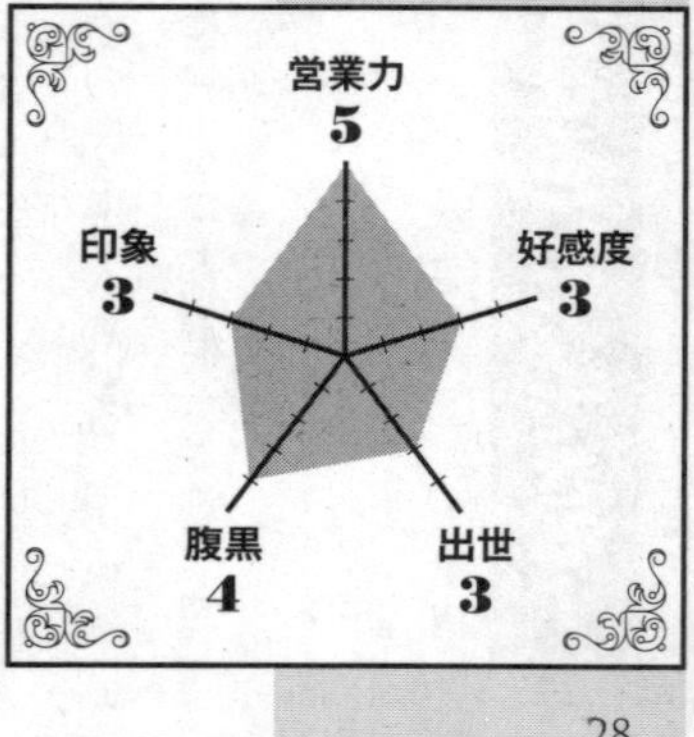

が写り、右側同士の写真はさほど本来の顔と変わりがなかった。

これは顔の表情の表出は右脳が司っているからで、そのため作為的な表情は左側に強く出るのである。

自然な感情で作られた表情は本来左右対称になるが、意図的に作られた表情（作為的な表情）というのは左右非対称になり、左側に強く表れる。

だから、相手の心理を読むために、また相手が作為的かどうか判断するためには顔の左側を注意深く観察することが大事なのである。

心理POINT

交渉相手には右側の顔を見せよう！

左側の顔を見ればその人の心理がわかる!

偽
真
楽しい
かなしい……
本当の感情は
左側に表れる

化粧を上手にすることで積極的になれる！

透視力キーワード　メーキャップ効果

化粧をすることは仮面をかぶることと似ており、その人の変身願望を充足させる役割がある。女性の場合、特にその傾向は顕著でプロにメーキャップされた女性は、自分で化粧した場合よりも、対人距離が短くなったというデータがある。通常、対人距離は内向的な人ほど遠くなる傾向が見られるが、化粧をされることにより対人距離が短くなったのである。

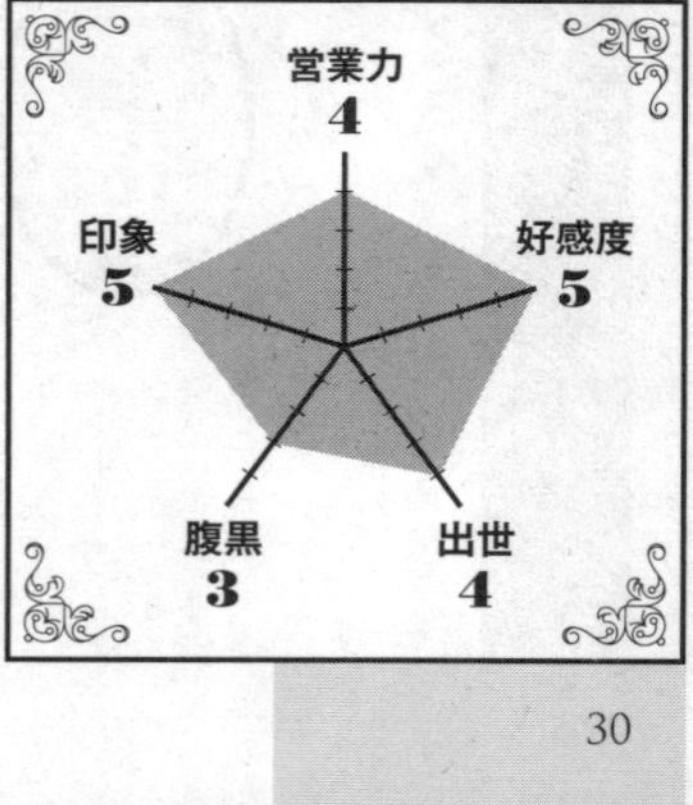

これは化粧されたことで、より外交的になり、行動も積極的になったことを示している。化粧により自分の顔が美しく変化していくことを実感すると、自己の満足感が充足し、それが自己肯定につながり、自尊心も高まる。そして、自ずとポジティブな感情になるのである。

これを証明するように化粧度の高い女性ほど外交的で、レジャーや旅行、アウトドアなどを好み、対人関係に関しても社交的で、積極的な傾向が見られるという心理学的調査結果も出ている。自分に自信のない人は、まずは化粧の勉強から始めてみるとよいだろう。

心理POINT

内向的な人はあえて厚化粧してみる

靴紐がついている靴を選ぶ人は几帳面なタイプ

透視力キーワード　安全策

おしゃれな靴を履いている人は本当のおしゃれだとか、お金持ちはよい靴を選び、履いている靴はいつもピカピカに磨かれている、というような、靴に対する美的センスを強調する言葉をよく聞くが、これらは果たして事実なのだろうか？

心理学的に見ると靴紐がついた靴を履く人と、ついていない靴を履く人では、性格に大きな違

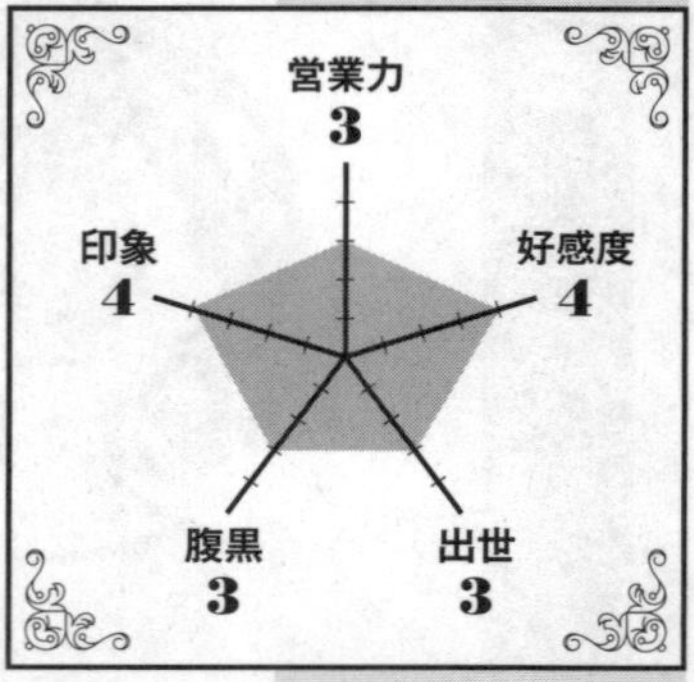

いが出てくると思われる。

まず、靴紐がついている靴を選ぶ人だが、今では靴と言えばデザインも豊富で、靴紐なしのデザインも数多くあるが、あえて紐つきを選ぶことは、型にはまった考え方をする人、新しいことにチャレンジするよりも安全策を取る人が多い。また、履くときに紐を結び直すか、直さないかでも微妙に違う。毎回結び直す人は、非常に几帳面であり、結ぶという面倒くさい作業をしても苦にならず、これから家から外に出る自分の気持ちを無意識的に引き締めているのである。

反対に靴紐を毎回結び直さない人は外見重視のステレオタイプ型人間であり、何でも型にはめて考える性格の人と言える。

紐つきの靴を履かない人の性格はどうなのかというと、しっかりとした自分というものを持っている人と言える。

なぜなら「出かける前にわざわざ毎回靴紐を結ぶなんて面倒だ」といった、はっきりとした自分の意志を持っているので、あえて紐つきの靴を選ぶことをしないからである。

心理POINT

相手の靴を見て、おおまかな性格がわかる

靴底の高さで相手の虚栄心がわかる！

透視力キーワード　上昇志向

女性の中にはヒールの高い靴や厚底の靴を好む人が多いが、その理由は目線の位置が数センチ高くなることで、視界が開け、今まで見てきた世界が別世界のように見えるようになり、心地よく感じているからだ。

ただし、それだけではなく、本来の目線の高さよりも数センチ高くなるだけで、「周囲よりも自分のほうが上」という優越感に浸ることがで

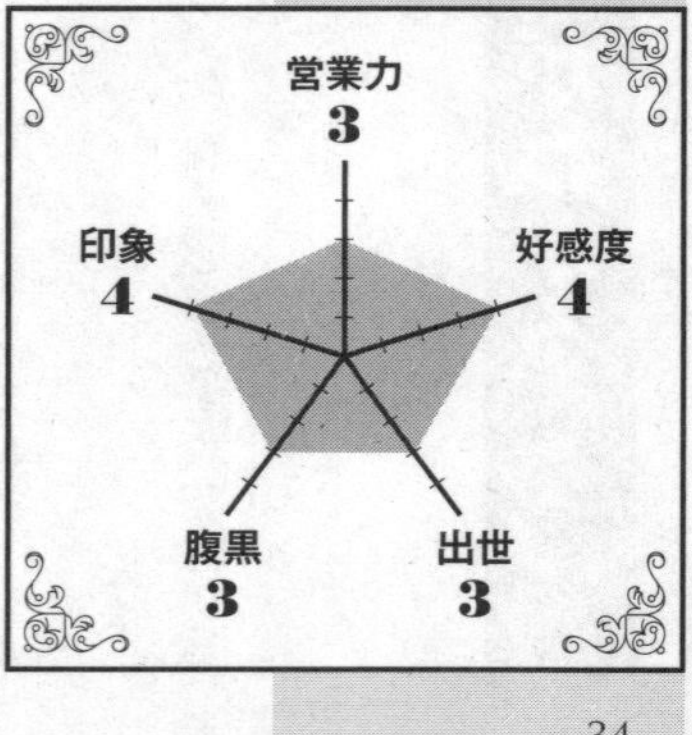

きることもヒールが好まれる理由の1つだ。

ヒールや底の厚い靴を好むタイプの女性は、上昇志向や負けん気が強く、見下ろされたりすると自尊心が傷つき、不快な気分になることが往々にしてあるという。つまり背の高い男性といると見下ろされるのが嫌なので、常に同等の立場にいたいという気持ちが強くなり、底の厚い靴を履いて相手と対等になろうという気持ちが働くのだ。ハイヒールなどは履き続けると足に負担もかかり、外反母趾にもなったりするが、そんなことより、自分の自尊心や虚栄心を守るほうが大切なのだ。

ハイヒールの高さに見る心理

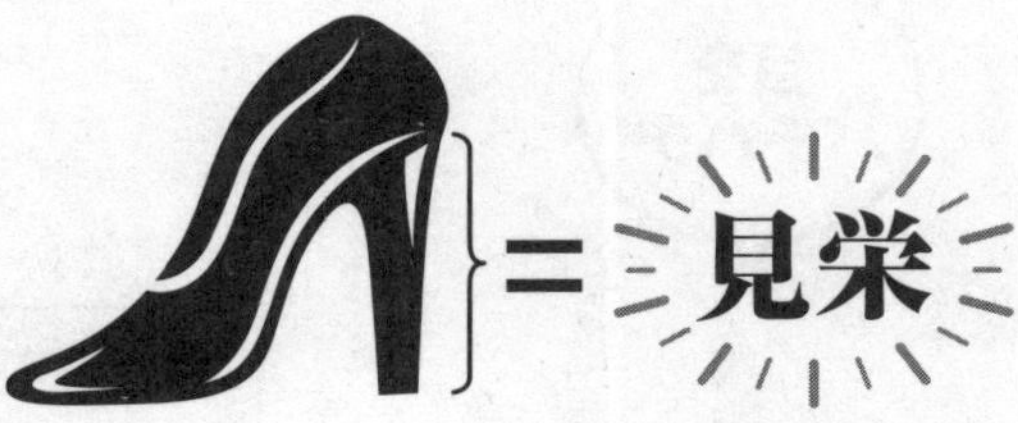

靴底の高さはプライドの高さ。ハイヒールを履きたがる女性は負けず嫌いな性格と言える。

心理POINT 高いヒールを履く女性は負けん気が強い

まばたきの回数が多い人は真剣に話を聞いている

透視力キーワード　緊張度

通常、人は1分間に約15回から20回まばたきをすると言われている。まばたきは緊張すると回数が増えることもわかっている。ある心理学者は大統領選の討論会を見て、候補者同士のまばたきの回数を調べ、まばたきの数が少ないほうが選挙に勝つと予想し、見事予想を的中させたというエピソードもある。

まばたきの少ないほうが落ち着いて、頼りが

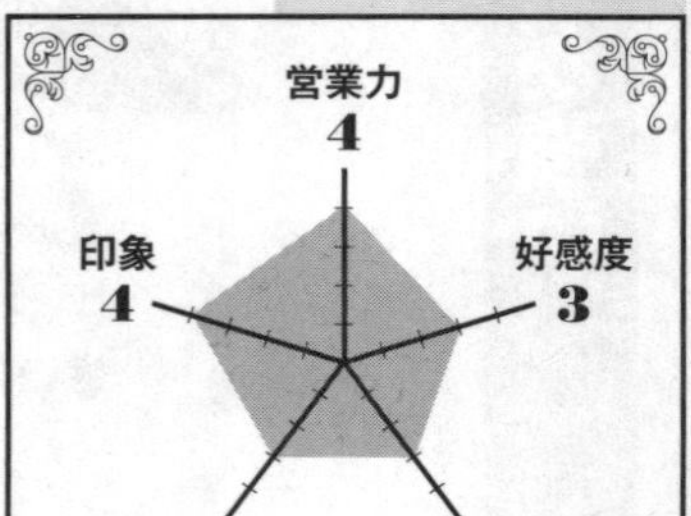

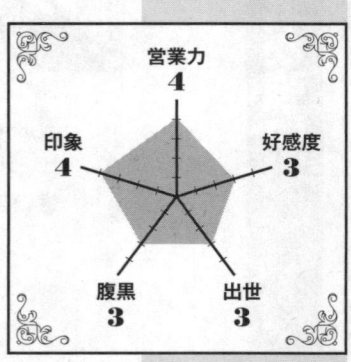

いのある印象を与え、まばたきの数が多いと神経質で頼りがいがない、気の小さな人というイメージに思われる傾向が強い。

しかし、まばたきの回数が多いからといって、その人の性格が悪いということにはまったくつながらない。むしろ、まばたきの多い人は真面目で相手の話を真剣に聞く人とも言えるからだ。

なぜなら、まばたきは思考の情報処理中には抑制され、それが終わると同時にまばたきは増えるからだ。

つまり相手の話を真剣に受け止めて聞いていた人は、その話に対して答えるときには、聞いているときよりも、自然にまばたきが多くなるということである。

ただし、まばたきの回数が増えることがネガティブな状況を示していることもあるから注意が必要である。

会話中に相手が長いまばたきを始め、急に目をパチパチし始めたときは、目を合わすのを拒否していると考えられるからだ。もちろん会話の内容についても、反論や否定的意見を持っていると考えられる。まばたきは視線をそらす行為とともに否定と反対の意思表示が隠されている場合もあるのだ。

！

心理POINT

緊張している人はまばたきが多くなる

目よりも先に口が笑っていたら作り笑顔!?

透視力キーワード　作り笑い

どんな人でも他人に笑顔で接してもらえれば気分のいいもの。笑顔はコミュニケーションの上で人に好印象を与えるものとして重要視される。

だが、問題なのは笑顔がすべて本物と考えると、大きな間違いを犯すという点である。人が笑顔で接してきても、決して好意を持っていると早合点してはならない。なぜなら、人は本当の笑いと作り笑いを簡単に使い分けることがで

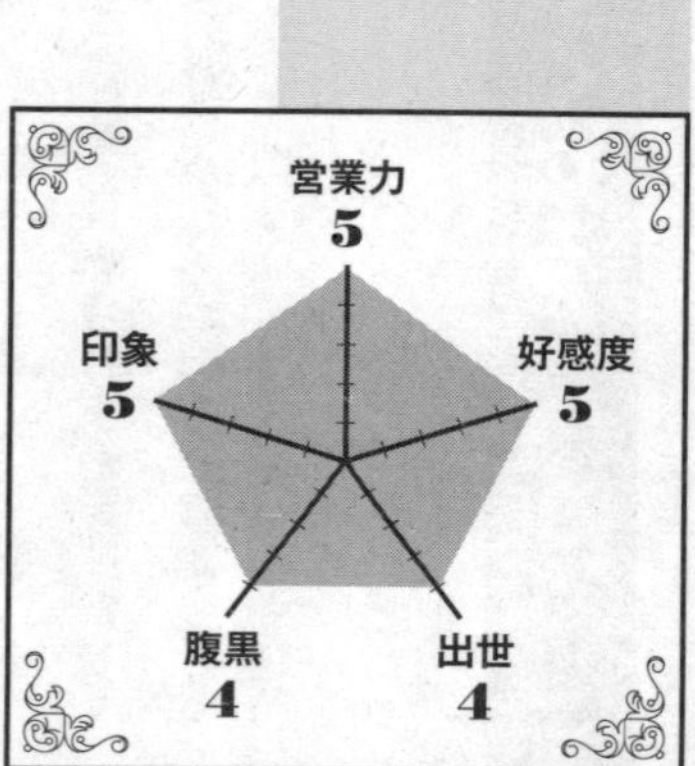

きるからだ。では、その違いをどうやって見分けるのか？ そのときポイントとなるのが、相手の目元と口元である。人間の顔の場合、口元は比較的動きを自分でコントロールしやすいが、目元となるとそう簡単に動かすことができない。この特徴を考慮すると、相手が笑顔のとき、目元より口元のほうが先に笑っていたら、それは作り笑いと考えてよい。

口元が口角（口の両脇）を上げて笑っていても、目尻が下がっていなければ、完全な愛想笑いか作り笑いの可能性が高いだろう。

あるデータによれば、作り笑いが上手な人は、ほんの数秒、一説によると2・5秒以内に作り笑いを作ることができるという。ほんの一瞬だが、それで作り変えるには時間がかかる。

このように表情の切り替えがうまい人は、いつもニコニコしていて周囲に明るい好印象を与える。もちろん、このような人でも当然不快な表情をすることがある。しかし、表情の切り替えが非常に素早いので、いつも笑顔でいると思われているのである。

他人に好印象を持たれるには、素早く作り笑いを作れるテクニックを磨くのがよいだろう。

! 心理POINT

作り笑いをマスターすれば好印象を与えられる

瞳孔が大きく開いたら関心がある証

透視力キーワード　瞳孔の拡大

「目は口ほどに物を言う」という言葉があるように、人間の瞳は嘘をつけないというのは事実のようだ。なぜなら人間の目は非常に関心のあるものを見ると瞳孔が拡大するからだ。

ある実験によると、男女の参加者に数枚の写真を見せて、瞳孔の開き具合を観察したところ、男性の場合、女性のヌード写真に瞳孔がもっとも開き、女性の場合には、赤ちゃんと母親の写

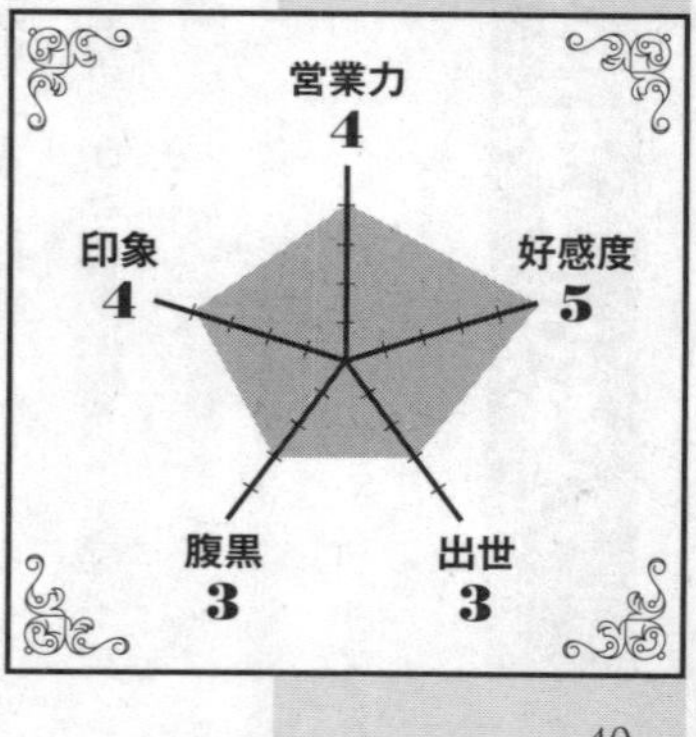

真にもっとも瞳孔が開いたという。

もともと瞳孔とは外界から目に入る光の量を調節するために、大きく開いたり、縮小したりする仕組みになっており、明るい場所では小さく、暗い場所で大きく開く。

しかし、これは単に物理的に反応する仕組みであり、興味のあるものを見たときの瞳孔の拡大・縮小は心理的反応と言える。

もし相手が自分をどのように思っているのかを判断したい場合には、相手の瞳の瞳孔の開き具合をチェックする方法がある。瞳孔が大きく開いていたら、かなり自分に関心があると思っても間違いないだろう。また、男性の場合、瞳が小さな女性よりも大きな女性のほうが、より魅力的に感じるというデータもある。同一女性の顔写真を2枚用意して、1枚だけ瞳孔を大きく修整し、複数の男性に見せた場合、ほとんどの男性が瞳孔を大きく修整した写真を好んだという結果が出たという。

つまり男性であれば、大きく潤んで輝いて見える女性の瞳で見つめられると、誰もがその女性を魅力的に感じてしまう傾向が高まるというわけである。

! 心理POINT

相手の瞳が大きく見えたら脈ありと思え！

目を見れば相手の感情がわかる！

透視力キーワード　感情表出

よく「目が笑っていない」「突き刺すような視線」など、人の心理状態を表す言葉に目が関係する言葉が使われる。果たして本当に目は人の感情を表現する器官なのか？

この疑問に答えるべく心理学者の中には、顔の各パーツ（額、眉、目、頬、口元）と感情がどのように関係しているのかを調べた研究者がいる。

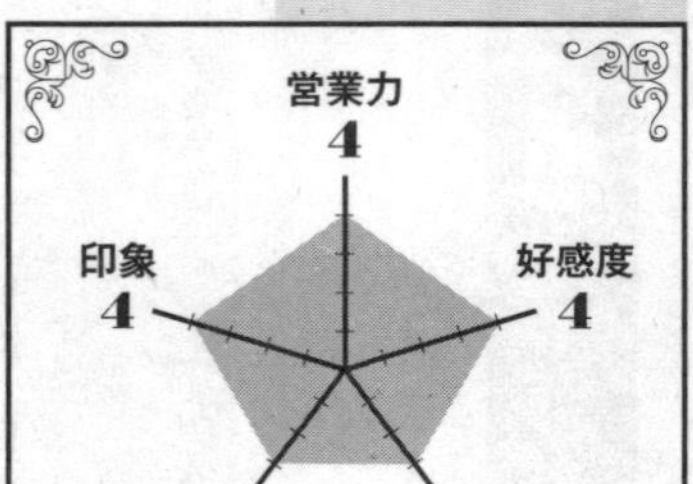

これは心理学的には基本的感情表出というが、その結果、目は表情判断に大きな役割を果たしていることがわかった。特に悲しみや驚きといった感情は60%以上、目が感情表出していたという。

つまり、相手の悲しみや驚きは目だけで判断することができるということだ。ただし、すべての感情が目でわかるというわけではなく、相手が怒っているかは目の部分からではわかりづらいという結果が出ている。

しかし、人の視線（特に男性同士）は他人に対してかなり影響を与えるのは確かなのだ。たとえば、まったく知らない人から凝視されたとすると、男性の場合は敵対的と判断しやすい傾向がある。

このため日本では初対面の相手と挨拶する場合は、あまり相手の目を見続けることはよくないとされる。一瞥程度で終わらせ、あとはお辞儀（視線を完全に外す）をして友好的な意志を示してから、付き合いを始めることが多いのだ。また、例外的だが世の中にはポーカーフェイス、仏頂面といって、常に無表情でいる人もいるが、このような人は感情がないというわけではなく、逆に激しい怒りや憎悪の感情が隠れている場合が多いので注意が必要である。

心理POINT

ネガティブな感情は目で判断することができる

目を上に向けているときは過去を思い出している!?

透視力キーワード　神経言語

　人間の脳の働きにはおもしろい特徴がある。

　ある心理学者は脳の働きと目の動きが関係していることを実験で発見した。目の動きからその人が今何を考えているのかわかったというのだ。

　このような実験は神経言語プログラミング（NLP）といい、ジョン・グラインダーとリチャード・バンドラーという心理学者が開発したものだが、目を上に向けているときは、過去を視覚的に思

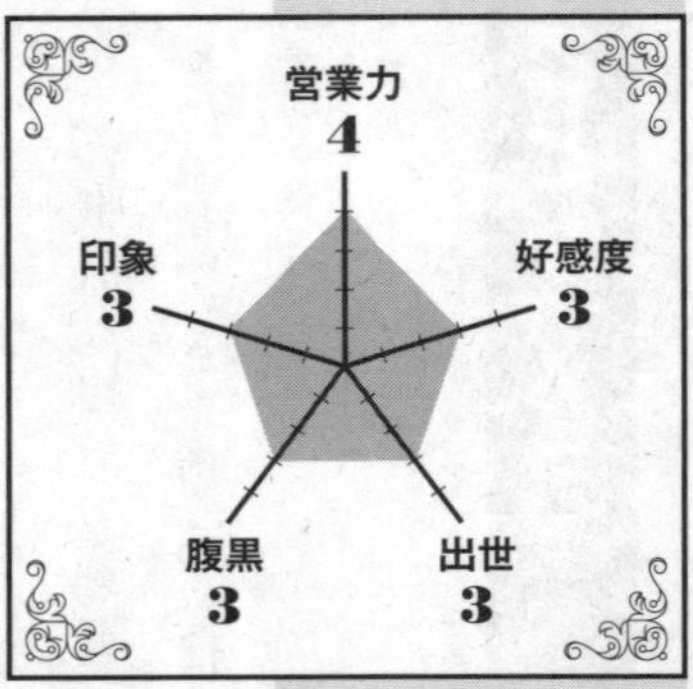

い出そうとしているという。

加えて、目が左右どちらかに向いて、小首をかしげているときは、過去に聞いた音楽を思い出したり、過去の自分の感情を思い起こしたりしている状態、目を左下に向けているときは、心の中で誰かと会話している状態であるという。

また、人間は空間把握の課題を出されたとき、目を左上に動かす傾向があり、逆に言語に関する課題を出されたときは目を右上に動かす特徴があるという。

これは人間の大脳の働きが左と右では違うことと関係しており、右脳では空間把握を、左脳が言語分析を担うためだが、視神経は交差しているので、目と脳では左右が逆になるのである。

次にまばたきの回数もその人の心理状況を表すサインとして判断材料になる。

まばたきはストレスやプレッシャーを感じると、その数が増す傾向がある。会話中に話し相手のまばたきの回数が多くなったら、相手はかなりプレッシャーやストレスを感じていると判断したほうがいいだろう。

心理POINT

相手の視線の向きで何を考えているのかを探れ！

人の目を見て話さないのはやましいことがある証拠!?

透視力キーワード　視線効果

子どもの頃に誰もが「話すときは人の目を見て話しなさい」と躾けられたことがあるはずだ。

相手に対する誠意を見せなさいという意味だが、実際のところ心理学者によれば、一対一の会話中の場合、相手と目を合わせるのは全時間の30％から60％ほどだという。つまり会話中ずっと見つめ合って話しているなんてことはありえないということである。

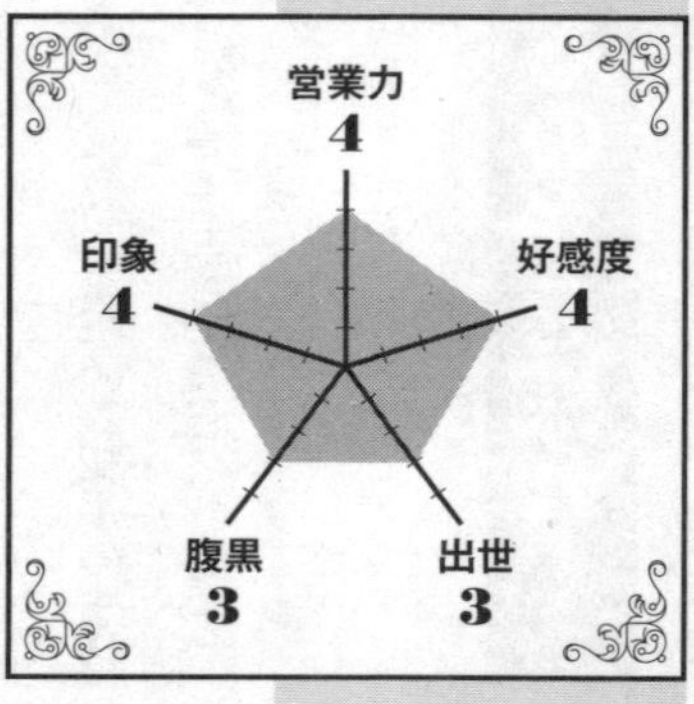

男性の場合、好きな異性と話すときは自分が話しているときに目を見つめる傾向があり、反対に女性の場合、話を聞いているときよりも、自分が話しているときによく相手の目を見つめるというデータもある。

次に注意しなければならないことは相手の視線を感じても、それが好意的なものかどうかはわからないという点である。目が合って恥ずかしそうに視線を外したり、かるく笑顔を見せるようなら、その相手から好意を持たれていると思っていいが、逆に目が合った途端に視線を外されるようなら、完璧に嫌われていると考えたほうがいい。

また会話中に相手が嘘を言っているかいないかを見抜くこともできる。まず、男性の場合は嘘をついているときは、嘘を隠そうとして、なるべく相手と目を合わせないようにするが、反対に女性の場合はじっと見つめ返して、嘘を取り繕うとする傾向がある。

つまり女性の嘘は会話中にはなかなか見抜けないということだが、やけに目を見つめて話してくる女性は何か隠し事があると考えてもいいだろう。

心理POINT

相手の視線から心理状況を把握する

青や白の服を好む人は上品で知的

透視力キーワード
色の心理効果

人により色の好みはさまざまだが、心理学では色の好みから、その人の性格を分析する研究も行われている。人は意識的または無意識的に色を使い分けていて、それが性格に表れるのだ。特に服装の色は、着ている人の意識を代弁していると言っても過言ではない。

たとえば赤や黄色を好む人は外交的で、どちらかと言えば派手で新しいもの好き、目立ちた

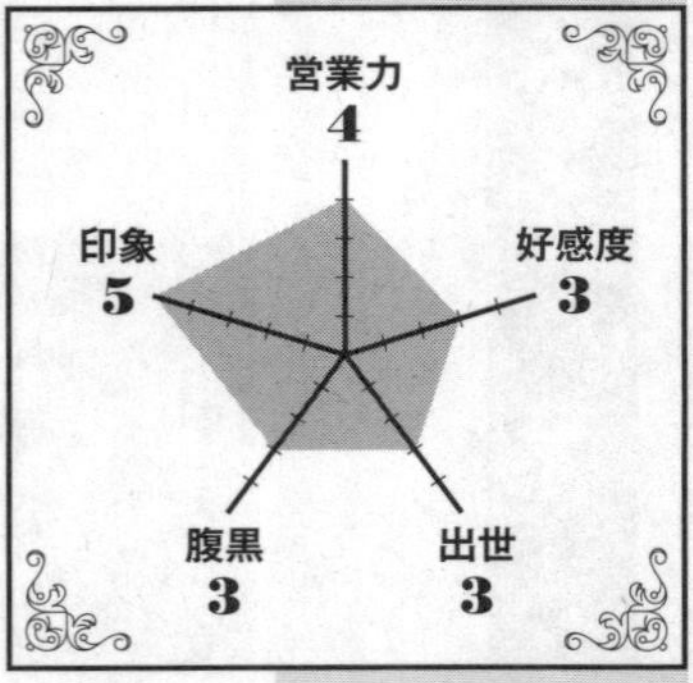

がり屋の傾向が強く、青や白を好む人は清潔好きで、上品で知的な傾向が強い。紫が好きな人は派手で成熟していて、異性への関心が強いなどがあげられる。

服飾の心理効果は国や文化により違いが生じるが、それでも普遍的な心理的性質も見られる。たとえば赤のような膨張色は大きく見え、黒のような収縮色は小さく見える。あるいは、明度や彩度が高い色は軽く見え、低い色は重く見える。また赤系の長波長の色は暖かく、青系の短波長の色は冷たく見えるという。

このような色の心理的効果を考慮して服装を選ぶことは悪いことではないが、服装は文化的、社会的な環境に影響されるので、ある程度制限されるのはしかたない。

たとえば就職活動の際に着るリクルートスーツは、社会通念として黒や紺、グレーなど知的で落ち着いた印象を与える色が定番になっているが、心理的効果のみを考慮して服を選べば、視認性または誘目性にすぐれたピンクなど暖色系のほうが圧倒的有利になるはず。しかし、そのような色のスーツを着て面接に行けば、今の日本の社会では非常識な人間と判断されてしまうだけである。

心理POINT

色の心理的効果をうまく使ってオシャレをしよう！

肥満体型は陽気だが気分にムラがある

透視力キーワード
体型と性格の関連性

本来、人を見た目で判断してはいけないのだろうが、ついつい、その人の体型から性格を判断してしまうことは多いはず。太っている人は陽気な人が多い、痩せている人は神経質などと見られることはよくあることだ。

このような体型と性格の関連性の研究ははるか昔の古代ギリシアの時代から行われてきた。有名なところではスイスの精神医学者クレッチ

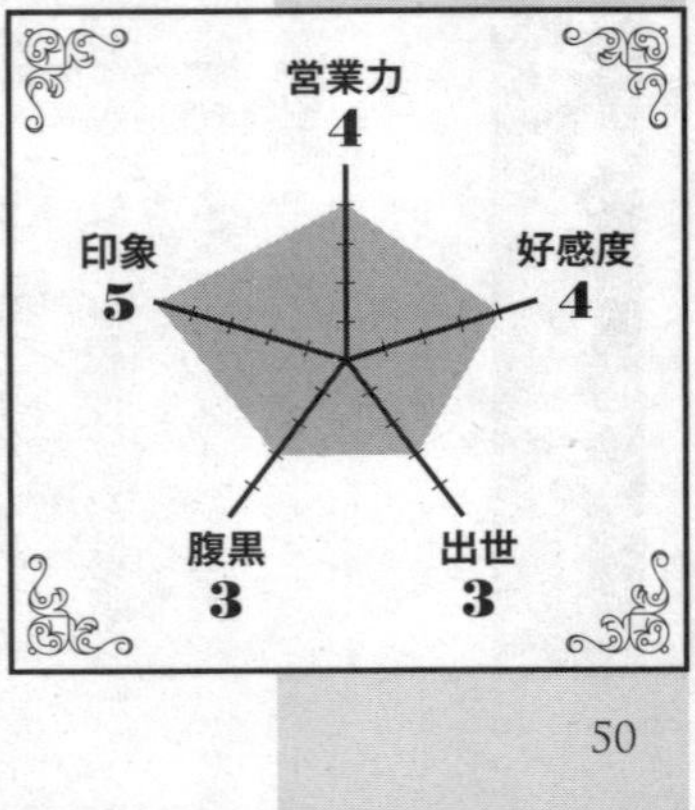

マーが提唱した体型の「3類型」説がある。この説では、人間の体型を細長型と肥満型と筋肉質型の3タイプに分け、細長型は神経質、肥満型は陽気、筋肉質型は生真面目というような説明をしている。ただし、この説は現在では疑問視する声が多く見られる。なぜなら、人間の体型は一定ではなく、年齢により変化するし、3タイプのカテゴリーに属さない中間型の体型の人も多くいるからだ。

最近では体型といっても「横幅×身長」で示される体型の印象で判断されることが多い。中肉中背型は律儀で忍耐強い、ポッチャリ型は社交的で親切だが、ムラッ気がある、やせ型は温和だが他人に対してはクールな面もある、といった具合に。

体型だけでなく、顔の形も性格に関係しているという説もあるが、むしろ印象も影響していると言える。たとえば顔の輪郭でいうと丸顔がもっとも他人に好印象を与える。

顔のパーツではやはり目が一番で、やや目尻が下がっており、丸く大きい目が好印象を与えるらしい。口は口角が少し上向き（逆への字型）が相手から好印象を得られるとされている。

心理POINT

体型のイメージは予想以上に大きい

手で顔を隠す人は心の動揺を隠している

透視力キーワード　ジェスチャー

人は誰かと対面したとき、相手の目を頻繁に見る。それは意識的、無意識にかかわらず、人は話し相手の目からあらゆるサインを読み取り、本心を見抜こうとしているのだ。

このため、悟られたくない内容を話すときには目を外したり、自分の心の動揺を隠すため、手などを使ったりして本心を見破られないようにしている。よくあるパターンが、手で目元をこ

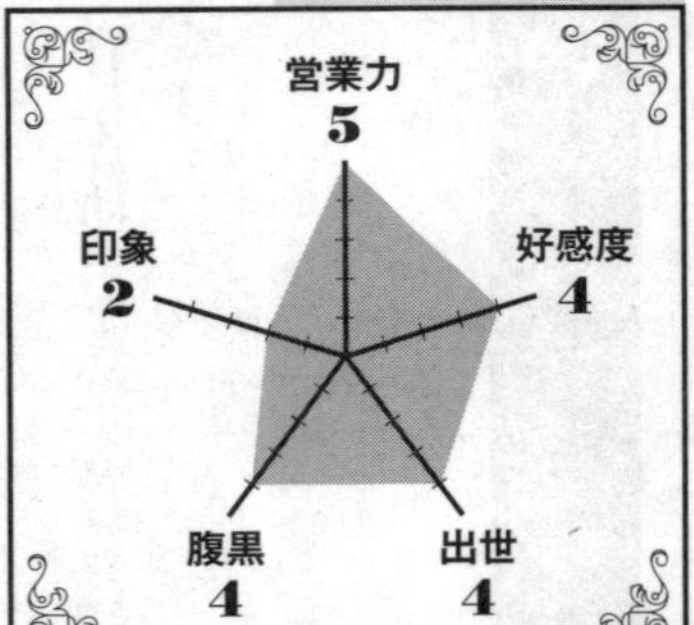

すったり、覆い隠したりする行動。目元を隠すことで本心にバリアを張ったり、自らの体に触れることで平静さを取り戻し、緊張を解きほぐそうとしたりしている。

しかし、勘の鋭い人にはその仕草を見ただけで「この人は今、動揺している。本心を隠そうとしている」と気づかれてしまうこともしばしばだ。

相手に見抜かれることなく、心の動揺を隠すにはどうすればいいのだろうか。

一番簡単なのは、自分の目から離れた所で動きや音を出すことだ。人には静止していて変化のないものよりも、動きのあるものに注意を引かれる性質があるのを利用した方法である。

たとえば机をトントンと叩いたり、カバンから資料を取り出したりしてみる……など、自らの目から離れた位置で、動きや音を出すのである。

近くに変化を起こせるものがない場合は、思い切って視線をそらしてしまうのも効果的だ。「本心を探られたくないから目を離したな」と思われないためにも、手でのジェスチャーや声などを使って、相手の注意を自然にそちらのほうに向けられればベターだ。

心理POINT
自分の目線に気づかれぬよう、注意をそらせ！

年中サングラスの人は実はとても小心者

透視力キーワード　目線

年中サングラスをかけている人をよく見かける。もちろん、サングラスの本来の目的は太陽光や紫外線から目を守るためのもの。芸能人がキャラクター作りや素顔を隠すためにも使われるが、一般の人が四六時中、室内や夜間でもサングラスを着用する人は何か問題がある。では、なぜサングラスを手放さない人がいるのか。

これは自分の「目線」や「目の表情」を相手

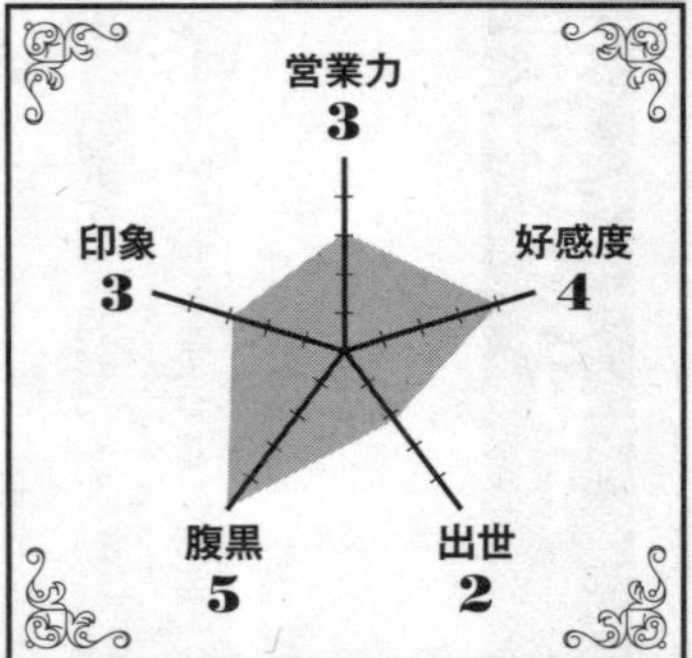

に悟られたくないため。人は自信がないと、真っ直ぐに人と目を合わせられなかったり、視線が定まらなかったりする。サングラスはこれをカモフラージュするために有効なのだ。

常にサングラスを着用している人は、虚勢を張っていて話し相手に自分自身の心情を悟られたくないという警戒心の強い「小心者」と言えるかもしれない。だから強面のサングラスをかけた相手と話す場合も真っ直ぐに相手の目を見つめて真摯に話せばいい。本当に動揺しているのは相手のほうかもしれないからだ。

心理POINT

サングラスの奥の目を見つめろ！

サングラスをかける人の心理

年中サングラスをかける人は、それによって心理状態を隠そうとしている。

流行りの服を着ている人は実は「最先端」ではない

透視力キーワード　不安

季節の変わり目になってくると、テレビなどで必ず出てくるのが「この春の流行アイテムは」とか「今シーズンの流行カラーは」などといった言葉。そして、それにそって新シーズンの流行は作られていく。

「流行は有名ファッション誌が『作る』もの」という言葉もあるくらい、メディアが人に与えるファッションへの影響は絶大だ。

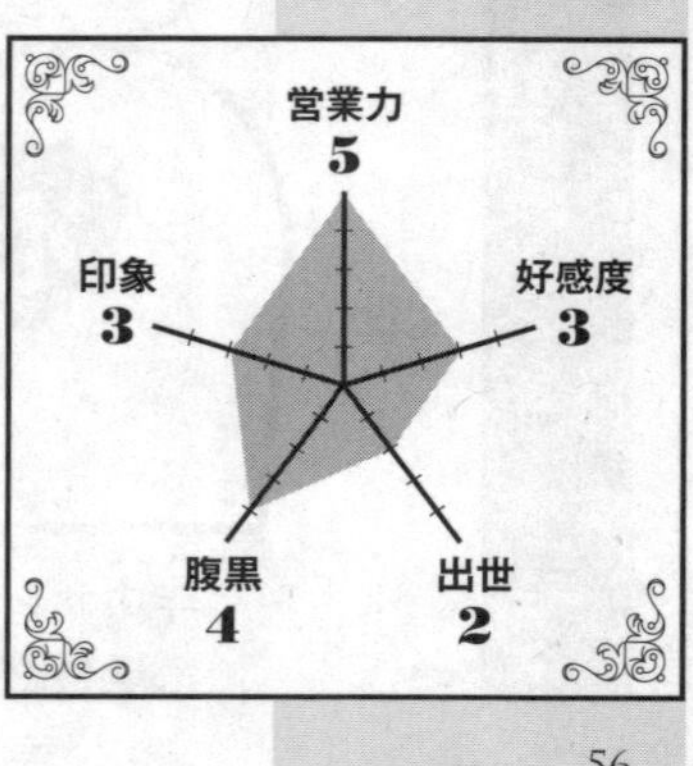

雑誌モデルのコピーのように常に「流行アイテム」で身を固めている人をよく見かけるが、彼らは「流行に敏感」と周囲にもてはやされるタイプの人だ。

ただし、このタイプの人たちが「常に流行の最先端にいたい」「周囲の注目を浴びたい」とプラスの心理で考えているかというと、必ずしもそうではない。むしろ、本心は逆で、流行を追いかけることで「周囲と足並みを揃えたい」「周りの話題に取り残されたくない」という不安を常に抱えているのだ。

こうした思いから、テレビや雑誌をくまなくチェックすることにつながり、最新アイテムをうまく取り入れて安心しようとしているのである。だから、こうした人たちは、新しいアイテムをメディアで見かけると、手を出さずにはいられない。主体性を持ってファッションを楽しんでいるのではなく、周囲に置いていかれないようにするための依存心の表れであり、むしろ自己防衛のマイナスの心理の場合もある。逆に流行にとらわれない個性的な奇抜なファッションを好むタイプのほうが、自己顕示欲が強いと言える。「人と違うもの」をまとうことで周囲の目を引き、独自性を示そうとする。こうしたタイプの人と接するときは「個性的だね」と褒めてあげると、自尊心が満たされるはずだ。

心理POINT
奇抜なファッションのプライドをくすぐれ！

髪で耳を隠している人は1人になりたがっている!?

透視力キーワード　内なる声

最近、茶髪ではなく、美しく長い黒髪を持つ若い女性を街中でも多く見かけるようになった。「髪は女の命」という言葉があるほどで、女性は男性よりも、自分のアイデンティティを髪型で示そうとする。

判で押したような「茶髪・金髪・巻き髪だらけ」の若者文化も、そろそろ過渡期を迎えているのかもしれない。

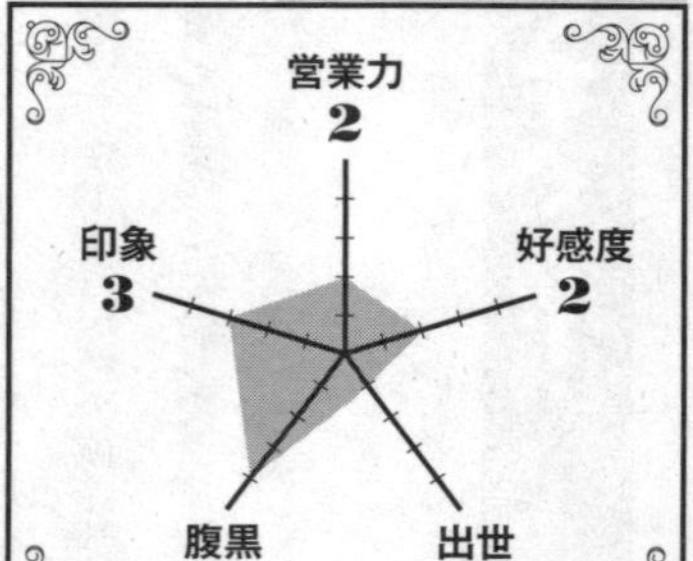

さて茶髪、黒髪にかかわらず、長髪で耳を隠している女性にはある共通の心的特性が存在している。

長い髪が頬にかかっていると、他人はお節介ながら「うっとうしそうだから、耳を出せばいいのに」と思いがちだ。

しかし当人たちが耳を隠しているのは、女性的であることを見せている点に加え、「他人と自分に一線を引きたい」という気持ちの表れの場合もある。耳は、言うまでもなく音を取り入れる器官だ。好むと好まざるとにかかわらず、耳から人はさまざまな情報を得る。

ただでさえ情報で溢れかえっている現代社会において、彼女たちは耳を隠すことによって、さらなる情報過多の原因ともなる音を遮断しようとしているのだ。

つまり「今は人の話を聞きたくない」「そっとしていてほしい」「私は1人でいたいと思っている」という気持ちの表れの場合もある。

髪型は一つの内なる声と言えるだろう。髪型は人の印象を大きく変える。女性もそれを意識して髪型を変える。だからこそ、髪型が表すサインには敏感でいたいものだ。

心理POINT

長い髪の女性には内向的な人が多い

伊達メガネは自分の容姿に対するコンプレックス

透視力キーワード　カモフラージュ

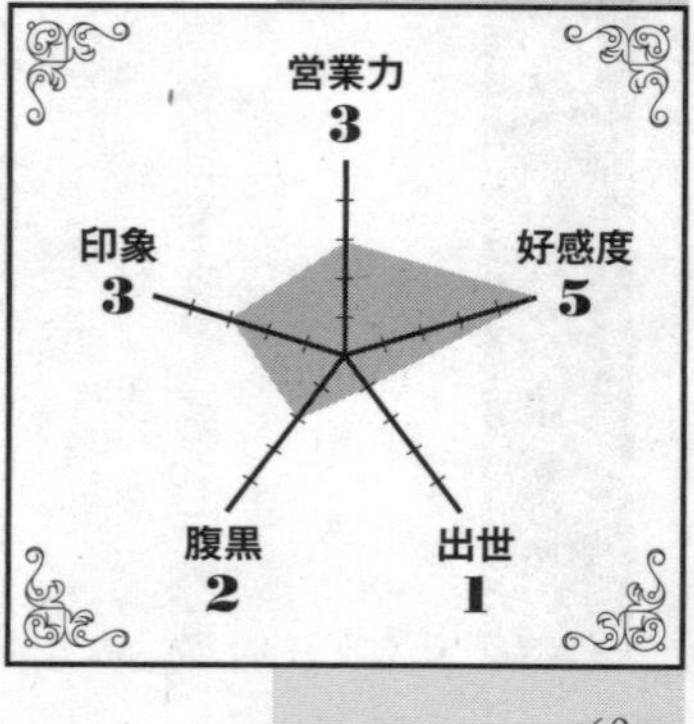

最近、「伊達メガネ」を愛用する人が増えてきた。キャラクター作り優先の芸能人だけではなく、一般人にも重要なファッションアイテムとして認知されつつある。中にはコンタクトレンズを装着して、伊達メガネをかける人もたくさんいる。一見、手間だが、愛用者にとって伊達メガネはファッションアイテム以上の意味を持っている。伊達メガネは選ぶフレームによって、与える

心理POINT

伊達メガネの種類で相手の本質を見抜け！

印象は変わってくる。

細身の四角い『スクエアタイプ』はキリッとした印象、真ん丸の『ラウンドタイプ』は優しい印象。多角形タイプは個性的なイメージを与え、上部部分のみにフレームがあるブロータイプは、眉を強調させ顔立ちをはっきりさせる効果がある。また、フチが強調されたボストンタイプは、相手に落ち着いた印象を与えることができる。

選ぶフレームタイプによっても、人の顔の印象はガラリと変わる。逆にフレームを見て、その人がどのような「自分」になりたがっているのか、透けて見えてきそうだ。

伊達メガネをかける人の心理

目が悪くもないのにメガネをかける人は、
自分の顔に自信がないことの表れ。

胸を張って颯爽と歩く人は一つのことでテンパっている

透視力キーワード　自己顕示欲

胸を張って颯爽と歩く人の姿は、堂々とした印象を与える。

人ごみを気にせず、スピーディーに両足をテンポよく踏み出すその姿は格好いいが、当人は実のところ「自分の勇姿」を見せたくてたまらないタイプ、つまり強い自己顕示欲を秘めている場合が多いのだ。そして彼らには、もう一つ秘めている深層心理がある。

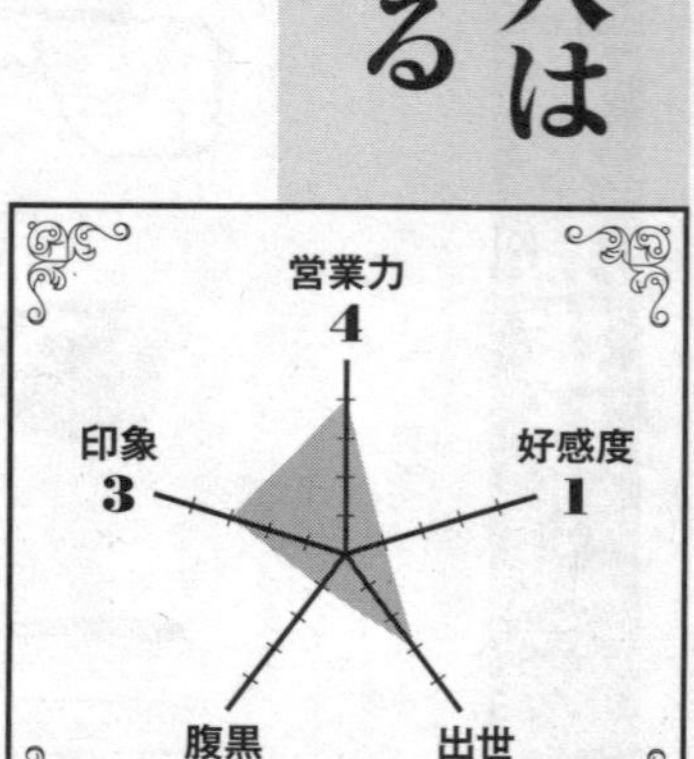

胸を張って自信満々に歩く人は、ある一点を見据えたらそこに向かって一直線に進む、という特徴がある。周囲が何を言おうが「我関せず」。目的地に向かう途中で、個性的なファッションをした人が歩いてこようが、好みの異性とすれ違おうが、おいしそうなお店が軒にあっても、堂々と歩くタイプの人は、それにまったく気づかない。

つまり一つのことへの集中力、執着心があまりに強いため、自分のことで頭が一杯いっぱいになっており、視野が極端に狭くなっているのだ。こうしたタイプの人は、よくも悪くも「素で、場の空気が読めない」場合が多い。周囲の空気を読まずに自己主張を押しつけてみたり、逆にほかの考えに夢中になってしまい、周囲でまとまりつつある意見にまったくついていけず、反応が遅れてしまったりする。

たとえば、芸能人やスポーツ選手の、カメラが回っている場での立ち居振る舞いを思い出してみればわかりやすい。

一つのことに夢中になったらそこに向かって一直線。周囲のことを気にせず、自分のことで精一杯になっている人は、意外に虚勢を張った「愛らしさ」を持った人が多い。

心理POINT

堂々と歩いている人は、周囲が見えていない

ダメ男と長年付き合う女性は共依存状態

透視力キーワード　共依存

付き合いこそ長いが、実は冷めたカップルというのは意外に多いものだ。こうした人たちに限って「相方」がいない場合、食事や飲み会の席で愚痴が絶えない。

「彼氏が本当にダメでさ」

「もう彼女と別れようかな」

事情を知っている周囲は「またその話か。だったらとっとと別れればいいのに」と思うはずだ。

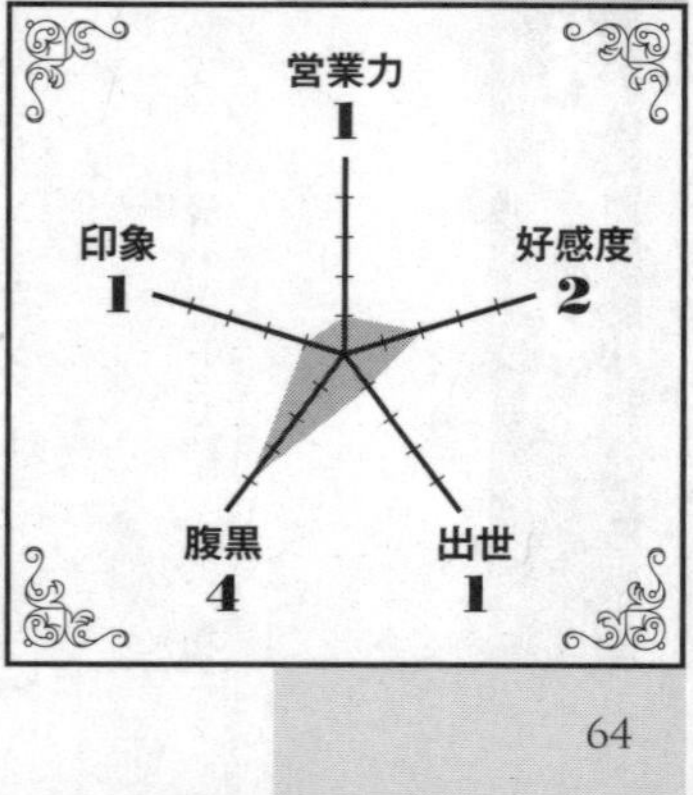

傍目から見ても、話を聞いても「ダメ彼氏・ダメ彼女」。でも、なかなかお互いに別れようとしない。特に女性に顕著なのが「ダメ彼氏」に献身的に尽くす例。このようなカップルは「相手は自分がいなければダメだから」という「共依存」に陥っている場合がある。

たとえばダメ男が彼女に依存している反面、彼女も「私がいないと」と思うことで、自分の価値を再確認しているのだ。つまり彼女もダメ男に、依存している状態。ダメ男の存在が生きがいの1つとなっている。「共依存」とは、このように互いが相手に自分の価値を認めてほしいと思っている状態と言える。

共依存の状態のままズルズルいくと、なんの進展もないまま、そのまま数年経過なんてことも……。この共依存を断ち切るには、思い切りが必要。相手ときっぱり別れて、自分の価値を高めてくれる人や、刺激を与えてくれる人と過ごすように心がけたい。夢中になることができる趣味に没頭したり、本当に自分が「時間を割きたい」と思っている事柄に対し、とことん打ち込んでみたりするのもいいだろう。

長く付き合っているから「愛し合っている」というのは間違い。あなたは「共依存」に陥っていないだろうか？

心理POINT

愛しているのは相手ではなく、実は自分である

人前でいちゃつくカップルは、実はまだまだ親密じゃない！

透視力キーワード　デモンストレーション

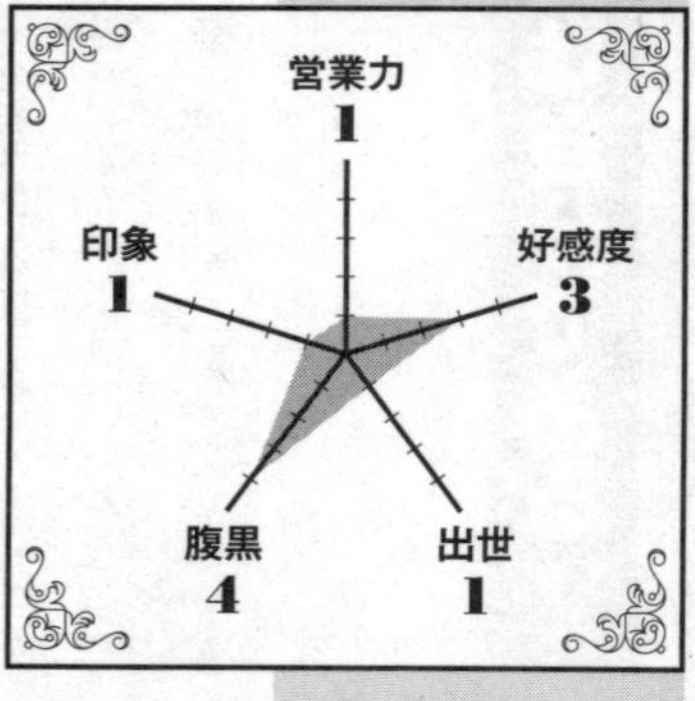

街中や公園、果ては電車の車内でも……。最近、周囲の目を気にせず抱擁したり、キスを交わし合ったりするカップルをよく目にする。「公衆の面前で……」という言葉が存在するように、公私の場をわきまえた立ち居振る舞いをするのが、長らく日本人の良識とされてきた。

では、彼らのようなカップルは、本当に深いつながりで結ばれているのか、というと必ずし

もそうではない。本当に親密な関係、というのは、不必要にベタベタすることではない。幸せそうな熟年夫婦を見てみればわかるだろう。相手がそばにいるだけで、安らぎと互いへの信頼感が伝わってくる。そうした適度な距離感が、本当の親密な関係と言える。

つまり「公衆の面前」で必要以上にベタベタするカップルは互いの幼い愛を確かめ合うデモンストレーションであり、「自分たちはこんなに親密なんだ」という周囲へのパフォーマンスでもある。言わば、スタートを切ったばかりの若葉マークのカップルだ。

心理POINT

イチャイチャするのは自分たちの愛に確信が持てない証拠

男が女の涙に弱いのは父性本能が働くため

透視力キーワード　母性と父性

あなたが男性だったとして、目の前の女性に泣かれてしまったとしたらどうするだろうか。

「涙は女の武器である」という言葉があるように、男性の立場としては目の前の女性に泣かれてしまったら、誰だって動揺してしまうだろう。

たとえ自分が明らかに正しい理屈を言っているにもかかわらず、口ゲンカが発展して女性が泣いてしまっては、男性は弱い。涙を見せられ

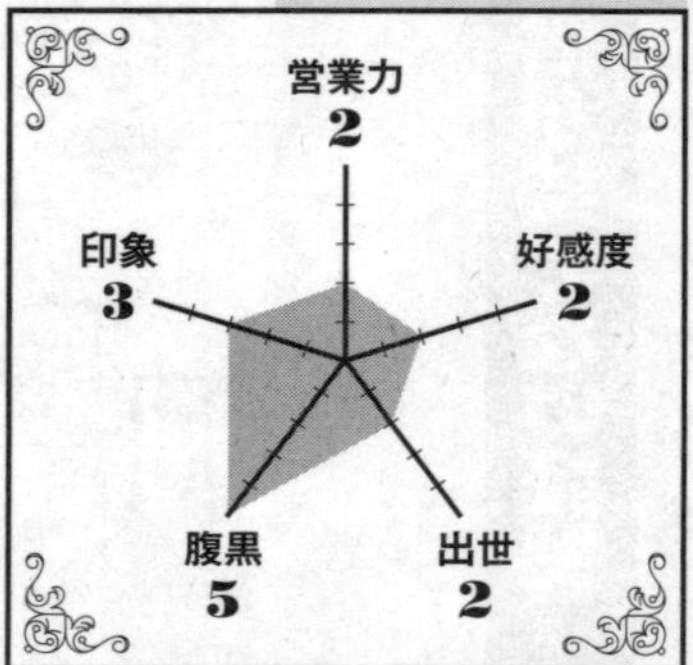

たことによって、男性の思考は停止し、相手を許してしまう。男性にとって女性の涙は、相手の純粋な気持ちの表れと考え、同情を誘ってしまうのだ。

ではなぜ、男性はこれほどに女性の涙に弱いのだろうか。

女性に母性本能があるように、男性にも「父性本能」がある。これは日本語では男気だとか義侠心として表現されている。

「強気をくじき弱きをたすく」というこの父性に、涙は直接訴えてくる。この父性に直接訴えてくるのは、言葉ではなく、むしろ表情や動作。「ノンバーバル（非言語）表出」として男性の心を打ち抜くのだ。

言葉では嘘をつくことはできるが、非言語による表現は直接男性の心に響く。

ただし「涙」を武器として使う女性もいる。状況に応じた対人戦略で、作為的に涙を流すことができる女性は少なくない。だから女性は、同性の女性の前では、男性の前でのような泣き方をしない。同情を誘う効果が望めないことを知っているからだ。

女性の涙に男性は弱い。ただし、涙を作為的に流すことができる女性も少なくない。

心理POINT

女の涙の裏には何らかの作為が潜んでいる場合がある

先に名刺を出す相手は商談で優位に立ちたい

透視力キーワード　主導権

名刺交換は、社会人として重要なあいさつである。一般的なマナーとして、先に名刺を差し出すのは目下の人間であり、たとえば営業マンであれば必ず「おじゃまします」の意を込めて自分から名刺を渡す。

第一印象は大切だ。「人の印象は顔を合わせた瞬間で決まる」と言われるが、最初の相互印象は、その後の人間関係において大きく左右する。

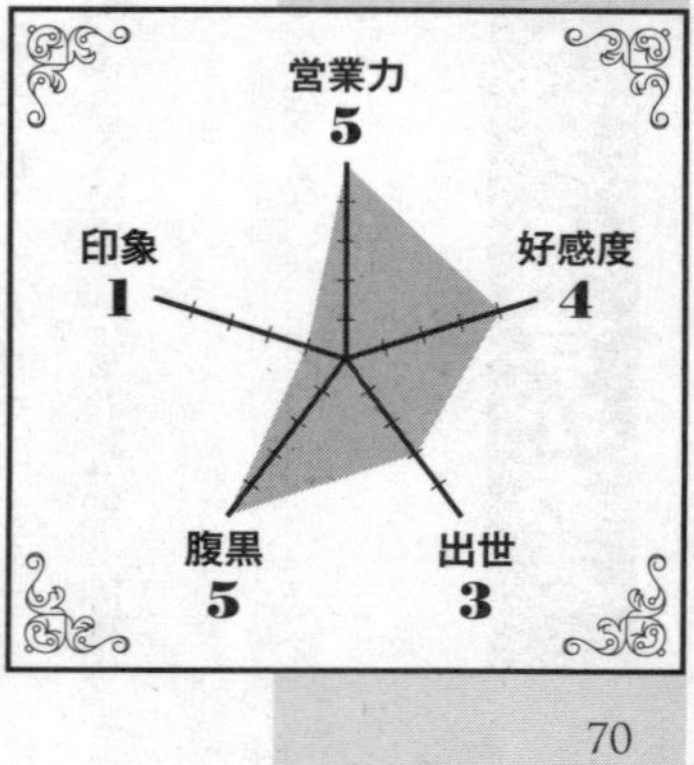

それは、なぜだろうか。人は初めて見るものや聞いたもの、実際に経験したことが記憶に残りやすく、それが対象人物の評価材料になることが多々あるからだ。

しかし、立場や状況にかかわらず、いつもへりくだった体《てい》で、いつも自ら進んで名刺を出してくる人もいる。

これは実は高度なビジネス・テクニックだ。立場や地位が明らかに自分より上の人から先に名刺を差し出されたら、誰でも恐縮してしまう。「申し訳ない」という思いを相手に抱かせる効果がある。

つまり追々、相手に負い目を抱かせて事後の商談を優位に運ぼうという魂胆を持っているのだ。

明らかに目上の人に、先に名刺を差し出されたら注意が必要。おそらく相手は交渉の百戦錬磨だ。相手の愛想笑いに引き込まれて話をしているうちに話の主導権を握られ、終わってみれば相手の思惑にまんまと乗せられてしまうケースが多々ある。こうした場合は、相手の真意を特に深く探ってみるのがいい。注意深く相手の話や表情を見ていれば、必ず相手の戦略は見抜けるはずだ。

先に出すか、あとに出すか。「名刺はビジネスマンの武器」とはよく言ったものだ。

心理POINT
目上の人が先に名刺を出したとき警戒せよ！

ネクタイを直す仕草は緊張をほぐそうとしている

透視力キーワード　防御姿勢

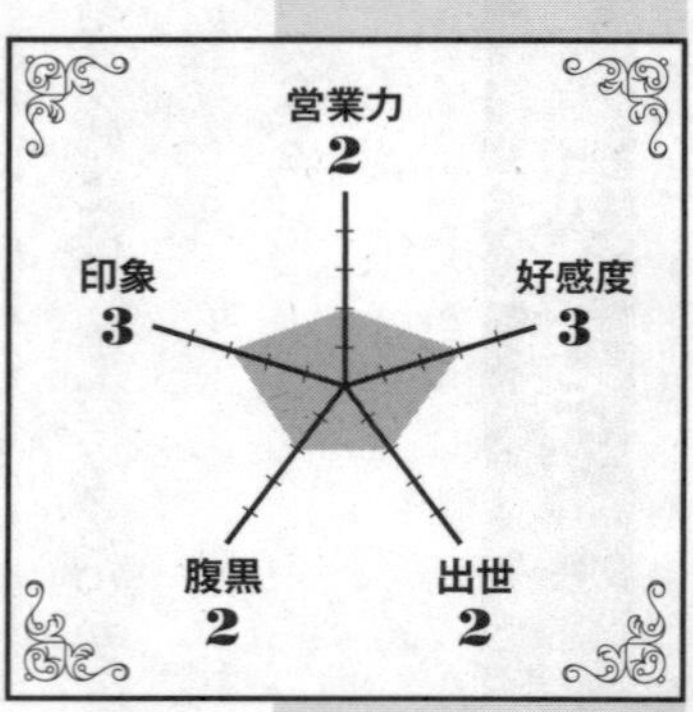

知らない人と対峙すると、知らず知らずのうちに人は「防御姿勢」を取ろうとする。

たとえば「腕組み」などはその例の一つだが、この場合、必要以上に相手に対して威圧感を与えてしまうため、相手に心を見透かされ、逆効果となる場合も多々ある。

そこで、「腕組み」のようなあからさまな威嚇の態度を取らないようにするため、ビジネスマ

ンが無意識の内にしてしまう行為がある。それは「ネクタイを直す」という仕草だ。

ネクタイを直す、という行為は、実際にやってみるとわかる通り、自然に両手で胸をかばう「防御姿勢」の形になっている。

心の臓、つまり急所である「心臓」を守るという意味で、ネクタイを直すことによって胸をかばうという行為には「腕組み」と同じような効果があるのだ。そして、心臓を守ることによって、人は無意識のうちに安心感を得るのである。

ネクタイを正す、という行為は礼儀の正しいものであり「腕組み」と違って相手に威圧感を与えることはない。しかも自然に防御姿勢を取っているため、緊張を緩和する効果を持っている。まさに一石二鳥である。この仕草の意味を知っていると、相手がその行動を取ったときに、大人の対応ができる。つまり、相手は「緊張」している、というわけだ。そんなときは、堅い話はひとまずさて置き、雑談を織り交ぜながら相手をリラックスさせてあげるといいだろう。

ちなみに女性が座るとき、両手を足の間に挟むように置く、というのも防御姿勢の一つ。

心理POINT

ネクタイを直す行為は防御の姿勢

フラれたとき本当の自分の性格がわかる

透視力キーワード　恋愛依存度

大好きだった人と別れるのは、非常に辛いことである。特に好きだった人から「別れよう」と言われた日には、絶望に打ちひしがれる人もいるだろう。しかし、フラれたときにこそ、本当の自分の性格が表れるのだ。

こんな心理性格判断テストがあるので、ここで紹介する。大切に育てていたペットが突然、「明日から旅に出る」と言ったとする。そのとき、

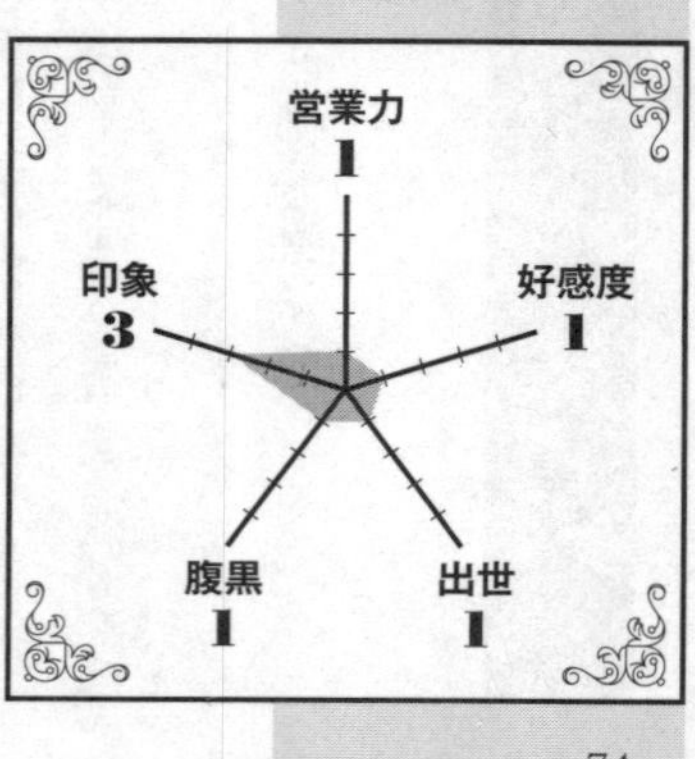

あなたはどういった態度を取るだろうか。

「絶対に行かせたくない」と思った人は、恋愛依存度が高いタイプ。ひたすら相手のことを考えて毎日を過ごしてしまうだろう。一度は「やり直そう」と相手にもちかけ、断られたとしても諦めきれない。しばらくの間、昔のメールを見返したり、着信を待ってしまう。

「一緒に旅をしよう!」と思った人は、別れた相手はバカだと思って、新しい恋に進むタイプ。明るい性格で落ち込むことが少なく、自信家が多い。失恋を引きずることなく、次の相手を見つけようと気持ちを切り替えてしまう。

「行ってらっしゃい、気をつけて」と見送れるタイプは、現実を受け止め、しっかりガマンできる人。別れはいつか来るもの、とどこか達観した視線を持っているので受け入れようとしてしまう。ただしいつまでも「陰で応援」するような優しさも持ち合わせているので注意。

「ひたすら泣いて悲しむ」人は、執着心が強いタイプ。いくら泣いてもスッキリせず、次の恋に目を向けるのに時間がかかる場合が多い。さて、あなたはどのタイプ?

心理POINT

失恋も受け入れよう!

問題
1

料理番組を見ながらクッキングをしていたら、料理人から「材料をよくかき混ぜるのがポイントです」との言葉が。では、あなたはどれくらいかき混ぜる?

Question

A
手が疲れるまで

B
しっかりと
丁寧に

C
適度に
ささっと混ぜる

D
多くは
かき混ぜない

Answer

内緒の恋愛だから熱くなる！　盛り上がる！

「秘密の恋愛主義度」を診断

**アブない恋愛に首ったけ！
秘密なしではもう燃えない**

A

フツーの恋愛なんかじゃ物足りない、と感じてしまうタイプ。友達の彼氏と付き合ったり、不倫だったりと、いわゆる公にできない恋しかできなくなっている。２人の間だけで通じるサインを作ったり、危険なメールを送ったりすることに喜びを感じるハズだ。

**危険な恋も興味津々……
でも一歩が踏み出せない**

B

恋愛のワクワク感、ゾクゾク感、ウキウキ感を人よりもたくさん感じていたい人。そのためには秘密の恋愛をしても構わないと思っているのでは？　浮気や不倫をして楽しんでみたい願望があるなら、思い切って飛び込めば、また世界が変わるかも。

**秘密は共有したいけど
口が軽いお調子者タイプ！**

C

危険な恋を選ぶというよりも、恋人との小さな秘密を２人で共有するだけでいいというあなた。一方で、恋人との秘密や、友達から口止めされていることなどでも、うっかり他人に漏らしたくなる傾向あり。秘密の恋愛には向いていない体質かもしれない。

**秘密の恋愛なんてダメ！
幸せをひけらかしたい**

D

とにかく自分の恋愛について、「自分はこんなに幸せだ」と他人に見せつけたいあなた。１人の人と真剣に付き合うので、浮気や不倫はもってのほか。というより、生まれながらにして秘密の恋愛ができないのだ。真面目と言えば真面目だが、おもしろくないタイプかも。

問題 2

Question

人食いザメを退治しようと、あなたは果敢にも1人で海に。格闘の末、ようやくあなたが仕留めたサメは、どのくらいの大きさだった？

A 2mぐらいの**フツーサイズ**

B **ちょっと大きいかな**と思うサイズ

C コイかと思うほどの**小さいサイズ**

D 船からはみ出るほどの**超大物！**

Answer

大きい・小さいがあなたの欲求不満のサイズ!
「H度」を診断

B
**溜まった欲求をうまく発散
Hはどうでもいい人間**

ちょっと大きめのサメを選んだあなたは、思っている以上に欲求が溜まっているはず。でも自覚症状がないのは、H以外でそうした欲求を解消できるから。スポーツをしたり、映画を観たり、自分の好きなことをしていれば、Hなことはどうでもいいのかも。

A
**そんなHで満足なの?
ノーマルすぎてつまらない**

フツーサイズのサメを選んだあなたはH度も極めてフツー。欲望もそれなりにあるとはいえ、特に多くもなく少なくもなく、中途半端な印象は否めない。平凡すぎる自分に嫌気がさして、もっと淫らになりたいのなら、自分を閉じ込めている殻を破らなくては。

D
**Hなことで頭がいっぱい!
歩く欲求不満**

とてつもなく大きなサメを選んだあなたは、欲求不満度も手に負えないほど大きくなっている、まさに「歩く欲求不満」と言える存在。下手をすると警察のやっかいになる可能性もある。女性がこういう男性と2人きりになった場合は、常に身の危険に備える必要あり。

C
**現状に満足しちゃった
欲求なしの「草食」人間**

控えめサイズを選んだあなたは、現状に不満を抱いていない、Hには無欲なタイプ。もしくは、もともと欲求が非常に薄いのだろう。このタイプは「草食系」と呼ばれているが、本来、人が持っているはずの欲求すらないのは逆の意味でアブノーマルかも!?

問題 3

Question

自分にちょっと気のある素振りを見せる異性から、変わった色をした飴玉をもらったあなた。その飴玉の色とは、次のうちどれ？

A 紫色

B ピンク色

C 青色

D 黒色

Answer

色の種類でどれだけ異性を誘惑しているかがわかる!
「セクシー度」を診断

B
**セクシーさには欠ける子ども
なのに男を騙すぶりっ子女王**

ピンクという、いかにも「わたしはかわいい」とアピールする色を選んだあなたはまだ子ども。セクシーさのセの字もない。とはいえ、可愛いという自覚はあるし、それに騙される男もいる。いい年してぶりっ子できるのも、天性の才能と言えるだろう。

A
**勝手に異性が寄ってくる!
セクシー全開のフェロモン王**

紫は誘惑の色。直感でこの色を選んだあなたは、無意識のうちにフェロモンを振りまいてしまっているタイプ。相手から次々と誘いを受けているはずだ。もちろん、セックスアピール度もかなりの高レベル。歩くだけで異性を虜にするタイプと言えるだろう。

D
**大人のクールさが男を惑わす
実は一番の隠れセクシー**

シックな黒を選んだあなたは、男性からの誘いもきっぱりと断ってしまうクールなタイプ。ところが、そうしたクールさが男性にはたまらないのだ。自覚がなくても、知らないうちに男性を惑わしている「隠れセクシー」タイプに違いない。

C
**真面目を装ってはいるものの
実は誘惑されたい奥手タイプ**

青色を選んだあなたは、セクシー度ということに関しては、大して高くもなく、どちらかというとやや低めか。ただ、実際に誘惑されると弱いタイプで、相手の強引なリードで、そのままホテルへ、なんて可能性も。自分からは奥手でも、誘われればイヤじゃないはず。

問題 4

Question

そこに金儲けの話があればどこにでも行く行動派のあなた。世界各地から仕事の話をもらっているが、今回はなかなかの僻地。どこなら行く？

A 国内の山

B アマゾンのジャングル

C アメリカの荒野

D ヨーロッパの遺跡

Answer

自分の行動の狭さが心の狭さ!
「オタク度」を診断

B
**かなりキテる典型的なオタク
人目なんて気にしない!**

交通の便も悪く、危険も多いジャングルの奥地まで行くなんていうのは、周りから見たらかなりアブナイ「オタク」だ。とはいえ、オタクは周りの目なんか気にしない生き物。行くところまでトコトン突き詰めて、オタク道を究めてしまえばいい。

A
**オタクなんて違う生き物だ!
面倒なことはしない堅実人間**

いくら金儲けのためとはいえ、遠くへ行くのは面倒なあなた。確実にできることだけをこなすタイプで、物事に対する執着心はほとんどない。ひとつのことに執着するオタクのことが理解できないはずだ。内心は、そんな奴らとは口もききたくないと思っているだろう。

D
**周囲を騙すしたたかなオタク
実は一番タチが悪い!**

ヨーロッパの遺跡なんて、日本から遠いとはいってもただの観光地。出かけていくのに苦労はしない。つまり、こんなタイプはオタクの面をかぶった、ニセモノのオタクといってもいい。したたかさを持って周りの人間を騙す、タチの悪い人間に違いない!?

C
**一人前になりたい準オタク
でも危険なことができない人**

アメリカの荒野もかなり過酷な場所。とはいえ、アマゾンのジャングルに比べたらなんてことはない。それを選んだあなたは、自分ではオタクを気取っているものの、周りから見たら中途半端な準オタク野郎。もっと大胆にいかないと、真のオタクにはなれないぞ!

問題 5

Question

近所の洋服店の店長から、「万引き犯を捕まえてくれないか」と相談された探偵のあなた。商品を持ち逃げした犯人を、どうやって捜す？

A 怪しい人を**尾行する**

B 犯人が好きそうな人物に変装して**おびき出す**

C 近隣の住民に**聞き込みをする**

D 直感で**推理する**

Answer

正常だと思っているのは自分だけ!?
「アブノーマルタイプ」を診断

B

もう導火線に火はついた!
アブノーマルの玉手箱タイプ

「変装」と聞くと探偵らしいが、大抵の場合は「コスプレ」程度。普段と違う格好をして、自分が喜んでいるだけのアブノーマルタイプがこれだ。特に、今の自分と違う性の変装を想像したのであれば、もう疑いようはない。自我の解放は法律内で収めておこう。

A

鋭い眼差しで何かを狙う!?
のぞき趣味の変態人間

相手をこっそり尾行するあなた。一見普通の対応に見えるが、こういうタイプの人間は、とにかく自分の目で確かめないと気が済まないタイプだ。何でも見たがるというのは、一種ののぞき魔的な趣味の表れ。その視線は、相手から気持ち悪がられているはずだ。

D

夢と現実の境があいまい!
融通のきかない監禁魔

自分の直感や第一印象だけで犯人を捜し当てようとしたあなたは、かなり現実離れした妄想家タイプ。どこかに監禁志向があって、自分の妄想通りにいかない現実を直視できず、相手を力ずくでどうにかしようとする、かなり危険な「監禁魔」予備軍と言えるだろう。

C

己の興味をとことん追究する
気づけば立派なストーカー

こちらも有効的な手段かと思いきや、自分が相手の情報をすべて知っておかないと気がすまないタイプ。言い換えれば、知らないことがあるのを許さないという、ストーカー的な一面も。相手がどんなに逃げても、地獄の果てまで追いかけるしつこいタイプなのだ。

問題
6

Question

次の4つのグループのうち、あなたが一番美しい、もっともかわいらしいと感じた「ひらがな」が含まれているのはどのグループですか？

A
い、こ、う

B
つ、く、し

C
ほ、ふ、ぬ

D
ゆ、か、す

Answer

ひらがなは女性らしさの象徴!
「ロリコン度」を診断

ここでは書けない!
極度のロリコンタイプ

B

Aよりもさらに画数が少なく、ひと筆で書けてしまうような文字を選んだあなたは、ちょっとまずいくらいの極度のロリコン。高校生以下の、まだあどけなさが残る相手ほど興味を覚えてしまうはず。ここで自分の好みを眠らせておかないと大変なことになる!?

タイプは高校生!
典型的なロリコンタイプ

A

画数が少なく、シンプルで小さめの文字を美しいと感じたあなたは、未成熟な初々しさに魅力を感じてしまうタイプ。高校生の制服姿やみずみずしい肌に興奮を覚える、典型的なロリコンと言えるだろう。決して秘めたる衝動を表に出してはいけないぞ。

自分と近い年齢を好む
最もロリコン度の薄いタイプ

D

これらのグループの中で、画数も文字の大きさも中間的な文字を選んだあなたは、自分の年齢に近い相手を選ぶタイプ。精神年齢も同じくらいで、価値観を共有できる相手に魅力を感じることだろう。これが本来のあるべき姿だと言えるかもしれない。

年上・熟女が大好き
ロリコンとは真逆のタイプ

C

画数が多く、大きな字を選んだあなた。安心してほしい、決してロリコンではない。が、それとは真逆の熟女好きの傾向あり。妖艶でフェロモンを振りまく女性が大好きで、さまざまな恋愛を経験した、ひと筋縄ではいかないような相手を好む傾向が見られるだろう。

問題
7

Question

キャンプ地を歩いていたら、目の前に熊が出没！ 周りには人もいないし、武器になるようなものもない。そんなとき、あなたの頭にはどんな考えが浮かぶ？

A
やられる前にやれ！

B
もうダメ！
絶対に死ぬ！

C
仲良く
なれないかな？

Answer

熊は母親を象徴！　母親に対する気持ちがわかる！

「マザコン度」を診断

A 心は立派な大人のあなた マザコン度はゼロ！

熊（母親）としっかり向き合えたことは、母親を一個人として認識している証拠。親離れできたあなたは立派な大人と言えるだろう。とはいえ、子どものころは叱られた経験もあり、マザコンとは異なるものの、ずっと母親には頭が上がらないタイプでもある。

B 心はまだまだ子ども！ マザコン度50%

ただ逃げればいいものを、襲われることまで想像してしまうあなたは、マザコン度50%程度。母親から独立したいという気持ちはあっても、精神的にまだ甘えん坊、完全な自立ができないタイプだ。本当はまだまだ母親に甘えていたい気持ちのほうが強いと言える。

C いつまでもママと一緒！ マザコン度100%

常識的に考えたら命の危険があるにもかかわらず、熊と仲良くなろうと考えるとは、典型的なマザコンだ。母親にいつまでも愛情を求めるタイプで、一生一緒にいたいと思う甘ちゃんタイプだ。ただ、親孝行できるという点では、立派な孝行息子とも言えなくもない。

問題 8

Question

突然、暴漢に襲われそうになったあなた。目の前にあるトラックに乗り込めば逃げられそうですが、どのトラックに逃げ込みますか？

A
死体を運ぶ
トラック

B
囚人が乗った
トラック

C
猛獣の乗った
檻のある
トラック

D
泣き叫ぶ子どもたちで狂乱状態
のトラック

Answer

トラックはアブノーマルの一面をさらけ出す!

「変態度」を診断

B ドSを通り越した鬼畜人間! 性的興奮も鬼畜ならでは

囚人とは、囚われの身を表すもの。そんな自由のない人間を見て喜ぶというのは、セックスなどにおいても、相手を縛るなどして自由を奪い、命令に従わせたいと思っているハズだ。そんなことに性的興奮を覚えるのだから、相当な鬼畜人間と言えるだろう。

A フィギュアと話すのが大好き! 人間に興味を持てないオタク

死体を運ぶトラックを選んだということは、生きている人間とは付き合えないという証拠。人付き合いが苦手というよりも、そもそも他人に興味がなく、自分だけの世界でフィギュアやアニメの主人公と会話しているアブナイ人間。典型的なキモオタ野郎だ。

D 子どもになら勝てると思う ロリコン気味のダメ人間

自分より立場も力も弱い子どもを選んだあなた。弱い立場の人間になら勝てると思っているタチの悪いタイプで、恋愛においてもロリコン傾向が見られる。「年下好き」と言えば聞こえはいいが、恋愛でも社会でも、対等な人間とは付き合えないダメ人間だ。

C 自分はどうなってもいい! あなたはドM全開です

暴漢に追われながらも、さらに猛獣のいるトラックに乗り込んだあなた。自ら危険を選ぶということは、かなりドMの傾向が見られる。苦しいことを乗り越えることで快感を得るタイプで、快感のためには自己犠牲を払える、生まれながらのM人間だ。

問題 9

Question

外国のお土産屋で、いつも持ち歩いているといいことがあるという「幸福のカギ」を買いました。あなたはそのカギをどうしますか？

A
キーケースに
入れて
持ち歩く

B
キーホルダーに
つけて
持ち歩く

C
そのままで
財布やカバンに
入れる

Answer

カギは自分を解き放つ願望！　ありのままの自分をさらけ出せ！

「露出願望度」を診断

B
脱いでナンボの露出狂！
快感のためには服はいらない

あえて目立つように、キーホルダーにつけたあなた。人に見られることで興奮や快感を得るタイプで、露出願望はかなりのもの。酔った勢いで裸になることは当たり前で、カーセックスや屋外でのセックスも抵抗なくしてしまう、開放的な心の持ち主と言える。

A
肌の露出すら恥ずかしい！
セックスでも裸になりたくない

キーケースはカギをすっぽり覆うもの。つまり、自分の裸を見られるのがイヤなタイプで、露出願望は一切ないと言える。服装も、胸元があいた服などは着たがらず、セックスでも裸を見られるのを嫌い、服を着たままや、部屋の電気を消したがる傾向が見られる。

C
ビデオを見てムラムラ
でも一歩を踏み出す勇気なし

温泉に入る際などは裸を見られても問題ないが、それ以外ではきっちりしている常識人間。露出願望はないように思えるが、でもどこかで裸になりたい願望も持っているはず。Hなビデオの「屋外セックス」などを見て満足しているようではまだまだだ。

問題 10

Question

今日は自宅で1人ケーキ作り。なかなかのケーキができましたが、あなたはそのケーキをどうやって食べるのが好き?

A 一気に全部食べる

B もったいないので少しずつ食べる

C コーヒーを用意してから食べる

D ほかにもケーキを作って一緒に食べる

Answer

ケーキ=性欲をどう食べる!?　性欲の発散方法は?

「尻軽度」を診断

A　セックスだけが生きがい いつでもどこでも誰とでもOK

Aを選んだあなたは、かなりの遊び人。いつでもどこでもセックスがしたくて仕方なく、誰かれ構わず関係を持ってしまう尻軽女だ。ただ、行きずりの人間とならまだしも、会社の上司や友人の彼氏など、誰にでも手を出してしまう傾向があるので要注意だ。

B　愛なしセックスでは感じない そのぶん濃厚なセックス

恋人とのセックスでないと感じないあなた。浮気といってもせいぜい食事程度で、手をつなぐのもイヤというタイプだ。そのぶん、恋人とのセックスは、派手さはないものの、時間をかけてたっぷり愛し合うという、濃厚なものが好きな傾向がある。

C　遊びに不慣れな奥手人間 男からすると恰好の餌食!?

Cを選んだ人も尻軽度は高くない。すぐにケーキを食べないということは、恋愛に奥手で、付き合っても体を許すまでには時間をかけるタイプだ。しかし、遊び慣れていないぶん、男性からすると落としがいがある女性にも見える。恰好の餌食になっているのだ。

D　ガードが固いと男もあきらめる!? 幼稚な恋愛観のわがままタイプ

いろんな人と仲良くなりたいが、決してセックスまでは許さない、ガードの固いタイプ。デートでも、ふたりっきりだと「いつホテルに誘われるのか」とドキドキして落ち着かない、幼稚な恋愛観を持っている。あまりガードが固いと、男も寄ってこなくなるだろう。

問題 11

Question

恋人と車で郊外に繰り出したあなた。晴れていたのに、帰るころには、向こうに黒い雲が。このあと天気はどうなると思いますか？

A パラパラと**雨が降る**かも

B ギリギリで**降られない**かも

C **土砂降り**になる気がする

D **降っても通り雨**ですぐに晴れると思う

Answer

遠くの雲は認識していない性的な欲望だった!

「性的妄想度」を診断

B セックスは恋人としての義務 妄想も快感もないマグロ女!

雨に降られる＝濡れるということを嫌うあなた。セックスでも、することはするが義務的なもので、相手に尽くすわけでもなく、自分が満足するわけでもない。ただベッドで寝て、男が終わるまで横になっている、というだけのタイプと言えるだろう。

A 相手によって性癖も変わる すべてを受け入れるタイプ

雲が出たら雨が降ると、常識的な回答をしたあなたは、性的妄想度も常識の範囲内にある。ただ、こういうタイプは、付き合う相手によって常識も変わってくる。変態と付き合えばそれが常識だと思い、自分も変態になっていくという、やや危険なタイプでもある。

D いつかは妄想を爆発させたい でも爆発したらもう戻れない

性欲もあるし性的妄想もしっかり持っているあなた。しかし、いつそのスイッチを入れていいのかわからない、まだまだ経験不足なタイプだと言える。一度妄想が爆発してしまうと、男性でも手に負えなくなるだけに、このタイプの女性と付き合うのは危険な感もある。

C 勝手に妄想して興奮する 独りよがりの性的妄想の塊!

ありえないようなことまで想像し、それで興奮するあなたは、かなりの妄想家だ。日常生活でも独自の妄想力を働かせ、周囲をドン引きさせることもしばしば。セックスなども、ベッドに入る前にあれこれ妄想し、それで満足してしまう傾向にある。

問題 12

Question

会社の近くで火事が発生しました。あなたが現場に行ったときには消火活動が始まっていましたが、そのときの火事の状況は？

A
火が弱まる気配はなかった

B
しばらくして弱まった

C
すでに消えかかっていた

Answer

火事は性欲を、炎の勢いは異性関係のトラブルを暗示!

「浮気願望度」を診断

B

**遊びまでなら浮気はしたい!
でも手は汚さない計算高さ**

なんとも勝手なご都合主義のあなた。浮気はしてみたいけど、家族には迷惑をかけたくないと思っているに違いない。自分さえよければいいというタイプで、セックスにおいても、自分だけ満足すればいい、という人間だ。そんな人間はいつかしっぺ返しをくらう!?

A

**浮気=危険な恋じゃないと
満足できない浮気願望100%**

あたなが浮気するのは時間の問題。浮気がしたくてたまらず、虎視眈々とチャンスを狙っているタイプだ。火を消す消防士という「欲望を阻止する人」がいてもまだ浮気がしたいというのだから、もう勝手にやってください、というレベル。あとのことは知りません。

C

**面倒なことはしたくない
つまらない人生の堅物さん**

Cを選んだ人は、浮気なんてもってのほか。願望がないというよりも、面倒なトラブルが起きるならおとなしくしている、という、どこかつまらないタイプで、女性からの誘惑にも反応しない堅物だと言える。そんな平凡な人生で満足できるのも、一種の才能だろうか。

問題 13

Question

同性の友人と町を歩いていたら、とある憧れの同性スターのポスターを発見。「もらっちゃおう」とポスターを欲しがる友人に、あなたはどう答えますか?

A 見られただけでも十分

B 盗むのはいけない

C もらっちゃおう！

D 誰かに見つかると捕まるよ

Answer

あなたは同性をどう見ているか!?
「同性愛度」を診断

B 恋愛は異性としないと! 一方で同性からは厄介者扱い

同性愛なんか気持ち悪い、と思っているのがこのタイプ。同性でワイワイ遊ぶよりも、異性がいないと燃えない肉食系だ。ただ、こうした人間は、同性からはかなり嫌われているはず。それでも異性をゲットするためなら周りは気にしない、野性の本能が働くタイプだ。

A 憧れは空想の世界だけ 恋愛は苦手な同性愛予備軍

同性に対して憧れはあるものの、それは妄想の世界の話。やはり現実を見ると、同性愛には足を踏み出せないでいる。ただ、異性との恋愛も苦手な傾向もあるので、ちょっとしたきっかけで同性愛にのめり込む、ちょっと危険な予備軍と言えるだろう。

D 同性にも異性にも いい顔をする八方美人

同性とは友達、異性とも友達という、いい意味で受けのいい、悪く言うと八方美人タイプがこれ。いつまでもいい顔をしていると、結局最後までパートナーを見つけることができず、いつの間にか1人ぼっちに。そんな寂しい人生の末路を迎えるのもこのタイプだ。

C 今すぐ同性と付き合いたい 危険な恋愛はすぐそこに……

あなたは無意識かもしれないが、すでに相手には「この子、同性愛なの?」と思われているはず。同性を見るその眼差しは、かなり危険に感じられているかもしれない。一度ハマれば、ズルズルと同性愛の世界から抜け出せなくなる、かなりアブないタイプだろう。

問題 14

Question

嫌いな友人の家に並ぶ高価な宝石を、泥棒になってくすねてやろうと思ったあなた。すべて値段が同じなら、どれを盗む？

A ダイヤモンド

B アメジスト

C ルビー

D パール

Answer

強盗は他人の気持ちを顧みずに自分の欲求を満たすこと!

「セクハラ度」を診断

B セクハラしても許される!?マスコット的キャラ

癒しの象徴のアメジストを選んだあなたは、周りを和やかにする性格の持ち主。際どい発言をしても許されるし、セクハラしてもどこか許される、みんなのマスコット的キャラだと言える。自分では意識していなくても、オヤジ連中から逆恨みされるので要注意だ。

A 手段を選ばないプロのセクハラ屋!

ダイヤモンドは欲望の強さを象徴するもの。まっさきにダイヤを盗もうと思ったあなたは欲望の塊で、下心丸出しのセクハラオヤジ。しかも自覚がないからタチが悪く、どれだけ嫌われても、欲望を満たすためには手段を選ばない、かなりの腕を持ったタイプだ。

D セクハラもできない小心者つまらない人間に思われがち

パールには、苦労をした結果に得られる内面の美しさがある。とはいえ、酒の席でも気の利いた話をできないあなたは、セクハラ度0というと聞こえはいいが、真面目すぎてつまらないと思われがち。酒の勢いを借りてでも、たまには殻を破ってみるのもいいかも!?

C 思ったことをすぐ口にする相手を思いやれない人間

感情や情熱を象徴するルビーを選んだ人は考える頭がなく、思ったことをすぐ口に出してトラブルを引き起こすタイプ。女性の容姿などズケズケと言い、相手を傷つけたこともわからない最低のクズ人間。セクハラ度は低いが、人間としてのモラルもかなり低レベル。

問題 15

Question

親戚の牧場の経営を引き継いだあなた。ここには馬と羊が全部で100頭いますが、馬と羊はどれくらいの割合でいますか？

A 羊のほうが多い

B 馬のほうが多い

C 両方同じ

D どちらか極端に偏りがある

Answer

強い馬＝Ｓと弱い羊＝Ｍの多さがわかる!
「SM度」を診断

B
相手の快楽はお構いなし!
とにかく責め好きドS人間

馬を多く選んだあなたは、とにかく責めるのが大好きなドＳ人間だと言える。とにかく責めるのが快感なのだが、その攻撃はドＭの人間でも快感を得ることはなく、もう耐えられないと嘆くほど。あまり責めすぎると、責める相手を失うことにもなるだろう。

A
どこまでも責められたい
Sも相手にしないほどのドM

いかにもおとなしそうな羊を多く選んだあなたは、ＳＭの世界では完全なＭタイプ。多く羊を想像すればするだけ、Ｍっ気も強いということになる。60 匹程度であれば普通のＭだが、80 匹となると、もはや面倒なＭ。Ｓの人も相手にしなくなるだろう。

D
プロだったらドラフト1位!
頂点を極めたSMの達人

羊と馬の数が 1 対 99 のように極端に偏った人は、その道を究めた、文句なしの達人。セックスはもちろん、デートをしているときでもそうした性癖が無意識に出ているハズ。プロですらお手上げ状態なのだから、あなた自身がプロになることをオススメする。

C
SでもMでもないなんて嘘!
本心を隠すズルいタイプ

どちらも同じということは、ＳとＭの度合いが拮抗しているということ。とはいえ、それはこれまで経験がないからで、実際にそうした状況に置かれれば、どちらかの性癖が目覚めるはず。Ｓ・Ｍといった区別を毛嫌いしているわりには、一番燃え上がるタイプかも。

問題 16

Question

キャンプで山にやってきたあなた。ぶらぶら山を歩いていたら洞穴を発見しました。周りには異性の友人が数人いますが、誰と洞穴に入りますか?

A
1人だけで
入る

B
何人かで
入ってみる

C
仲のいい異性と
ふたりで入る

D
できるだけ
大勢で入る

Answer

洞穴の妖しいイメージに隠されたセックス願望を暴く!

「乱交願望度」を診断

B
チャンスがあればしてみたい でもまだその勇気がない

人一倍、乱交願望はあるものの、「きっかけがない」などといった理由でその世界に踏み込めないでいるタイプがこれだ。そんなことを言い訳にしていたら、いつまでたっても乱交はできない。思い切って誰かを誘ってみれば、新しい快感を得られるだろう。

A
乱交なんて絶対にムリ! 相手なしで満足するひとり上手

あなたには、乱交やスワッピングなどといった、多人数でのセックスは無理。もともとそうした願望もなく、性的欲求を満たすだけなら、相手がいなくても自分で処理したほうが楽だと思うタイプだ。仮に恋人ができても、セックスレスになる傾向にある。

D
フツーのセックスじゃ感じない 乱交大好き淫乱タイプ

相手と2人でホテルで、といったシチュエーションにはうんざりのあなた。1人の相手では満足できず、常に複数の人間で入り乱れてセックスしたいと思っているはず。もはや乱交中毒だといってもいい。セックスが生きがいという、何ともうらやましいタイプだ。

C
特定の人としか セックスできないタイプ

セックス経験は豊富だが、そのときのパートナーとのセックスでしか快感を得ることができないタイプ。セックスの相手が知り合いでも、「恋人」でなければ興奮しない。乱交願望はあるものの、実際に体験しても自分に合わないと思うことだろう。

Chapter2

仕草で読み取る人間心理

手と手をこすり合わせる行為はポジティブな印象を与える！

透視力キーワード　ポジティブ行為

人体の中でももっとも関節が多く、複雑な動きが可能な「手」。隠したいはずの心の動きも、手に表れてしまうことが多い。わかりやすい例が「揉み手」である。目上の人間にゴマをするようなとき、ついやってしまう人も多いのではないだろうか。ほかにも、手を擦り合わせる動作は、何かを期待している心の動きの表れであるとも言える。たとえそう思っていなかったとしても、

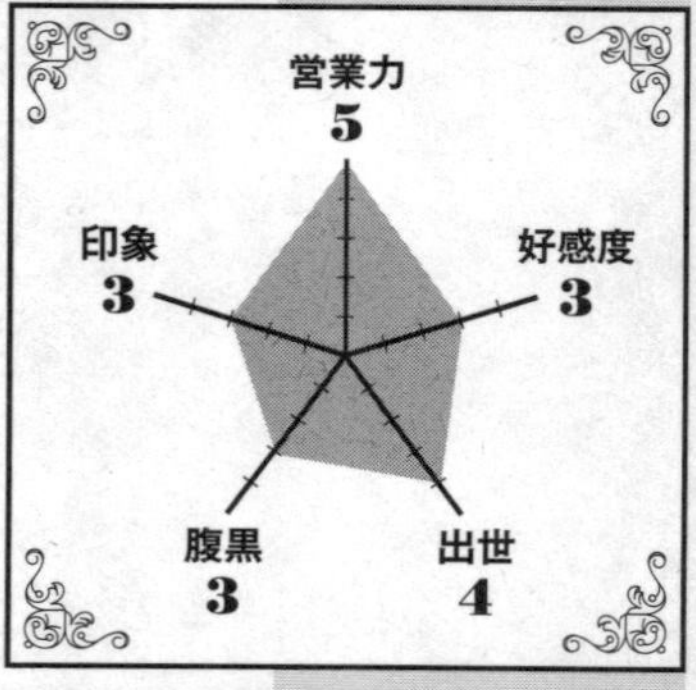

こういった動きを取り入れることによって、ポジティブ（前向き）な印象を与えることができる。

逆にネガティブな要素を表す手の動きもある。会話中に、相手が机の上で手と手を合わせていたら周囲の人はどう思うだろうか。

表情に出なくても、この仕草は周囲にあまりよい印象を与えない。不安や不満から自分を守りたいという感情の表れなのである。また、手を固く結んでいれば不安や不満を意味するが、指先を合わせて三角形を作るようにしている相手には要注意。これは自信や満足を表すモーションであり、商談の最中などであれば内容に不満がないとも考えられる。一方で、同僚などと話している最中であれば、相手を下に見ている可能性もあるのだ。

このように、手は非常に心の動きを表しやすいパーツの1つ。人の手の動きを見て心を読み取るということは、逆に自分の感情も察知されてしまう可能性が高いということである。自然に振る舞っているつもりでも、何気なく手を組みながら会話していることもあるので、自分の手の動きには注意する必要があるだろう。

心理POINT
同僚の前で手と手を合わせる行為はNG！

足を大きく広げ背もたれを使う人はリラックスしている！

透視力キーワード　リラックス度合い

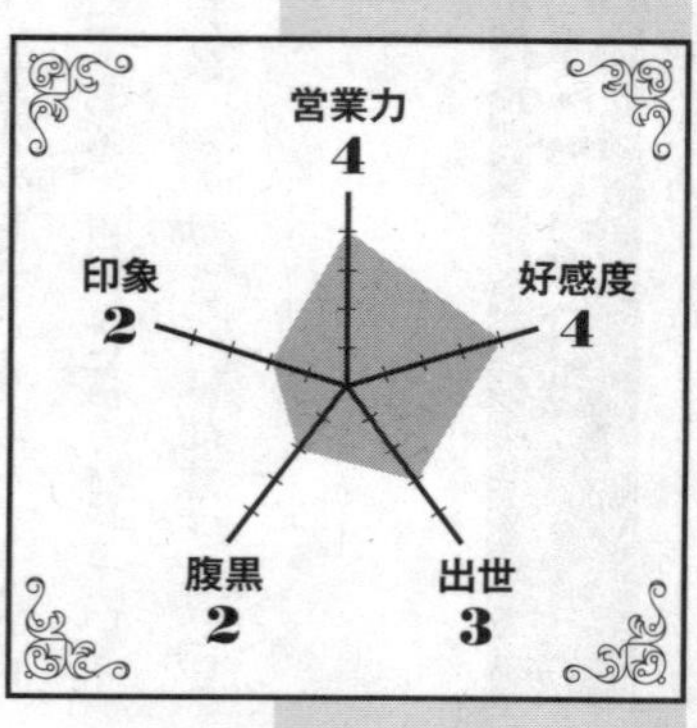

普段会社で仕事をしているとき、大きく足を広げて、椅子の背もたれにグイッと体重を預けて……という姿勢を取っている人は上司に多い。当然だと思うかもしれないが、「なぜ、そうするのだろうか？」と考えたことはあるだろうか。

人の姿勢にはリラックスの度合いがそのまま表れるのだ。たとえば親しい友人と談笑してい

るようなときなら、それこそゆったりと、力を抜いた自然な姿勢で話すのが普通だが、怖い上司と打ち合わせをしているときや、絶対にミスできない商談先での会話などでは、背筋は伸びかしこまった姿勢になる。これは、動物的本能として備わっていると考えてよいだろう。「相手が安全である」「身を任せてもいい」と感じれば、体はオープンになり、負担の少ない姿勢を取ろうとする。逆に「危険な相手である」「防御する必要性がある」と感じれば、体はやや前屈みになり、閉じた姿勢になっていく。

これらをうまく使えば、自信があってポジティブな態度を演出することもできる。また相手への尊敬、畏怖をわかりやすく表示することもできる。逆に言えば、尊大に見えてしまったり、媚びて見られる可能性もあるので、注意して使い分けていきたい。

また、複数の相手の関係性を読み取るのにも非常に有用な手段である。体の大きさや表情だけでは、関係性を把握することは難しい。対面したときに、お互いがどんな態度を取っているのか、どんな姿勢か、力の入れ具合はどの程度かなど、細かいポイントに目を配ることで、上下関係を一発で見抜くことができる。互いの関係性を見抜くことで、商談を有利に進めることができるだろう。

心理POINT

体の姿勢と手足の開放度から緊張度を測る

直立不動で立つ人は「男らしい」と思われたい！

透視力キーワード　非言語コミュニケーション

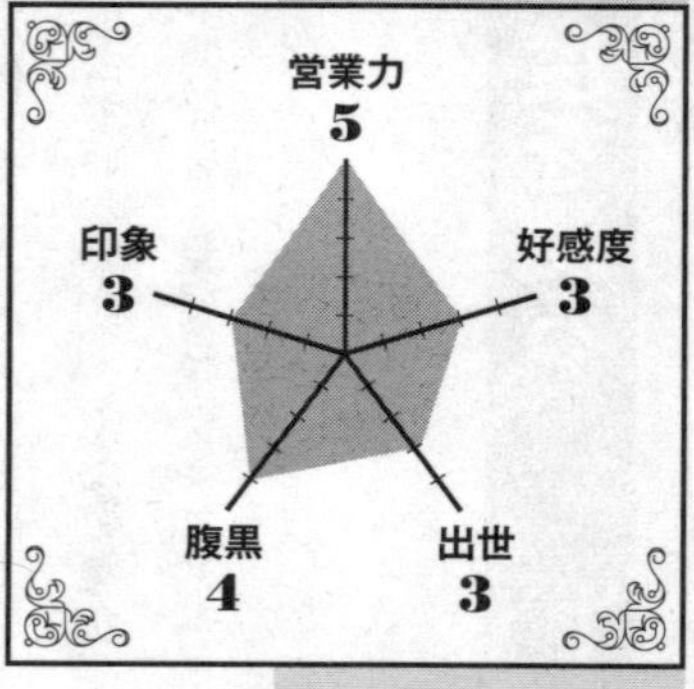

非言語コミュニケーションの研究者にエックマンという人物がいる。彼によれば、人の心の動きを見るには、表情より体の動きを見るほうがいいという。表情から読み取られまいとする防衛本能が働き、人はほかの体の部位が疎かになる。そこを見抜くことで心を透視できるというわけだ。ここで注目したいのは、「脚」の動きである。

膝の関節がピシッと伸びて直立不動の姿勢であれば、これは緊張した精神状態を表している。脚を広げ、力を込めて立っているような感じであれば、それは「男らしさ」を意味し、そう思われたい気持ちの表れでもある。

脚の向いている方向からでも、相手の気分が把握できる。たとえば相手と話していて、つま先が自分の方向を向いていれば、それは興味の方向を示している。「話を聞く気がある」姿勢というわけだ。逆に別の方向、たとえば部屋の出口を向いていれば、「早く切り上げたい」「この場を早く離れたい」と思っているのと同意である。さらに、立っているときに脚を交差させるのは、不安から身を守りたい感情の表れである。こういった姿勢の一つ一つは、うっかり見逃してしまいがちである。コミュニケーションを取る上で、つい相手の表情ばかり気にしてしまいがちだが、脚の動きを見ることも忘れてはならない。商談の際、相手がどのような気分なのかがわかりやすく表れているからだ。

また、自分の足の動きに意識的になることで、普段やってしまっているクセなどを制御できれば、これもまたコミュニケーションにおける勝利に一歩繋がることになるだろう。

心理POINT

脚の動きは見落としがちだが重要なポイント

靴を雑に扱う女性は軽い女？

透視力キーワード　貞操観念

同僚や友人が、靴をどのように脱ぐか。

普段はほとんど意識しないことだろう。しかし、見ようと思えば機会はいくらでもある。飲食店で座敷に通されたとき、知人の家に遊びに出かけたとき、靴をどのように脱ぎ、どのように扱っているかで、貞操観念や女性に対する扱い方が読み取れるという説があるのだ。

これはかの有名な精神分析学者フロイトの提

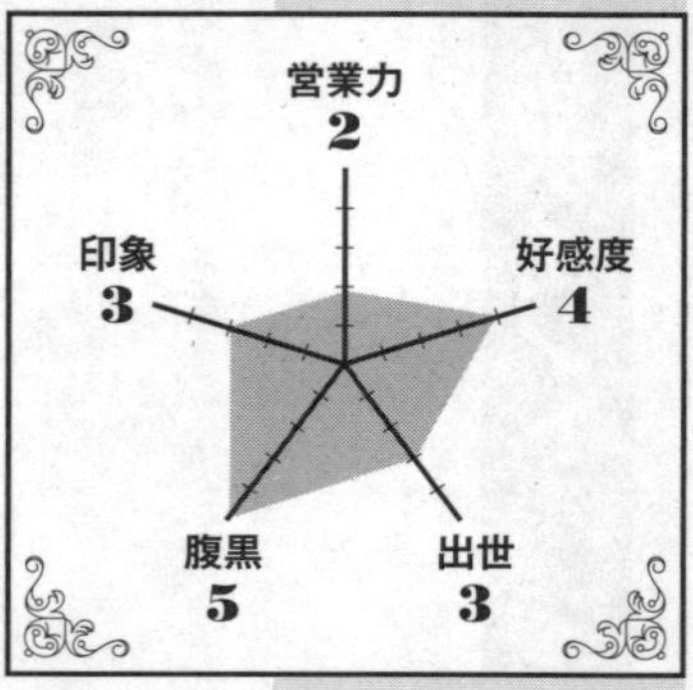

唱した説で、それによれば、靴のように覆って包み込む性質を持つものは、女性器の象徴として考えられている。つまり靴は男にとっても女性にとっても性そのものであるとも言える。

そう考えてみると、靴にどれだけ意識を払って扱っているかは、そのまま貞操観念へと繋がる。パパッと靴を脱いで雑に扱うようであれば、いわゆる「軽い女」と見られてもおかしくない。コンパなどで靴を雑に扱う女性がいたとしたら、性についても軽いと言え、逆にきっちり揃えて丁寧に扱っていれば、性に関する意識が高く、貞操観念も固いと判断できるだろう。

これは男性にも同じようなことが言える。自分の靴を丁寧に扱う人は、女性器を丁寧に扱うと考えてよい。しかし仕事用の靴は綺麗にしているクセに、プライベートでは踵を踏み潰しているような靴を履く人は、自分本位のセックスをするようなタイプ。どんなシチュエーションでも「足元のお洒落」と言うように靴を綺麗にしておき、丁寧に扱うに越したことはないわけだ。こういった観点から見ることによって、相手の貞操観念の一部が覗けることもある。そして同時に、そう見られる可能性があることも、頭に叩き込んでおく必要があるだろう。

心理POINT

靴の扱い方は異性関係の表れ！

自分の体に触ってしまうクセのある人はストレスを感じている

透視力キーワード　自己タッチ

人間誰しも「クセ」の一つや二つはあるだろう。大人になっても鼻をほじったり、股間をかいたり、指を鳴らしたり……。赤ん坊の頃は空腹や寂しさから指をしゃぶり、イライラしていると爪を噛んでしまう……などなどあるのはわかる。こういったクセの中でも、自らの体に触れるタイプのものを心理学では「自己タッチ」、または「適応行動」と呼ぶ。

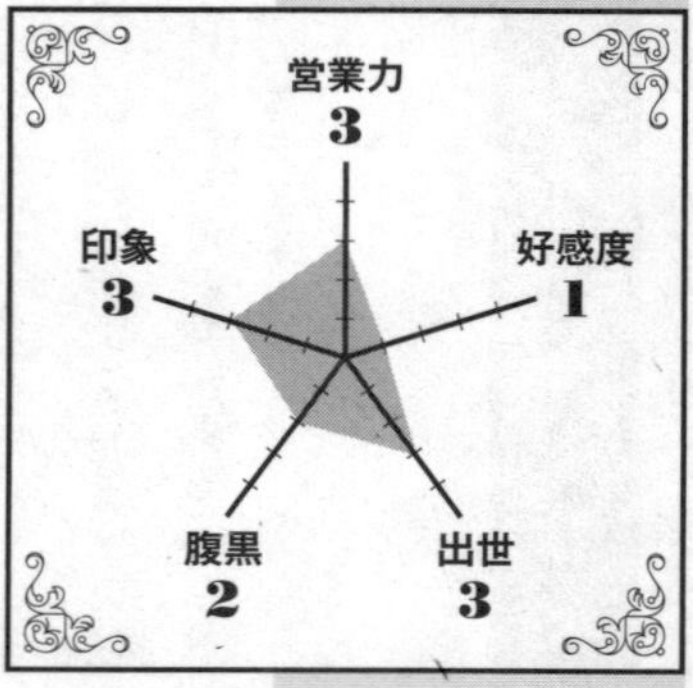

主に子どもの頃、心が発達しておらず、処理し切れないストレスに対応するための防御的行動であると考えられている。成長とともに周囲から注意されることもあり、自然となくなっていくものだが、それでも状況によってはストレスに耐えきれず、昔のクセが出てしまう人もいる。

それが「自己タッチ」なのだ。たとえば頭をかく、アゴを触る程度であれば、さほど珍しくはないだろう。だが中には大人になっても、指をしゃぶる、爪を噛む、鼻をほじるなど、幼少時代のクセが出てしまう人もいる。

そういったクセが出てしまう人は、ストレスに対して免疫力が弱く防衛反応が表れていると言えるのだ。たとえおかしく見えなくとも、意識して相手を見ていれば、どんな状況において「クセ」が出ているのかという点で、ストレスへの耐性、どのようなシチュエーションをストレスと感じるかを把握することができるだろう。

部下への叱り方やチームの対人関係など、言葉ではわからない関係性の歪みを、こういった「クセ」の発生から読み取ることができれば、効率的な人との関係性がわかるはずだ。

！心理POINT
周囲の人のクセを読み解けば人間関係もうまくいく？

寒くもないのに腕を組む人は心の中が寒い

透視力キーワード　腕組み行為

ある程度社会人としての経験があれば、親しい仲でない限り、目上の人の前で腕を組み、ふてぶてしく見えるような態度は取らないはずだ。

尊大、強そう、堅物……そんなイメージを持たれがちな「腕組み」だが、逆に考えると、寒い日に外を歩くときは、誰もが「おお、寒い……」と腕を組んで、身を縮こまらせているのをよく見かける。「それとこれとは話は全然違うじゃな

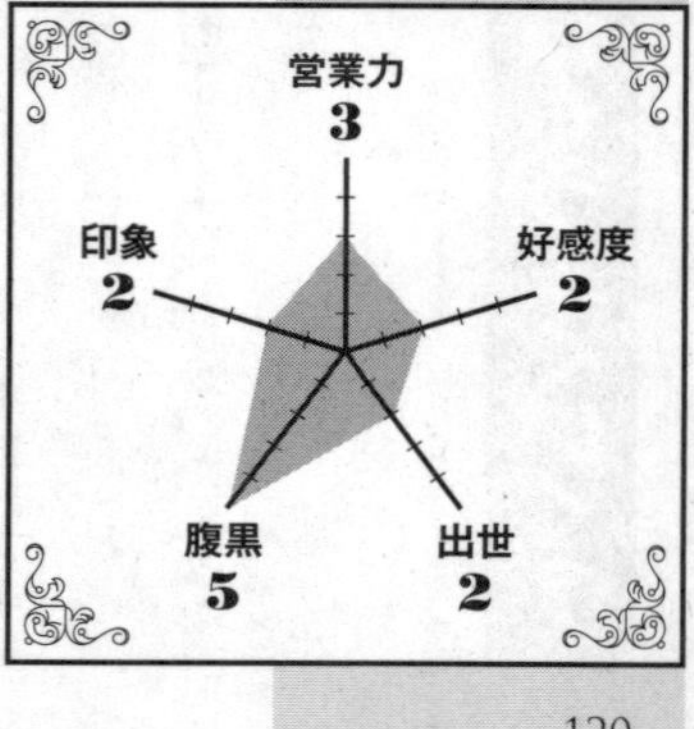

いか」と思ってしまうのは早計だ。この異なるシチュエーションにおける腕組みは、本質的には似通った部分が多いのである。

心が寒い、味方がいない、怖い……そういった弱さを自ら守る、安心感を得ようとしている動きの表れが腕組みなのである。また1人でいたい、1人で解決したいというときにも同じように腕を組む場合がある。閉鎖的、批判的に見える腕組みだが、ある意味では寂しさが1人での頑張りを表すメッセージとも見て取れる。状況によりけりではあるが、助け船を出してやるべきサインとも言えるのではないだろうか。

心理POINT

腕を組んで弱い心を守ろうとしている場合もある

腕組みしている人の心理

腕組みをしながら会話をする人は心を閉ざしている!

携帯をいつも触っている人は携帯依存症

透視力キーワード
携帯依存

いわゆるSNS（ソーシャル・ネットワーキング・サービス）やコミュニケーションツール、ゲームなど、電車の中だけに留まらず、いつでもどこでも携帯電話をいじっている人が多くなった現代。だが気をつけなくてはいけないのは、それはある意味で「依存」の第一歩であるということだ。

メールアプリで「既読」がついているのに返信

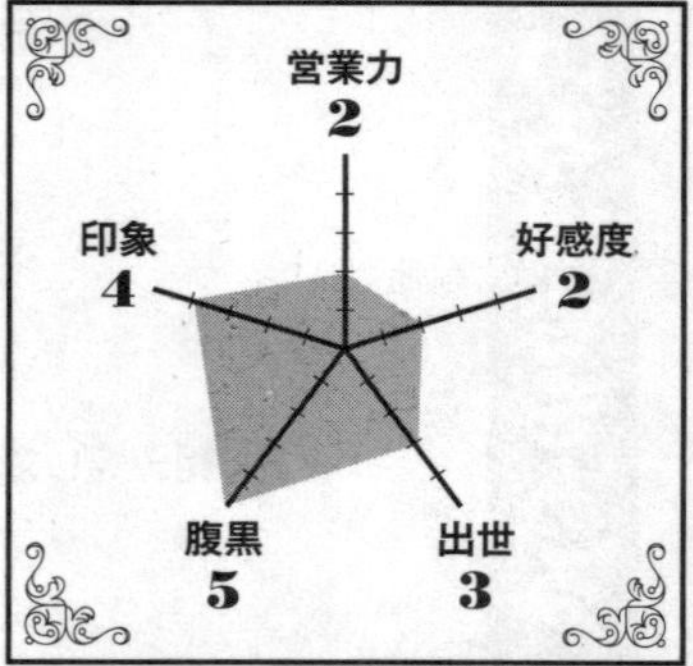

がない、SNSに写真を上げたのにコメントがない……そんな風に不安や不満を感じていたり、それを口にする人などが周囲にいないだろうか？　それは孤独を不安に感じ、周りの友人に嫉妬している心の表れと言える。自分が楽しんでやっている分には問題ないのだが、周りと自分を比べて、その差に一喜一憂するようになると、それは明らかな依存状態である。

写真に工夫を凝らし、何度も何度も返事を求めてメールを繰り返し、そんな寂しさの果てに出会い系サイトにハマり……というようなことも決して珍しくはないのである。

ソーシャルゲームなどでも同じことが言えるが、携帯電話は「他人と繋がる」ためのツールの一つである。確かにコミュニケーションは重要だが、目の前の相手とのそれを放棄してまで携帯電話の中に繋がりを求めるのは、その人の心にある埋められない孤独の形をはっきりと示している。インターネットでのコミュニケーションは、リアルなコミュニケーションに比べれば気楽なものである。しかしそれにばかりかまけていれば、いずれ現実の関係性を見失ってしまう。知り合いにこういったタイプの人がいれば、少し気を配ってやることで依存状態から解放してあげることもできるかもしれない。

心理POINT

携帯電話で孤独を埋めようとする切ない状態

指の腹で鼻をこする人は話に興味がないというサイン

透視力キーワード　意思表示

クセの一つに「鼻を触る」「鼻をこする」というようなものがある。それほど変わったものではなく、周りにも1人ぐらいこういったクセを持つ人はいるだろう。本人も「いや、どうもクセでね」と誤魔化すかもしれないが、シチュエーションによっては、それは遠まわしな拒絶、緊張状態を表す仕草、自慢したい気持ちの表れとも考えられる場合がある。

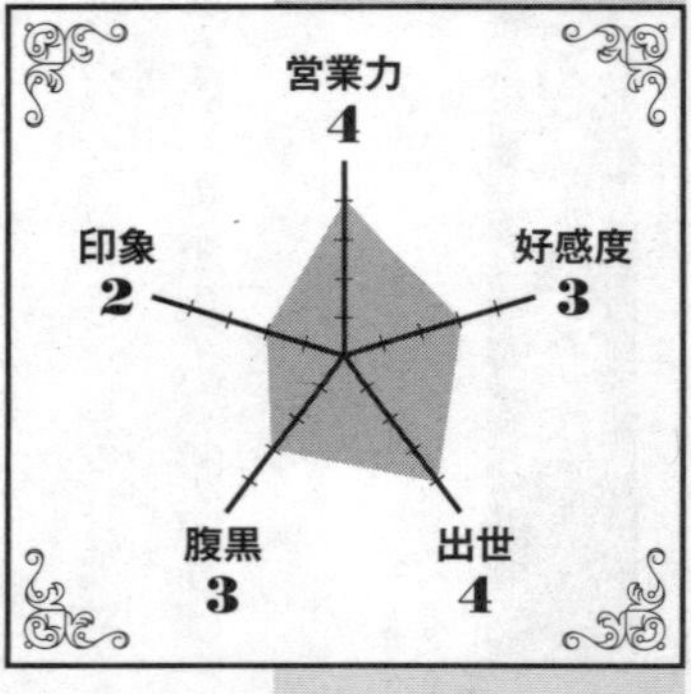

ほかのクセにもある程度同じように言える部分があるのだが、クセが出るとき、それは心に空白が生まれている瞬間でもある。あまり聞きたくない話、興味がない話、できれば断りたいような話……そんな無意識の中で、特に出てしまうのがこの「鼻をこする」というサインなのだ。たとえばぼんやりしていると鼻の穴に指を突っ込んでしまう、というような変わったものなら、本人が常に制御しようとするため、対人の場ではあまり出てこない。逆にそれほど不自然でないからこそ、つい出てしまうものである。

ほかにも、あがりやすいタイプの人が人前に出て、何かコメントをするようなシチュエーションでもこのクセは出ることがある。これもまた、「できればこの状況から逃げたい」「頭を真っ白にしてしまいたい」という欲望の表れであると言える。相手を前にして話をしていて、妙に鼻を触る回数が多いなと感じたのであれば、指摘するより先に話の方向を変えることを考えたほうがいいだろう。ビジネスシーンであれば可能なら条件を変えてみる、雑談であれば話題を変えてみる、まず相手に興味を持ってもらわないと、有効なコミュニケーションを取るのは難しい。そのサインは相手のわかりやすい意思表示でもあるので、状況を転換させるチャンスの一つだ。

心理POINT

鼻を触る人がいたら話題を転換しよう！

小首をかしげる女性は話題に夢中

透視力キーワード　欲求の表れ

頷き、相づち、といった会話の最中の動きは、男性より女性のほうが、頻度は高いと言われる。確かに、うんうんと頷かれて、「へえ、それでそれで?」と言われれば、もっと聞きたいんだと思ってしまっても無理はないが、これは女性の心理からすれば、一種のお愛想。決して聞いていないというわけではないが、強い興味を持って聞いているわけでもない。

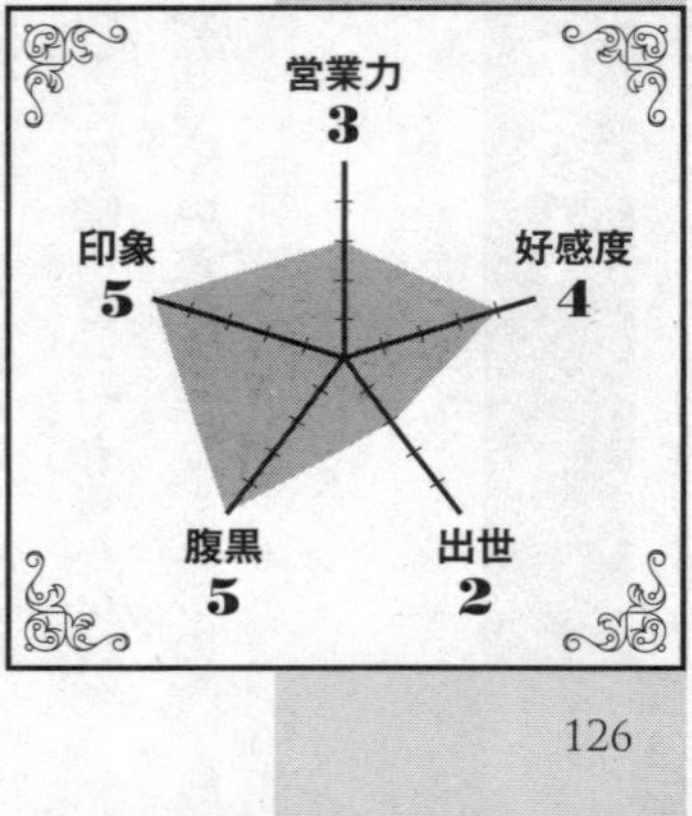

それでは、目の前の女性が興味を持って話を聞いてくれているのかどこで判断すればいいのか……そのポイントは「首」にある。

「小首をかしげる」。これは言葉よりも雄弁に「先を促す」行為であると言える。もっと聞きたい、その先がどうなるのか知りたい、そういった疑問・欲求の表れがそのまま首の動きに出ているのだ。また、頷きや相づちは女性にとっては自然に出てくるものなので、それを出すのを忘れるほど話に聞き入っている、というサインでもある。首の動きとしては「うんうん」より「えっ？　えっ？」というほうが話しやすいとは思わないだろうか？　会ったばかりの男女が質問形式で話を運ぶように、もっと話してほしい、という態度は首の縦の頷きより、横の動き、つまり疑問に表れるのだ。

相対的に頷きや相づちの回数は減ってくるが、これはさらに聞き入っている証拠だ。愛想的な反応ではなく、心の反応が出てきていると考えてもいい。何か狙いがあるとするなら、やはり興味を持って話を聞いてくれる女性のほうが対処しやすいのは間違いない。会話の内容を変えるタイミングを計るにも、この首の動きは極めて重要なポイントだろう。

心理POINT
相づちや頷きよりも「首の動き」に注目

女性の上目遣いは男の優越感をくすぐる！

透視力キーワード　保護欲求

女性から上目遣いで頼み事をされると、なかなか断りづらいのが男心。確かに媚びているようなしぐさではあるが、こうされて気分が悪いと思う男性は少ないだろう。しかし、これがどうして効果的なのだろうか。

「下から見上げる」という行為は、上下関係、つまり「相手に服従する」「相手を尊敬している」という心の動きが表れている。

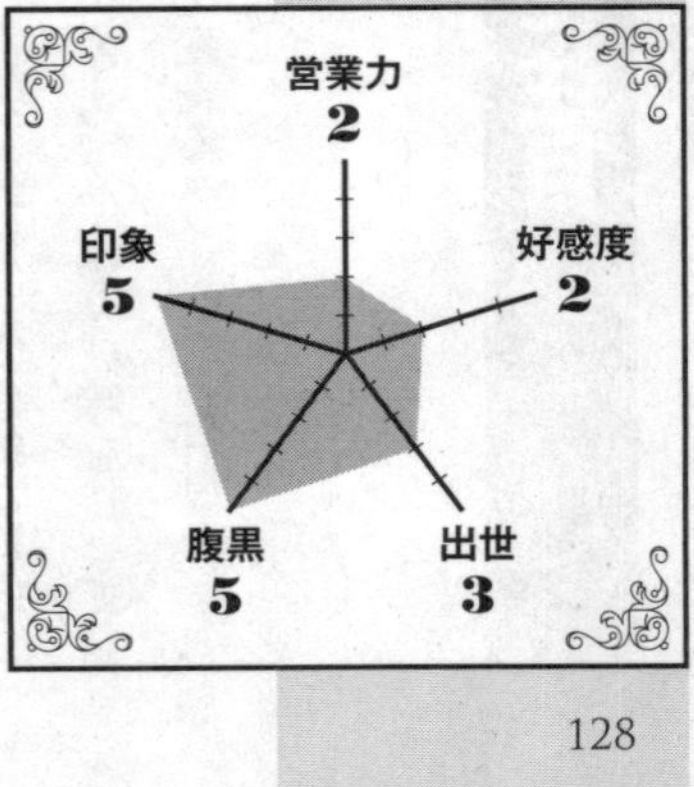

これは男性の強く見られたい、優越感を味わいたいという欲望をシンプルに満足させるもので、よほど自分に自信がない男性でも、すっかりその気になってしまう。さらにこれに加えて、丸顔で幼児体型、いわゆる「小動物系」の女性の上目遣いは、本能に訴えかけるものがある。犬嫌いは別として、子犬に見上げられればつい抱きかかえて、「守ってやりたい」と思うもの。これは本能的な保護欲求であり、同時に相手が女性であることから、支配欲求や性的欲求までも満足させてしまう。ある意味では非常に恐ろしい「テクニック」であるとも言える。逆に普段こういったことをしない、キャリアウーマンタイプの女性であっても、今度はそのギャップが効果的に働く。男女平等とはいうものの、本能的には男性は女性より優位に立っていたいという欲求があり、仕事の面で上位に立っている女性が、普段は見せない頼るような仕草を見せれば、この効果はなおさらのものである。

ただし、同じ女性から見れば、これらの媚びた仕草は嫌われることは間違いない。それは嫉妬でもある意味では同族嫌悪であり、さらに悪ければ蔑視の心理である。男女を問わずベクトルは違えど、強烈な効果を持つのがこの「上目遣い」という仕草なのかもしれない。

！

心理 POINT

上目遣いはギャップの効果で男をイチコロ！

表情だけで感情を読み取るのは難しい

透視力キーワード　誘惑

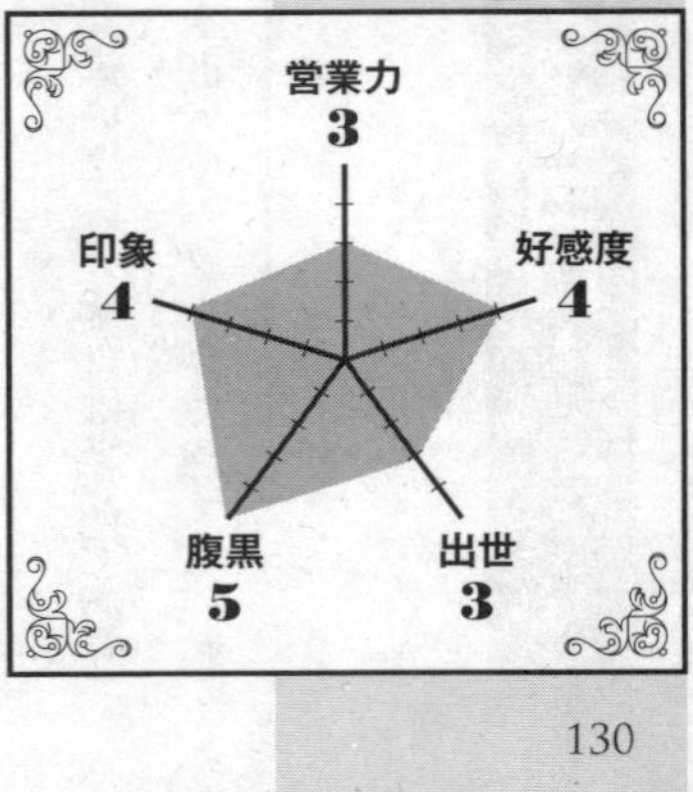

過去に表情に関するこんな実験が行われたことがある。俳優などではなく、素人の人を集めて、怒りや悲しみ、恐怖、幸福など、基本的な6種類の表情を「演じて」もらい、本人のチェックを経たあとに編集したものを、他人に見てもらい、それがどんな表情なのか判断してもらうというものだ。演じた本人たちは納得いくまで演技をやり直し、それぞれが思うそれぞれの表情を提

示したわけだが、テストの結果、ある女性はすべての表情が「誘惑」であると判断され、また別の女性はすべてが「怒り」であると思われてしまったのである。

無論、「演技」の上手下手、それぞれの顔の作りが影響する部分もある。笑い顔の人もいれば、もともとしかめっ面のような人もいる。ただそれでも、これだけ偏った結果が出たのはなぜか。それはこの実験が、シチュエーションを伴わずに判断することを求められていたからである。人はそれぞれの状況において表情から感情を読み取る。単一に表情だけ見せられても、決して正確には判断できない。会話の流れで怒ったような顔を見せても、実際、心の中では冷静だとしても、他人から見ると本当に怒っているように思われる。怒りや悲しみ、楽しみなどの感情は、表情からだけ読み取れるものではなく、コミュニケーションを通じて総合的に判断されているものである。顔の表情だけで何かを読み取ろうとしても困難であり、それは間違った判断をしてしまう可能性もある。

自分が思っている「顔」と、他人が思う「顔」は、それぞれの間でかなり差異があるということだ。表現がうまくできないという女性は、改めて自分の状況を考え直してみるのも手かもしれない。

心理POINT

人間は「表情」だけではすべてを判断できない

首筋や後頭部に手を当てる人は後ろめたい気持ちがある

透視力キーワード　危険信号

ドラマや映画などで「参ったな……」というようなセリフとともに、俳優が後頭部に手を当てているシーンを見たことがないだろうか？　国による文化の違いもあるが、この仕草は決して日本だけのものではなく、世界に通じる「困った」「本心を打ち明けるのにためらっている」という心理状況を示す仕草なのだ。

相づちが会話をスムーズに進めるように、こ

れは逆に、一旦そういう仕草をすることで会話を止めてしまいたい、余裕が欲しいという状態なのである。後頭部に頭をやりながらスラスラと会話を進める人は少ないだろう。言葉につまり、「あー…それは～…」などと会話を引き伸ばそうとすることがほとんどだ。これは会話における危険信号と取ることもできる。言いたくないことがあったり、相手や自分にとって不利なことを知られたくなかったり、という心理状況。

逆の使い方としては、相手にショックへの体勢を取らせる意思表示ともなる。そのままズバッと言ってしまうよりはいくらかマシだろう。

後頭部や首筋に手を当てる人の心理

後頭部や首筋に手を当てる人は、隠し事や何かしら言いづらいことがある心の状態の表れ。プライベートでこの仕草をしたら要注意だ。

心理POINT

手を後頭部に当てて話す人には要注意！

やたらと相づちを打つ人は相手の話を聞いたふりしている

透視力キーワード　相づちの質

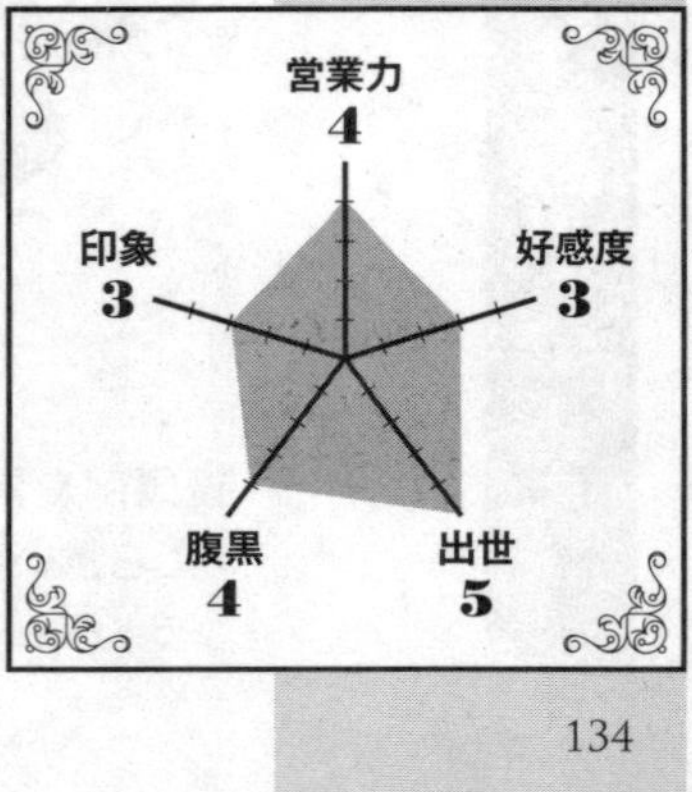

女性の相づちの頻度についてはすでに説明したが、ここでは両性に通じる「相づちの質」について説明していこう。頷いたり、話を促すような言葉を発したり、それはそれで悪いことではない。ただ、問題はそのタイミングにある。

たとえば何かの議題で相手を説得しようとしているとき、こちらの目を見て、話の切れ目切れ目で「適切に」相づちを打っているならば、

相手はあなたの話を聞く気があり、実際にその相づちは、話を促してより内容を引き出したいという気持ちの表れであり、言わば質の高い相づちだと言えるだろう。だが逆に、目線を外して、ただなんとなく「うん、うん」と頷いているような場合は、女性の場合で説明したような社交辞令、さらに言えば、「聞いているように見せる」ための相づちで、話の内容にはあまり興味を持っておらず、説得するのは難しいだろう。相手は聞いているふりをして、早く会話を終わらせようとしているだけだ。

本当なら聞きたくないが、社会的にそう見せてはいけない、そういった反射で行われている相づちと、「質の高い」相づちは、タイミングと回数を見ることでごく簡単に判断することができる。ここで意識したいのは、相づちを打たないから聞いていない、と判断してはいけない、ということだ。相づちの回数は、話が通じている度合いと比例するわけではない。個人差はあるものの。話の内容を吟味していれば、むしろ相づちはタイミングが限定され、話を促すポイントでないと出てこなくなるだろう。逆にどんなに頑張ってみても流しの相づちばかりが出てくるのであれば労力の無駄である。可能ならサッと切り上げてしまったほうが印象はよくなる可能性がある。

心理POINT

相づちの質を見極めてスムーズな会話へ導こう

足をやたらと組み替えるのは飽きているサイン

透視力キーワード
脚の組み替え

女性が脚を組み替えて見せるのは誘惑の印、などというのは迷信レベルの話。結論から言えば、話している最中でも食事の間でも、脚をしきりに組み替える女性は、今の状況に飽きている。

なかなか女性の脚ばかりに目を向けるのも難しいかもしれないが、別に表情からは不満は感じられないのに、なぜか盛り上がらない、というようなときは、その不満が脚に出ているこ

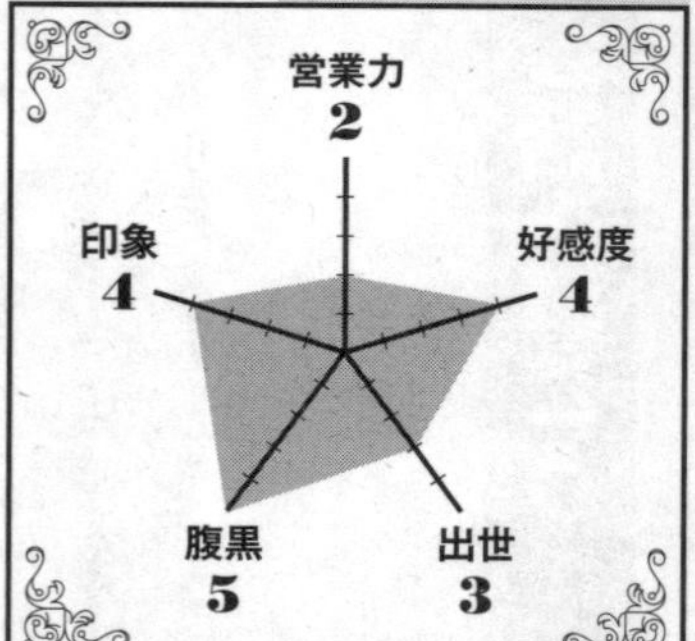

とがある。人間は退屈を感じると、何か動かしたい、何かしていたいと本能的に思ってしまう動物である。しかし同時に社会性を獲得した人間は、その態度を直接相手に表すのを避けたいとも思う。その葛藤の間で動くのが「脚」なのである。確かに会話の最中にやたらと手を動かしたり指を曲げたりしていたら、何か別のことを考えている、もしくは目の前の相手に興味がないということが露骨すぎるほどに明らかになってしまう。それを避けるために、脚が動いてしまい、結果としてやたらと脚を組み替えるという行動に出るのだ。幸か不幸か、現代の日本の生活様式であれば、テーブルについている間の脚の動きは注意して見ないとよくわからないようになっている。あまり脚ばかり見ているのも失礼になってしまうが、これは女性と会話していく上で重要なサインの一つだ。

目の前にいるあなたに飽きてしまっている、という絶望的な可能性もゼロではないが、まだ望みはある。会話の目先を変える、どこか他の場所に誘ってみる、ふとした脚の動きを感知することができれば、挽回の方法はいくらでもあるはずだ。ちなみに、それを直接指摘することは避けたほうがいい。退屈している上に、人はあまりそういったクセを指摘されるのを好まないことは言うまでもない。

! 心理POINT

脚を組み替えられたら会話も変えてみよう！

視線をそらす人は真実を言っていない

透視力キーワード　視線の動き

視線の動き、これは感覚的にも非常にわかりやすく、普段から意識して確認することのできる仕草の一つだ。まず男女共通で言えるのが、会話の最中に視線をそらした場合、「嘘をついている」もしくは「真実を言っていない」というサインだ。これは日常の中でも感じたことのある人が多いのではないだろうか?

しかしここに会話のパターンを織り交ぜるこ

とによって、さらに心の深くまで読み取ることも難しくない。「嘘をつくこと」は悪いことばかりではない。たとえば会社などで、誰かの評価の話になったとき。「悪くないね」という言葉をそのまま受け止めているだけでは、その真意はわからない。ただ本当に悪くないという程度にしか評価していないのか、本当はもっと褒めてやりたいが、プライドや状況がそれを許さず、言葉を濁しているのか……それは、視線を同時に見ることでより明確になるだろう。

女性であれば、男性の嫉妬心を測るサインとしても使える。たとえば、友人から男性がいる飲み会に誘われて、行ってもいいかと聞いてみたとする。真っ直ぐ目を見て「いいよ」と言ったのなら、彼は貴女を信頼しているのだろう。

もちろん、どうでもいいと思っている可能性もある。逆に、いいよと言いつつ目をそらしているのであれば、嘘をついているということだ。ただ浮気やミスを問いつめるのではなく、このように視線を確かめることで、同時に愛情の深さを認識できることも、知っておいて損はないだろう。視線の動きは、どんな言葉よりも雄弁にその人の本心を語ってしまうこともあるのだから。

心理POINT

視線の動きから言葉の裏に隠れた本心を暴く

ボディタッチが多い人は親密になりたい証

透視力キーワード　親密度

女性誌などの恋愛テクニック記事でよく言われるように、ボディタッチは親密さの表れと言える。また、男性が読むようなヤンキー漫画などでも、「タイマン張ったらダチ」というような展開がよくあるが、あながち間違いとは言い切れない。

心は表に見えない分、その間にある距離を物理的に埋めようと、人は親密になりたい相手と

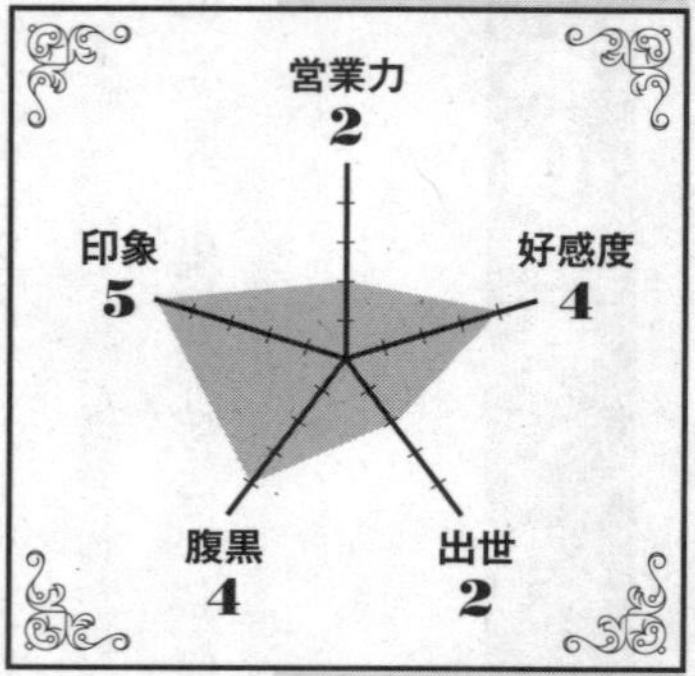

接触しようとする。男女間の関係においてわかりやすく言ってしまえば、もっとも密着するのがセックスなわけだが、いきなりそんな関係になることはほとんどない。だからこそ、人は好かれたい、好きな相手にボディタッチを試みるのだ。何もこれは男女の恋愛関係におけるものだけではなく、会社の人間関係の中でもよく行われる。出社してきたとき、「調子はどうだ」と上司から背中を叩かれた経験はないだろうか？　女性社員相手だとセクハラだと取られかねない場合もあるが、これもまた好意、気にかけているという態度の表れだと言える。古い手だと思うかもしれないが、これが意外に効くのである。目上の相手に見られている、認識されているという意識は、部下に安心と同時に緊張を与える。やり過ぎはよくないが、仕事の能率化に繋がる手段でもある。

しかし気をつけなくてはいけないのが、ある程度距離をつめたあとでないと、警戒されてしまう場合もあるということだ。たとえば女性が、いきなりコンパで会った男性にベタベタ触られても、一目惚れでもしていない限り嫌悪や警戒、砕いて言えば「チャラい」というような感覚が好意より先に感じてしまう。

心理POINT　ボディタッチは好かれたい相手へのサイン！

相手との距離感を認識していれば、ボディタッチは親密さを深める有用な方法の一つである。

口に手を当てる人は緊張している！

透視力キーワード　自己親密行動

「口に手を当てて考え込む」人がいるが、ここにも心理学的なサインが隠されている。ここで大事なのは「口」より「唇」である。唇に指を当てたり、さすがに人前でする人は少ないかもしれないが、指を咥えたり、爪を噛んだり……こういった「唇」に関する仕草は、「自己親密行動」と呼ばれ、その状況における緊張度を示すサインと考えられている。

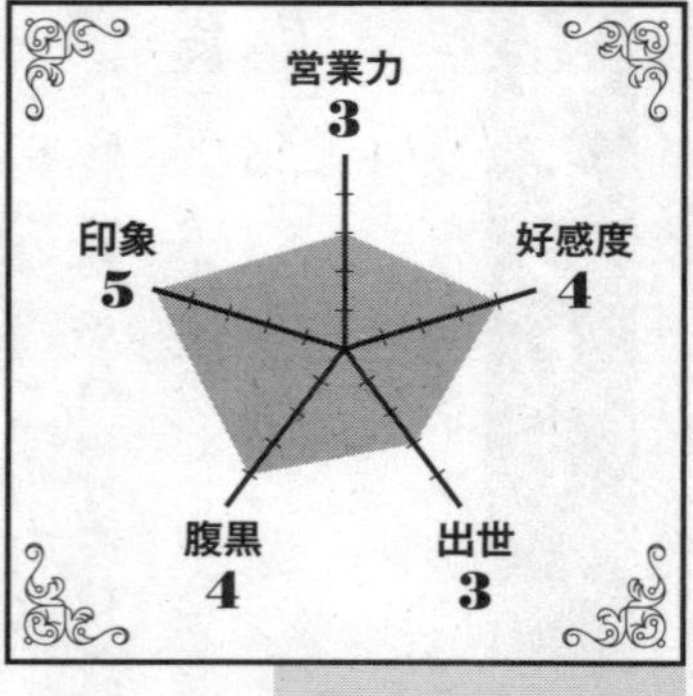

これは幼少期にほとんどの人が経験している「授乳」が関係している。無力な自分に栄養を与え、空腹を満たし、安らぎを与えてくれる母乳は、大人になってからも人間の心理に多大な影響を与える。哺乳瓶だったとしても同じことで、乳幼児が一番安らぎながら授乳できる形なのである。

忙しい時期、いつもより早急な判断を求められるとき、人はいつもより強いストレスに晒される。そのときに人は無意識に安らぎを求め、つい唇に何かを当てたくなってしまう。ペンなどを当てるタイプも少なくない。それは考えるポーズとも取られ、実際に安らぎを求めた上で考えをまとめている場合も多いのだが、そのポーズを取った上でもどこか落ち着かないように見える場合は注意が必要だ。ある程度の擬似的な安らぎを得たにもかかわらず、それだけでは問題を解決できずにいるというのが現状だろう。もしそんな場面に出くわすことがあれば、少し声をかけてあげるのも悪くないだろう。たとえばコーヒーを手渡す、背中を軽く叩いてやる……など、外部からの親密行動を何よりも欲しているというサインなのだから。それで口から手を離すようならしめたもので、相手はあなたを信頼し、頼りたくなるというわけだ。弱さが出てしまうサインを見逃す手はないだろう。

心理POINT

癒されたい、安らぎの代替物としての「手」

名刺をよく見る相手は関心があるサイン

透視力キーワード 類似性

年に何回も行う名刺交換。ついおざなりに、パターン化してしまいがちな行動ではあるが、この名刺交換の際にも、相手の目の動きに注目したい。もちろん名前や所属を確認するためのものではあるのだが、パッとテーブルに置くのではなく、じっくりと見つめているのは、何かそこから話題を拾おうとしているのだ。

たとえば名前の漢字、名刺自体のデザイン、

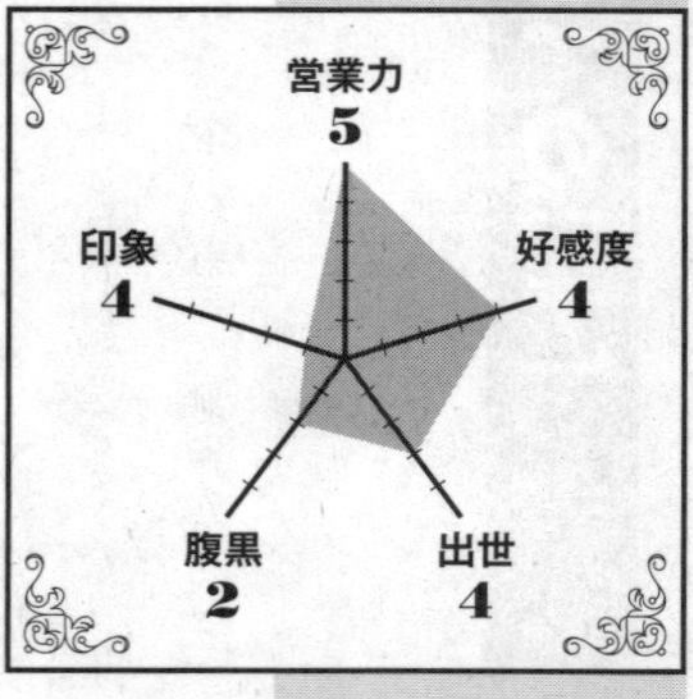

心理 POINT

書いてある以上の情報を拾い出したい欲求

会社の所在地など、単にデータとしてではなく、何らかの共通点を見つけ出そうとすることで、「関心がある」ということをアピールしている場合がある。慣れ親しんだ取引先などであれば名刺交換の機会も少なく、すぐに商談に入っても問題ないかもしれないが、初めての相手なら仕事よりまず、対人間として気に入ってもらうことが重要だ。名刺を渡した側としても、相手がそれを認識している、ということを認識できるのは大事である。値段優先のドライな取引も悪くはないが、長い付き合いをしていくつもりならこういう相手を見極めるべきだろう。

名刺交換で好印象を与える方法

じっくり目を通し
感想を述べる。
名刺に目を通さない。

相手との共通点を見つけることで、心を開きやすくする。

腕を組んだとき肘が上を向く人は防衛本能が働いている

透視力キーワード　防衛の構え

たとえば取引先の相手が、腕を組みながらこちらの話を聞いていたとしよう。そこには表情や口調からだけではわからない、心の動きが読み取れる。ここではその腕組みの形によって見えてくる印象の差について説明していきたい。ここまででもいくつか紹介してきたが、腕組みは自己を守ろう、気持ちを抑えようとしている場合が多い。しかし、ここで重要なのは、何を守

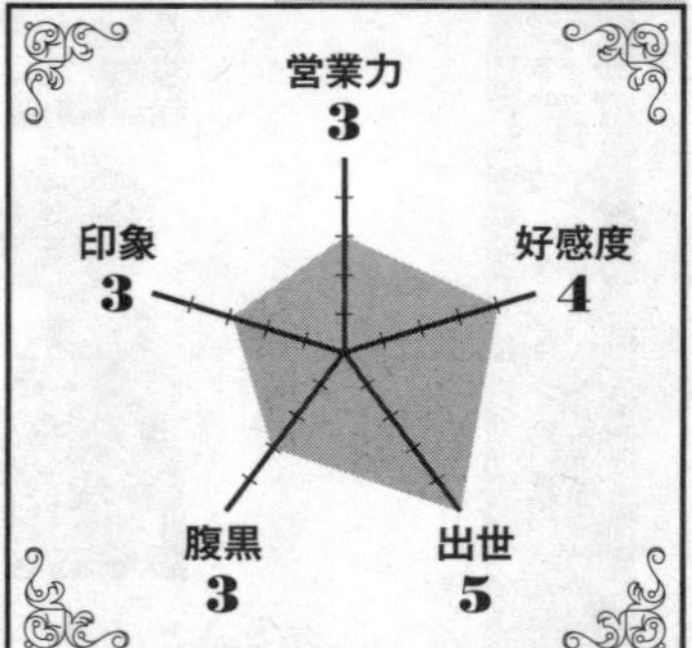

ろうとしているかということだ。それは腕組みをしているとき、肘がどちらに向いているかで判断することができる。肘が下を向いている場合、これは相手に敬意や好意を抱いており、そこからくる緊張を抑えようとしている。緊張はしているものの、印象自体は決して悪くないということだ。

逆に肘が上を向いている場合は注意が必要かもしれない。実際にやってみるとわかるが、これは肩に力が入り、何か構えているような感じになる。まさに防衛の構えであり、相手を警戒し、できれば距離を取ろうという態度が腕組みの形に出てしまっている。その状態で何か話を進めようとしても、実りある結果を得ることは難しいだろう。

どちらの腕組みにも言える共通の心理は、緊張しているということである。敬意からくるものだとわかれば、少しざっくばらんな態度を取ってやればいい。警戒しているようであれば、こちらのガードを下げ、相手のペースを見出すことで緊張をほぐす。こうして相手の心理状況を把握し、手綱を緩めることで状況をコントロールできれば、相手はより心を開いて話してくれるはずだ。取引だけでなく、プライベートでも使えるテクニックだと言える。

心理POINT

緊張している人にはざっくばらんな態度で臨もう！

急に相手の目が大きく見開いたら興奮している！

透視力キーワード　瞳孔心理

Chapter1でも紹介したように、人間は心理的働きで瞳孔が拡大・縮小する。それは男女関係に限ったことではなく、興奮時に副腎髄質から分泌されるアドレナリンによって大きく作用される。

興奮時に瞳孔は大きく開き、逆に見たくないものが目の前にあるとき、恐怖を感じたときには瞳孔がせまくなる。これは感情の揺れ動きで

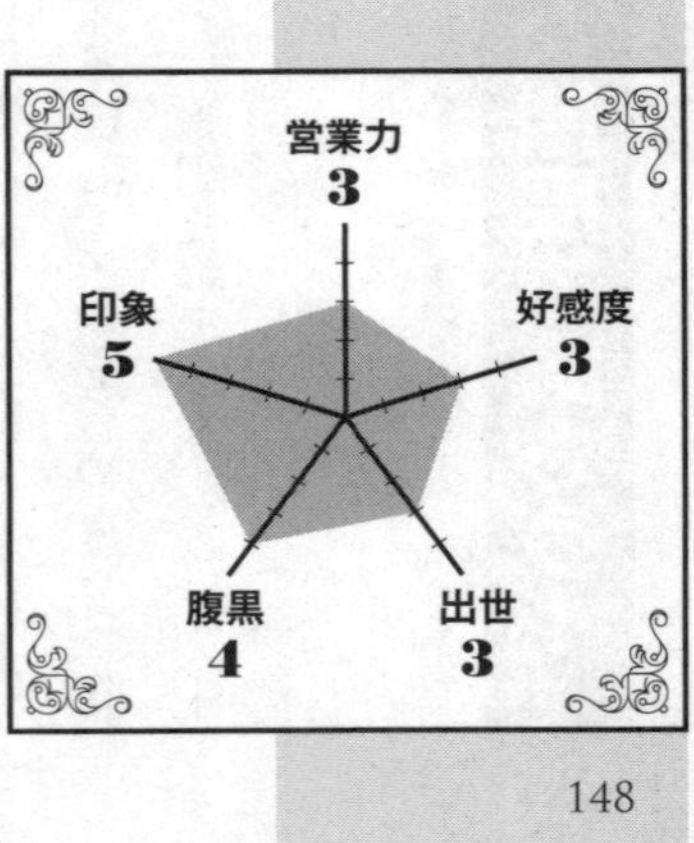

も同じことが言えるので、興味を持って興奮しているかどうかは、瞳孔の動きによってその真贋をある程度判断できるということである。あまりじっと目を見つめるのは日本という国の文化では好ましいことではないかもしれないが、それでも注意して見ていればわかることだろう。

いくら華美な言葉で賞賛していても、実際は何の感銘も受けていない、というパターンもある。瞳孔の伸縮は意識的にはコントロールできない。それゆえ、心の動きがつぶさに出てしまうのである。素晴らしい絵画を見たとき、驚くようなアイディアを提示されたとき、本心から驚き、興奮し、興味深く感じていれば、瞳孔は自然に開いてしまう。

逆に言えば、さほど心を動かされなければ、瞳孔は大きく開いたりはしない。大切なのは観察力であり、さまざまな状況でこの瞳孔の動きから心の動きを察知することができれば、より円滑なコミュニケーションが可能となる。

心理POINT

興奮による瞳孔の拡大は心の真実を物語る！

視線、心拍、話すスピード 嘘を見抜く手がかり

透視力キーワード
パラ・ランゲージ

視線や仕草など、相手が嘘をついているのを見破るための手がかりは非常に多い。だが逆に言うと、表情を見ただけでは、なかなか見破れないことも多い。声のトーン、姿勢、体の動きなど、情報量を増やして総合的に判断することで、意外なほど簡単に嘘というのは見抜ける場合が多い。それらの、言葉の内容とは別の、言語そのものからではない反応を、「パラ・ランゲ

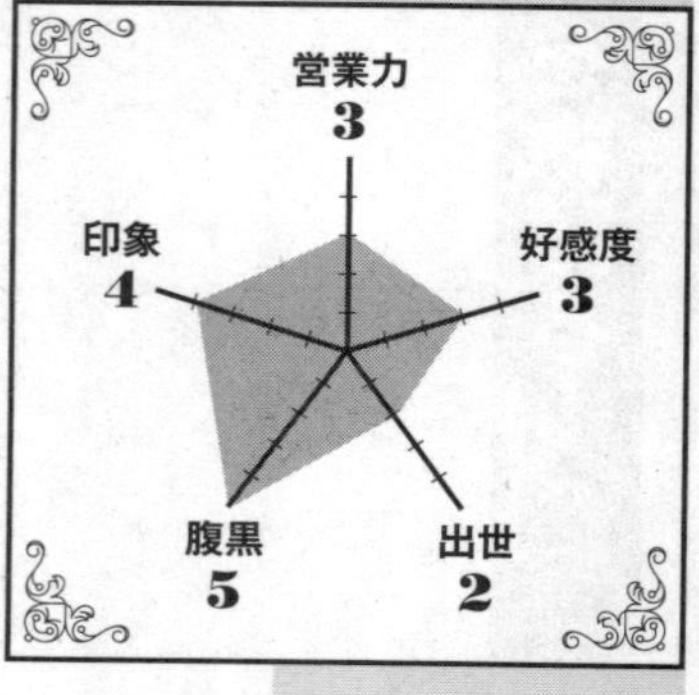

ージ」と呼ぶ。これらの種類をいくつか紹介していこう。

たとえばわかりやすいのが視線。相手としっかり目を合わせたまま嘘をつける人は少ない。普段はしないはずの手や脚の動き、表情の変化などもパラ・ランゲージの一種であると言えるだろう。また、いわゆる嘘発見器のことを「パラグラフ」と言うように、心拍や発汗量なども嘘を見抜くための情報になるが、これはよほど汗っかきの人でもない限りなかなか見ているだけではわからないかもしれない。会話の中でよりわかりやすいのは、会話のスピード、答えが返ってくる速度にもある。その会話そのものでなくても、関連して何か嘘をついていれば、余分に思考が必要になり答えが出るまでに時間がかかるか、もしくは嘘を見破られたくないという心理から、普段より早く、即答と言えるレベルにまでなってしまうことがある。これらは態度として不自然なので見分けやすいだろう。

過去に行われた実験では、ある映画に対して嘘の感想を述べている女性を撮影した映像を使った。一つは表情だけ、一つは体の動きだけ。顔を見たほうがわかるはず……と思うかもしれないが、何の訓練も受けていない被験者が多く嘘を見破れたのは、体の動きだけの映像のほうだったのである。

心理POINT

表情には表れない心の真実を見抜く「動き」

電話しながら頭を下げてしまう人は正直者

透視力キーワード　図解的動作

仕事でミスをしたとき、まず電話で先方に謝罪しなくてはいけないとき……「申しわけありません、大変失礼致しました」と言いながら、電話の向こうの相手が目の前にいるように、頭を下げている自分に気づく。こんな経験はないだろうか。相手が目の前にいない以上、一見意味のない不可解な行動に見える。だが、それは本当に誠意を持って謝罪している、という心の

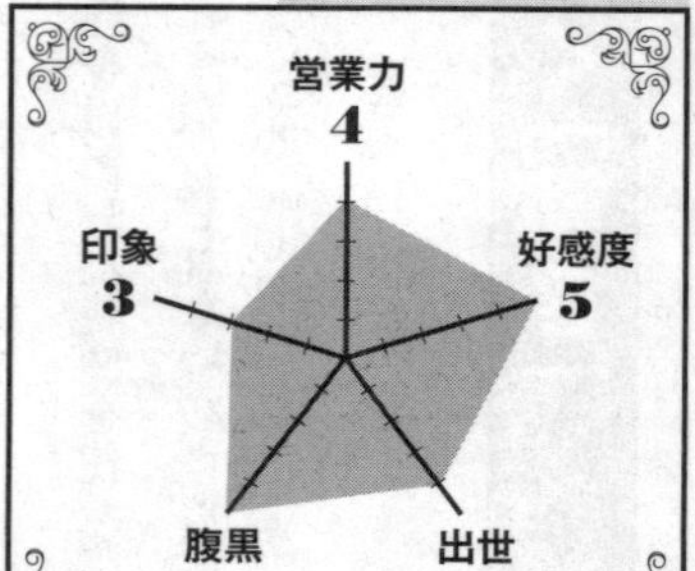

表れだとも言える。これも言わば一種の「パラ・ランゲージ」であり、謝らなくてはいけない、という心理状況が作り出す仕草の一つでもある。これは「図解的動作」とも呼ばれる。

言語の内容を動きで示しているということだが、「すいませんでした」と口では言いながら、まったく頭を下げていない様子がどう見えるかを想像してみるとわかりやすいだろう。それは本当は謝る気がない、という心理状況を雄弁に語っている。たとえ電話の向こうの相手だろうと、自然と頭を下げてしまう。非効率な行動に見えるが、それが謝罪の気持ちをより強いものにする効果もある。言わばこの行動は自らの言葉を捕捉するものであると言える。ただ、あまりいつも同じことをしていると、悪い意味で習慣化してしまい、内容が伴わなくなってくる可能性があることには留意しておきたい。

人がそのように、電話の相手に頭を下げている姿は確かに滑稽に見える。だが実は、心理状況を考えればそのほうが自然なのである。相手には見えない動作ではあるが、自分の謝罪の気持ちをストレートに伝えようと考えていれば、この図解的動作はどうしても発現してしまう。むしろ不遜な態度を取りながら謝罪の電話を入れている人間にこそ、その行動に注意が必要かもしれない。

心理POINT

誠心誠意謝るからこそ、頭は自然に下がる

唇を触る人は欲求不満

透視力キーワード
口唇愛的性的欲求

　唇を触っているときの心理的状況についてはすでに説明したが、ここではさらにその状態について紹介していきたい。癒しを求めて、安心したくて唇を触る、という行動だが、これは心理学者のフロイトによれば、「口唇愛的性的欲求」の名残だと考えられている。赤ん坊は当然のことながら、体が未発達なため、自分の欲求を自ら満足させることができない。あるのはただ口

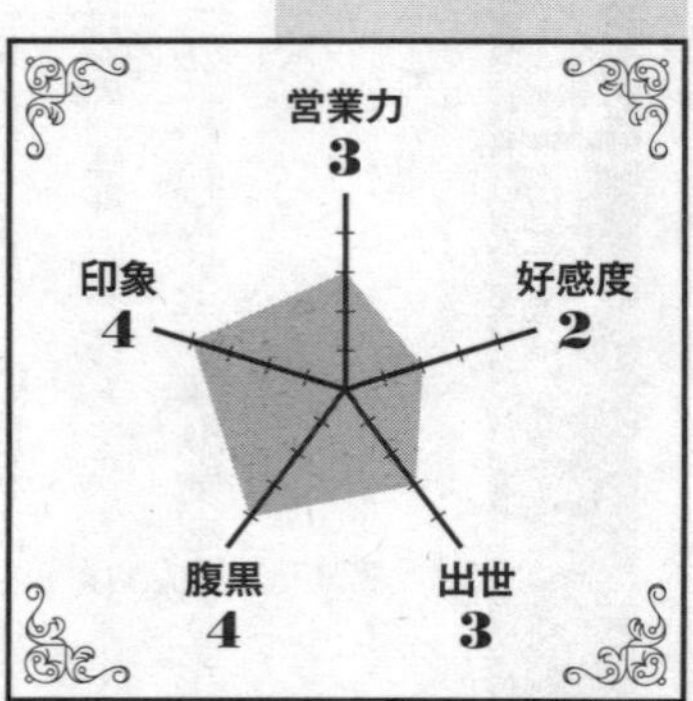

に何かを咥えているときだけ、つまり母乳を吸ったりおしゃぶりをしたり、指を舐めているときだけ。フロイトによれば幼児は食欲と性欲がやや未分化であり、栄養を摂取すること、つまり唇と口を使って食べる、食欲を満たす行動によって欲求を満たすと考えられている。

無論成長するにつれて、そういった欲求は実際の性欲に転化されていくのだが、無意識の内に安心を求めて唇を触ってしまうこともある。さらにそれに加えて、唇を舐めるという仕草には「興味」を示すという考え方もある。舌なめずりをする、という表現があるが、これは実際食欲だけでなく、目の前にある事象・人物に対しての欲求を満たしたい、という願望の表れでもあると言われている。

あまり露骨にすることではないかもしれないが、たとえば女性と話していて、相手がしきりに唇を舐めていれば、それはストレス環境下において安心を求めるために発現する「クセ」とは、また違った心理状況を示していると言えるだろう。舌に官能的なイメージがあるように、それはあなたへの興味、それも並々ならぬ興味を示している可能性が高い。決して「唇乾いてるの？」などと間の抜けたことを言わないように。事を慎重に運べば、大きなチャンスをものにできるだろう。

心理POINT

唇は食欲のためだけに使うものにあらず

ストローの袋をいじる人は その場から離れたい

透視力キーワード　逃避願望

同僚や知人などと喫茶店で飲み物を求める機会はそう少なくないだろう。ちょっとしたミーティングでも雑談でも構わないが、そのときに少し意識して注目しておきたいのは、「ストローの袋」だ。単なるゴミと思うなかれ、相手がアイスコーヒーを頼めば、どんなタイプか把握できるかもしれない。

ストローの袋やおしぼりをいじったりする

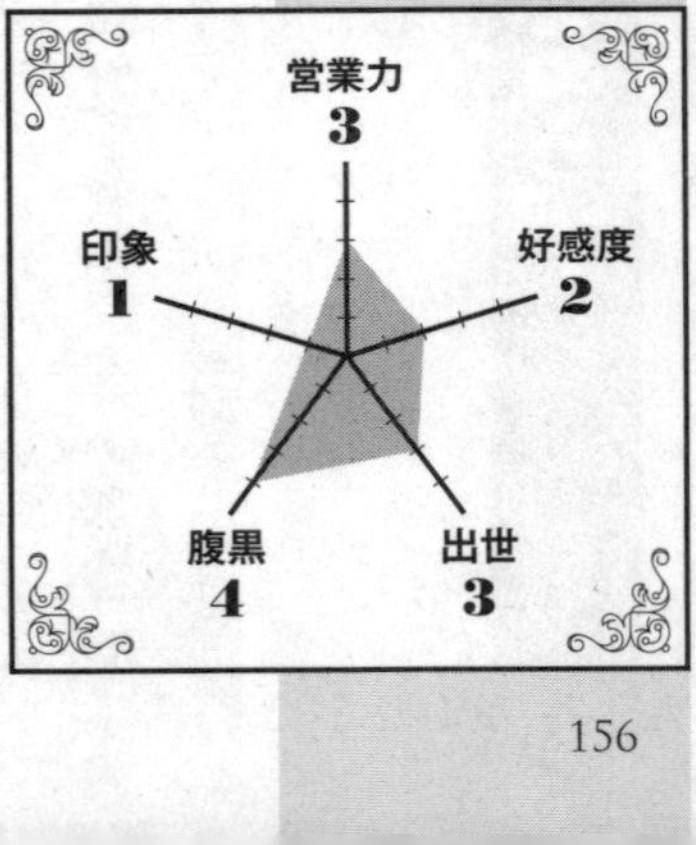

……この行動は「退屈している」ように思えるかもしれないが、ここまでに説明した視線の動きや体の動きを合わせて確認すれば、より多くの情報が得られるだろう。話はちゃんと聞いている、だが何かをしたいという欲求が隠せない、これはかなり行動的なタイプ。一つのことに集中するのが苦手とも取れるが、そこは考え方次第といったところだろう。

しかし逆に、他人のストローの袋を取ってまで何かいじりたい、というようなタイプには気をつけたい。これは明らかな緊張、状況からの逃避願望を示している可能性が高い。

心理POINT

決して退屈を示すサインではない

エレベーターで階数ランプを見る人は不快感を覚えている

透視力キーワード パーソナル・スペース

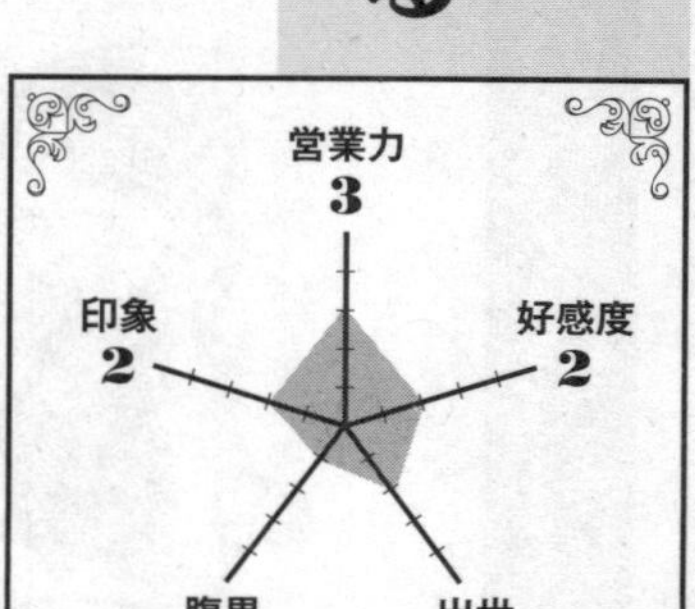

混み合うエレベーター、ふと周りを見回してみると、全員が階数を表示するランプを見ている……決して珍しい状況ではない。周りは全員が他人、ほかにすることもなく……という単純な理由もあるが、人間は本能的に動くものを目で追う習性がある。その状況下では、ほかに意識を集中させるものがなく、本能的な行動をとってしまいがち、という理由もある。

また、もう一つの大きな原因として、エレベーターという狭い空間の中では、「パーソナル・スペース」が侵される、という状況が発生しやすい。気心の知れた友人であればまだしも、まったく知らない他人、もしくはあまり知らない知人などでは、近づいてこられると不快になる距離、というものが個人個人に存在し、それを「パーソナル・スペース」と呼ぶ。ある程度一般化された用語なので、耳にした覚えもあるかもしれない。約3ｍほど離れていれば、声をかけられでもしない限り関係性は発生しない。それ以下になってくると、その関係性の深さによって快・不快の感情が発生してくる。

これがエレベーターという状況になると、否応なしに狭い箱に詰め込まれ、短い時間ではあるが、見知らぬ他人とかなり近い距離にいるという状態に耐えなくてはいけない。そこで人は「他人がパーソナル・スペースに入っている」という現実から目をそらし、階数表示に集中することで不快感を避けようとしているのだ。周りが家族や知り合いばかりなら何か話すだろうし、そこばかりに集中する必要もない。そこにはそもそも意識を別に集中させるほどの不快感が発生しないからだ。言わばこれは一種の現実逃避、不快な状況に耐えるためのテクニックと言えるのかもしれない。

心理POINT

他人との接近を感じたくないがための逃避法

股間を隠す人は不安になっている

透視力キーワード　社会的不安

座っているとき、手を組んで股間の上に手を置いたり、小さな荷物で股間を隠したりする人は多い。うっかり自分もやっている人も少なくないだろう。

何かあると股間を触りたくなる気持ちはわからないでもないが、サラリーマンとしてはやめたほうがいい悪いクセの一つである。人前で股間なんて触らない、ただなんとなく隠しているだけ

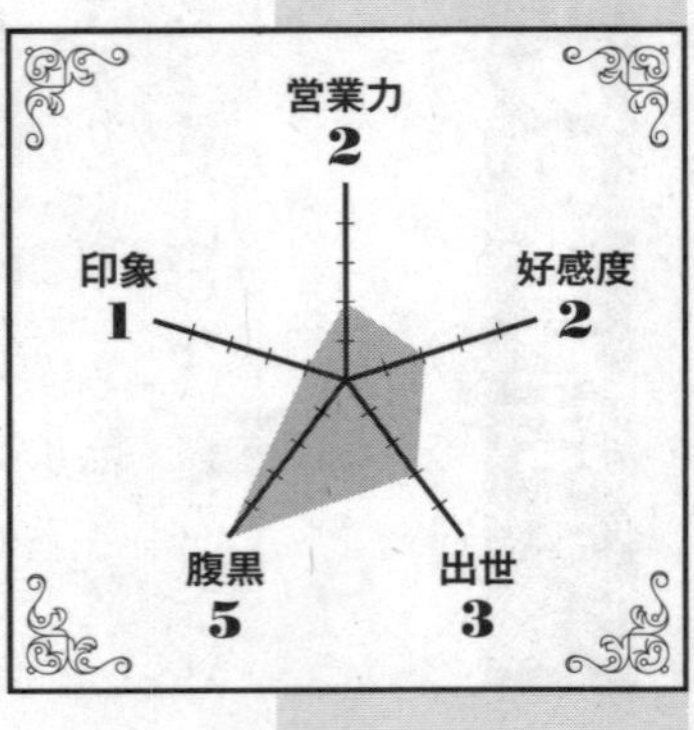

……そうだとしてもだ。

これは不安や緊張、相手に対する警戒心の表れであると考えることができる。何かあったときに自分の急所をすぐに守れるような体勢を取っておきたい、と考えるとわかりやすいだろう。もちろん、普通に暮らしていればいきなり股間を攻撃されるようなことはほとんどないわけだが、だからこそ別の社会的不安が股間をガードするような形で動きに表れてしまうのだとも言える。

他人が股間を隠していようがいまいが別に気にはされないだろう……と思うのは大間違い。股間を見つめられている、という意味ではなく、普段は気にかけていないからこそ、そこに手をそえたり、何かものを置いて隠そうとする態度は、自分で思う以上に不自然で、目につきやすいものなのだ。

いくらどっしり構えて落ち着いているように見せようとしても、手で大事な部分をガードしようとしていると思われたら意味がない。もしクセなら、意識して直したほうがいいだろう。見下される、とまでは言わないが、何か緊張や不安を抱えていると見られたら当然不利になる。逆に相手の弱点を見抜くにはシンプルでわかりやすい方法だと言えるだろう。

心理POINT
弱さを見抜かれないためには修正が必要

リアクションの大きな人は自分に自信がない

透視力キーワード

オーバーリアクション

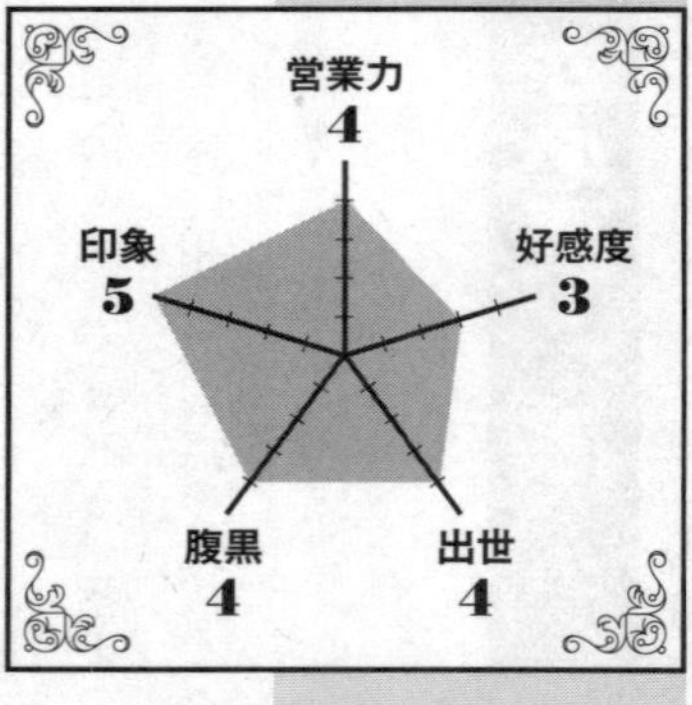

ここで言う「リアクション」とは、熱さや痛みなど、テレビでよく言われるような反射にもとづくものではなく、会話の中で出てくるものを指す。「こんなことがあってね!?」と大げさに話したり、むやみに大声で笑ってみたり、オーバーな身振り手振りを多用したり……こういったタイプは、一見豪快で大らかなようにも見えるが、実際は繊細な心を持っている場合もある。

オーバーなリアクションは会話の空白を埋めようとの思いから、バカ笑いは相手にも笑ってほしいがために、身振り手振りは相手に話が通じるかどうか不安だから……言わばサービス精神。相手にも楽しんでほしい、楽しんでくれているかどうかが気になる、自分といて楽しいのだろうか、という自信のなさを常に抱えているがゆえに、こういった行動が多くなってしまうのだ。

このようなタイプは重い相談事などの雰囲気にあまり耐性がない。つい茶化してしまおうとしたり、本当は何かアドバイスをしたいのに、軽い態度に見られてしまったりする。ある意味では損なタイプでもある。大らかではなく大雑把、空気が読めない……というように評価されてしまうのも仕方がない。だが別の側面から考えれば、常に相手がどう思っているかを考え、方法は微妙かもしれないが、なんとかして相手を楽しませようと努力してくれていると考えられる。

確かに相談事には向かないタイプかもしれないが、その思いを考えれば決して悪い性格というわけではないのだ。周りにこういうタイプがいれば、大らかな心で接してストレスに感じないようにするのが得策であり、自分に思い当たる点があれば、少し落ち着きを身につけることが必要だろう。

！

心理 POINT

自信のなさを把握し、寛容に接するのが大事

爪を噛む人はイライラしている

透視力キーワード
転移行動

子どもの頃、爪を噛むクセを親に怒られた経験はあるだろうか。あまり見た目のいいクセではないため、社会的に矯正される場合が多いが、そうすると今度は鉛筆を噛んだり、大人になると喫煙の習慣を身につけたりする。ここまで、人間は授乳されるときの欲求を満たされる感覚から、唇や口に何かを当てることで癒しを得るということを説明してきたが、その対象が別の

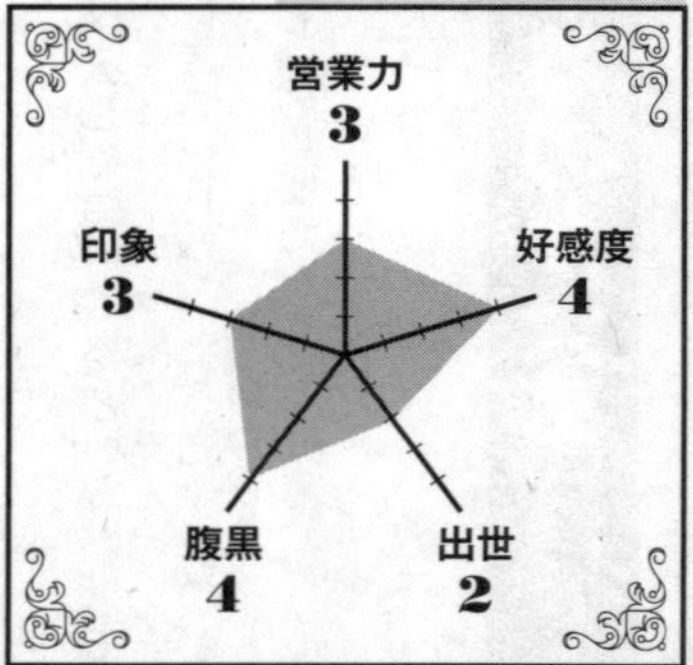

物に移った場合、これを「転移行動」と呼ぶ。仕事がうまくまとまらないとき、集中できないとき、喫煙者であればタバコを吸ってみたり、そうでなければアメやガムを噛んでフラストレーションを解消し、落ち着きを取り戻そうとする、という行動はよく見られるが、これは周りにそういったものがなく、欲求の代償として爪やペンなどを噛んでしまうのだ。

眠気覚ましにガムを噛む、アメを舐めていると集中できる、ということ自体は悪いことではない。問題は、それが爪や鉛筆など、社会的に見栄えの悪いクセとして発現してしまっていることだ。本人もそれを自覚している場合が多く、直そうとするが直らない。問題の本質はクセそのものではなく、ストレスを感じやすい性質である、という部分にある。ストレスを感じる環境から脱することができればそれが一番ではあるが、そうもいかない場合が多いだろう。それならば、どうしてストレスを感じるのか、その原因は何なのか、それを把握することに努めたほうが賢明である。これらの転移行動のみでストレスが完全に解消されることはほとんどないと言っていい。もし周りに爪や鉛筆を噛むクセを出してしまう人がいれば、それは明らかなストレスの証拠。解決のための手助けを必要としているのだ。

心理POINT

代償行為だけではストレスは解消し切れない

頼み事をされて唇を噛むのは「ノー」のサイン

透視力キーワード　危険信号

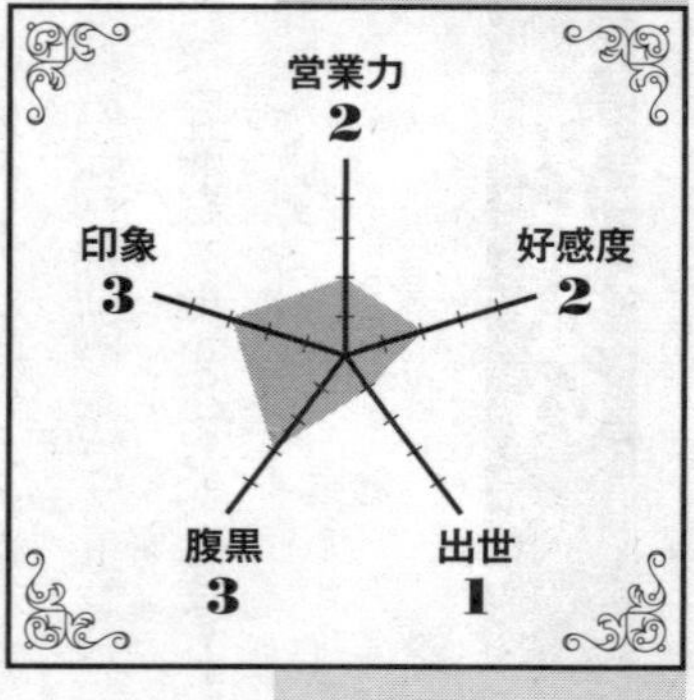

悔しさや怒りを表現する慣用句の一つに「唇を噛む」というものがあるが、これは実際のシチュエーションにおいても大いに役立つものである。たとえば何か仕事で頼み事があって、口では「わかりました」と言っていても、唇を一瞬グッと閉じたり、噛んで見せたりするのは、明らかな不満やストレスのサインだと言える。

当然、そう見えてしまうのは相手もわかって

いるだろう。だがそれでも、意識下にある不満はどうしてもそういった形で表現されてしまう。口には出せないとわかっているからこそ出てしまうと言うべきかもしれない。表現できない、表現することが許されない怒りや不満が、そうしてはいけないと思う心の障壁を突き破って、唇を噛むという形で表れる……これは対人関係においては、かなりの危険信号だと言えるだろう。

できればスムーズに、争いなく物事を進めたいと考えるのが普通で、そのためには不満に思っても飲み込まなくてはいけない部分もある。それを理解している上で態度に出てしまうというのは、その相手のストレスの耐性が限界ギリギリに達しているサインだ。あと一歩で爆発的な反応を見せてしまうかもしれない。自分では「仕方がない」と思っていても、唇を噛んでいることを自覚してしまったら、それは明らかに無理をしている証拠だ。感情的になってしまうのも時間の問題である。

相手がそのような態度を見せたら、感謝や謝罪の態度を見せるのがいいだろう。本格的なフォローが必要なのはもちろんだが、自分を下に置くことで、相手の怒りや不満を一時的に収めることに繋がる。もし自分がそうであったなら、そのストレスを吐き出せる場を用意する必要がある。

心理POINT

限界を指し示す唇のサインを見逃すな！

問題
17

直感でお答えください。しばらく海外旅行に出かけていたあなたは、帰国して久々に携帯電話の電源を入れました。さて、最初に何をする?

Question

A
ひたすら
メールチェック

B
インターネット
で**好きなサイト**
をのぞく

C
家族に
電話する

D
別に
何もしない

Answer

"かまってちゃん"注意報、発令!

「好きな人からの愛され度」を診断

B 自由気ままな猫タイプ そっけなさで愛をゲット

Bを選んだ人は趣味に生きるタイプなので、自分と相手の好きの温度差の違いなど、さほど気にならない。だが、そのそっけなさが逆に「こちらを振り向かせたい!」という気持ちをあおるため、結果的に愛され度は高い。言わば"無欲の勝利"と言える。

A いつだってLOVE欠乏症 愛が足りない、愛が欲しい!

いつも誰かに自分のことを気にしていてもらいたいあなたは、愛情欠乏症。どんなに愛を与えられても満足できない。あなたの心を落ち着かせるのは、気に留められている事実＝メール。依存症にならないように、携帯電話の電源をオフにする時間も必要だろう。

D いつも誰か愛しい人に 愛されていることに強い自信

「自分は愛されている」という絶対的な自信を持つあなた。自分が何もしなくてもどうせ相手がアクションを起こしてくれるだろうと考えており、実際にそうなることも多い。愛されたいと思う気持ちを上回る自信が、あなたの恋愛観を形作っている。

C 慈愛と包容力の塊 愛されるよりも愛していたい

誰かに愛されることよりも、誰かを愛することに満足感を覚えるタイプ。愛する家族に第一に身の安全を伝えようとする行動からも、その意思がうかがえる。その愛は非常に高潔で、好きな人に依存したり、好きな人の重荷になったりすることもあまりないようだ。

問題 18

Question

行き当たりばったりに1人旅をするのが好きなあなた。夏休みを利用して、今度はヨーロッパへ出かけることにしました。どんな道を辿りますか?

A あえて**遠回りをして**行く

B **ストレートに**向かう

C **寄り道をしながら**向かう

D 向かう途中で**目的地を変更する**

Answer

“肉食系” の人は実は不器用 !?

「好きな人へのアプローチ法」を診断

B 押して押して押しまくる! 直球勝負のアプローチ

自分の気持ちを素直に相手に伝えるあなたは、直球のアプローチを続けるタイプ。周囲からは「肉食系」と揶揄されるが、むしろ武骨とも言える。計算したり思いとどまったりしないため、失恋経験はとても多いが、いつか最高の幸せを自分の手で掴めるはず。

A 戦略の基本は情報収集 まずはじわじわとアプローチ

相手の好みを分析することから始めるため、デートに誘う段階まで辿り着くのにも相当な時間を要するタイプ。計画性を重視するため、思い通りにいかないとついイライラしてしまいがちだが、人の気持ちは計算できないもの。努力の見返りを求めすぎるのはよくない。

D 幸せを掴めれば結果オーライ 紆余曲折を経るアプローチ

好きな人を見つめるうちに、好きな人の友達が気になり始めたり、自分に気がある相手を優先的に考え始めたりする迷い道タイプ。アプローチ中に自分の本意がわからなくなったら、1週間ほど恋愛休止日を設けると、気持ちの整理がつきやすくなるはず。

C 自分のペースに相手を引き込み かけひきしつつアプローチ

かけひき上手なあなたは、相手を少しずつ自分のペースに巻き込んでいくのが得意なタイプ。押してダメなら引き、引いてダメなら押す。必要とあれば友達の協力を仰ぎ、いけると思ったら即告白。その恋愛成功率の高さに、周囲は嫉妬心を募らせていることだろう。

問題 19

Question

データを入れすぎたせいかスマートフォンの調子が悪くなったので、アプリを一つだけ残してほかを削除することに。あなたならどのアプリを残しますか？

A お気に入りのゲームアプリ

B 今一番話題のアプリ

C 気象情報のわかるアプリ

D 芸能情報満載のアプリ

Answer

自分を守るためなら嘘も許される!?

「恋人への嘘つき度」を診断

B 何の罪悪感もなく嘘をつく 嘘つき度 80%

口八丁手八丁で相手を丸め込むのが得意なあなた。相手との関係性や会話の流れだけを大事にしているので、嘘をつくことに何の罪悪感も抱かない。だが、相手が嘘に気づかない限り、それは2人の間では真実。嘘で成り立つ平和も、それなりにありかもしれない。

A 良心の呵責に耐えられない 嘘つき度 30%

お気に入りのアプリを残すことを選んだあなたは、嘘をつくと良心が痛み、結局は正直に事実を伝えてしまうタイプ。自分に誠実でいたいと思う気持ちが裏目に出て、招かなくてもよいケンカを招くこともあるが、土台のしっかりした関係を着実に築けるだろう。

D 余計なことまで話しがち! 嘘つき度－30%

情報通を気取るあなたは、自分の情報も包み隠さずに他人に伝えたくなるタイプ。恋人に対しても、過去の恋愛談など余計なことまで話してしまいそう。相手からリアクションがあるのが嬉しいからと、聞かれていないことにまで答えるのはほどほどに。

C 嘘をつく自分が大キライ 嘘つき度 0%

情報源の確かなものしか信じず、人に伝えもしない誠実な人。ただし、嘘をついたほうが結果的に相手のためになる場面でも正直な性格を貫いてしまうため、「嘘でもいいから好きって言ってよ!」なんて言われてしまうこともありそう。ときには空気を読もう。

問題 20

Question

直感でお答えください。あなたは脱皮するための木を選ぼうとしているセミの幼虫です。迷った末、あなたが選ぶ木は次のうちどれでしょう？

A どっしりとした木

B 背の高い木

C 何となくいいなと思った木

D 一番近くにある木

Answer

異性の友達に対する下心、ありませんか?

「異性との友情の成立度」を診断

B

人生の先輩に指導を仰ぐ
異性との友情の成立度 70%

背の高い木が象徴するのは、会社の上司といった目上の人。Bを選んだあなたは、本当に真剣に問題を解決するためのアドバイスを求めるときだけ相談をするタイプであり、公私混同などありえない。ただし、たまに尊敬が恋心に発展、というケースもまれにあり。

A

最後に頼るのは血の繋がり
異性との友情の成立度 99%

脱皮するための大切な場所である木は、あなたの相談相手を表す。どっしりとした木が象徴するのは、あなたの親。何か困ったことがあったらまっさきに親に相談するあなたは、異性との友情を成立させる可能性が極めて高いと言える。

D

相談は口説きのテクニック?
異性との友情の成立度 10%

手近な相手に相談を持ちかけることを、恋愛の入り口にしようと考えている人。「相談をする」ということを大事な恋愛の手段と考えているため、同性の友達に相談事を持ちかけることはない。異性と友情を育むのは時間の無駄だとも考えているだろう。

C

異性はあくまでも性の対象
異性との友情の成立度 30%

何となくいいなと思った相手に相談を持ちかけ、あわよくば接近しようと考えているのがCを選んだあなた。恋愛対象外だと感じる相手とも分け隔てなく接するタイプで、その行動の根底には、実は「常に異性の目を意識している」という事実もあるようだ。

問題
21

Question

直感でお答えください。レジがずらりと並ぶスーパーで働くあなた。自分の担当するレジに、お客さんはよく来ますか？

A 絶え間なく来る

B ほかのレジより少なめ

C ほかのレジと同じくらい来る

D なぜかあまり来ない

Answer

あなたの恋愛経験値は高い？　低い？
「これまでしてきた恋愛」を診断

B
他人を羨み枕を涙で濡らす
幸せを自ら遠ざける天邪鬼

Bを選んだあなたは、あまり自分に自信がない反面、理想やプライドがとても高い人。どちらかが邪魔をして、恋愛の種をうまく育てられなかった過去があるだろう。幸せそうなカップルを見て下唇を噛むよりも、単純に恋活に精を出すほうが気持ちは晴れるはず。

A
失恋って何ですか
問答無用の恋愛勝ち組人間

お客さんが絶え間なく来ると答えたあなたは、過去に恋愛で困ったことのないタイプ。初恋は成就、狙った獲物の獲得率はほぼ100%で憧れの先輩だってゲット。自分が落とせない異性などいないと思っているフシがあり、それを鼻にかけるので、同性には嫌われがち。

D
恋人いない歴＝年の数!?
空も飛べそうなおひとりさま上手

男性（女性）としての魅力が少ない自分に劣等感を抱いており、恋愛を最初からあきらめ、片思いすらあまりしたことがないあなた。他人と接するよりもひとりでいるほうが楽しい、と思ってはいませんか？　異性ではなく、同性の友達に心を開くことから始めよう。

C
恋愛経験はそこそこ
人生の階段を順調に上る常識人

小学生で初恋、中学生で初めての失恋、高校または大学で初めての恋人ができ、初めてのセックスは20代前半までにすませた（すませる）。そんなごく普通の恋愛を、マイペースに楽しんできたタイプ。その調子で、結婚も30代前半までにすることだろう。

問題 22

Question

この診断はあなた自身でも、恋人のチェックでも構いません。あなた、あるいはあなたの恋人は、デート中は携帯電話をどのように扱っていますか?

A
着信がよくあり、**通話している**

B
デート中でも**メールを頻繁にする**

C
メールもしないし**着信もない**

D
メールチェックはするが**返信はあとで**

Answer

あなたは移り気？　それとも誠実？

「乗り換え度」を診断

B　マメな連絡は浮気性の証？ ラブラブでも安心するべからず

マメにメールをする人は、交友関係は広いが個々の付き合いは浅く、ゆえに浮気性になりやすいタイプ。さらにそれがデート中ともなると、いよいよ怪しい。二股されたあげく乗り換えられた、なんてことがないよう、相手の動向には十分気をつけておこう。

A　恋愛＜仕事なハードワーカー むしろ自分が浮気しそう!?

恋人の前で浮気相手からの電話に出るなんて、普通はありえない。すなわち、頻繁に電話がかかってくるのは、単純に仕事などが忙しい仕事人間ということ。ただし、浮気の心配はないものの、相手は恋愛＜仕事だからほったらかしにされて寂しい思いをするかも。

D　まさに“大人で誠実” 結婚するならこんな人

しっかりと物事に優先順位をつけられる人で、かつデート中にはメールに返信しないのなら、恋人のことを大切に思っているのだろう。さらにメールの相手が誰なのかを教えてくれるようなら、乗り換え度はほぼゼロといっていいだろう。

C　ふたりの世界を邪魔するものは排除 危険なヤンデレ予備軍

Cにあてはまる人は、メールや電話を気軽によこす友人すらほとんどいない変わり者。自分の世界を持っており、浮気性度合は極めて低いが、そのぶん独占欲が強く相手を束縛したがる人も多い。異性の友達の存在を誤解されてやっかいなことになる可能性も。

問題 23

Question

学園祭の出し物を決めるホームルーム中、喫茶店とお化け屋敷でクラス内の意見が大きく2つに分かれました。こんなとき、あなたならどうしますか？

A
どちらも
いやだな

B
どちらでも
いいや

C
はっきり
どちらにするか
答える

D
みんな
どっちにする？

Answer

隣で腕を組んでいるのは、いったいだあれ?

「浮気されたときの反応」を診断

B

踏みつけられても蹴られても とことんあなたに付いていきます

何度浮気されてもひたすら耐えて待つ昭和の女タイプ。両方の意見を立てるような選択で、どちらとも答えないあなたは、浮気されていても気づかないふりをして相手が戻ってくるのをじっと待つ。ただし、その心の内には激情を秘めている。

A

相手への怒りよりも自己反省 でも心の痛みは忘れない

両方とも選ばずに否定したあなたは、嫌なことがあっても相手に向かわず、自分にどこか落ち度があったのだろうかと落ち込んでしまう内省型。とはいえ、心の中の嫉妬の火はなかなか消えず、反省して相手が戻ってきても、結局冷めてしまうことが多い。

D

ヒステリックに騒ぎ立てる姿は 相手の100年の恋も冷まさせる

Dを選んだ人は、相手に浮気の疑いがあれば、友人たちに電話やメールで相談という名の大騒ぎをする人騒がせタイプ。結局それが裏目に出て、浮気をした側から別れを告げられてしまうことも。恋愛を持続させたければ、自分が本命との自信を持ってどっしりと構えよう。

C

なあなあなんて許さない きっちりカタはつけます

白黒はっきりつけたいという欧米型価値観を持つあなたは、疑惑をそのままにしておけず、浮気の証拠を集めて本人に突きつけて説明させ、決着をつけなければ気持ちが収まらない。だが、意外にも別れたあとに元恋人と友達関係になりやすいのもこのタイプ。

問題 24

Question

夏休みを避暑地で過ごすことにしたあなた。早朝散歩をしていたら、森の中できれいな泉を見つけました。さて、あなたはどのような行動を取りますか？

A 泉を覗き込んでみる

B 飲み水として確保する

C 水浴びをしてみる

Answer

寝ても覚めても考えるのはアノ人のことばかり!?
「恋愛中毒度」を診断

B
恋愛なんて人生の添え物
恋愛中毒度 0%

泉そのものに興味を抱くよりもまず、実用的な価値を考えたあなたは、恋愛中毒度 0%のリアリスト。相手と自分が違う人間であるということをきちんと認識し、適切な距離を保った大人の恋愛ができるタイプ。「本当の恋愛をしたことがないでしょ」と言われがち。

A
気づけばすっかり依存症?
恋愛中毒度 50%

一見冷静を装いながらも泉に興味津々で、積極的に近づいていったあなたの恋愛中毒度は 50%。たとえ表面上は「恋愛には興味ありません」なんてすました顔をしていても、知らず知らずのうちにどっぷり深みにはまっていた……なんてこともあるはず。

C
恋愛こそわが人生!
恋愛中毒度 100%

泉に積極的に近づき、さらにその中にまで入ってしまったあなたの恋愛中毒度は 100%。恋愛に限らず何に対しても好奇心が旺盛で、しかも凝り性なため、一度ハマってしまうと日常生活に支障をきたすほどその対象にのめり込む可能性大。何事もほどほどに。

問題 25

Question

30歳になった自分へのプレゼントとして、少し奮発してアクセサリーをオーダーしたあなた。特注品で時間がかかるのですが、どれくらいかかると言われた？

A　1週間

B　1カ月

C　3カ月

D　半年

Answer

特別なアクセ=恋へのあなたの向き合い方がわかる
「恋愛持続力」を診断

B

とにかく波風は立てたくない
恋愛持続力 40%

問題が発生すると、とりあえず謝ってその場をしのごうとする事なかれ主義者。表面上はそれで元通りかもしれないが、根本的な問題は解決していないため、何度も同じ問題を繰り返したあげく、破局を迎えがち。きちんと相手と向き合う勇気を持とう。

A

好き好き大好き超愛してる!
恋愛持続力 20%

好きになったら一直線の直情型。しかし、「もっと自分を見て」「もっと自分を愛して」と自分の気持ちを押しつけすぎると、相手が疲れてしまう。また、熱しやすく冷めやすい傾向もあるので、相手がこちらを振り向いたとたんにポイ、ということも。

D

あなたのことだけ見ています
恋愛持続力 80%

とても一途で、付き合った瞬間から結婚する気満々なタイプ。恋愛持続力は最強だが、その愛が重すぎて耐えきれなくなった相手のほうが逃げ出してしまう可能性大。別れたあとにストーカーになりやすい傾向もあるので、警察のお世話にはならないよう要注意。

C

互いに深く理解し合いたい
恋愛持続力 60%

たとえ相手と意見がぶつかっても、根気強く向き合うことによりしっかりと解決を図るタイプ。恋がとても長続きするタイプと言える。しかしその反面、「この人は私の運命の人ではない」と判断したら、うじうじと悩むことなくさっと切り捨てる非情さを持つ。

問題 26

Question

「焼肉が食べたい」という恋人のリクエストにより、今日は焼肉屋でディナーをすることに。恋人と初めて行くお店として、あなたはどんな店を選びますか？

A 無煙ロースターを使用したお店

B 昔ながらのお店

C オシャレな雰囲気のお店

Answer

パートナーの恋人に求めるものとして絶対に譲れないのは?

「パートナーの最低条件」を診断

B　絶対的な安心と信頼を互いに与え合いたい

愛情あふれるあなたは、恋人にも同様に「愛情」や「安心感」を求めている。ただし、感情のままに行動しがちな面があり、いざ付き合い出したり結婚を意識し始めたりすると、ついつい暴走してしまい、相手を冷静に判断できなくなってしまうことも。

A　気分はマイフェアレディ 恋人は自分のステータス

あなたが望む恋人の最低条件は、ズバリ「経済力、社会力」。自分では行けないような会員制の高級店に連れて行ってくれる人や、誰もが知っている有名企業に勤めている人に魅力を感じる。シンデレラ願望が強い人が一番多いのもこのタイプだ。

C　刺激と快楽を共有し 蝶のように遊び回りたい

流行最先端の情報に敏感な人や、子どものような若い感覚を持っている人が大好きなあなたが相手に求めるものは「刺激」。新しくできた話題のデートスポットに行くとテンションが上がるはず。楽しいことが大好きなので、セックスの相性のよさも外せないポイント。

問題
27

Question

あなたの目の前に、美味しそうなリンゴのなった木があります。一つだけ食べてもいいのですが、あなたはどの位置にあるリンゴを選びますか？

A
手を伸ばせば取れるリンゴ

B
かなり上の方にあって**手が届かないリンゴ**

C
すぐ近くに**落ちているリンゴ**

D
上の方にあるが**台に乗れば取れるリンゴ**

Answer

誰もが憧れる高嶺の花
「理想の高さ」を診断

B
求めるものは至高の存在
理想を追い続ける夢追い人

理想が高すぎるあまり、現実には恋人をゲットすることすら難しくなってしまっているタイプ。周りのカップルのことを「妥協しやがって」と見下して、馬鹿にしているかもしれないが、むしろ周囲から馬鹿にされているのは、理想ばかり追っているあなたのほうだ。

A
見た目と中身のトータルで判断
近場で手堅く恋人ゲット

手を伸ばせば届く恋愛を求める現実的なタイプ。学校や職場など、近くにいる人の魅力や長所を発見し、恋人候補としてチェックする。身近な相手なだけに、勝手に自分の中で理想像をふくらませたあげく、相手の異なる面を見て勝手に失望する、なんて失敗はないだろう。

D
素晴らしい相手には
素晴らしい自分こそがふさわしい

基本的に理想が高く、格上の恋人を望むタイプ。ただし、そんな相手にふさわしい自分であるべく、自分自身の魅力を上げる努力を怠らない努力家の面もあり、それだけに向上心や努力する姿勢の見られない異性には、どんなに見た目がよくても全然魅力を感じない。

C
恋はフィーリング＆タイミング
結果的には一番のリア充

理想と現実は別物、と割り切っているタイプのあなた。合コンに出かけても、一番人気を集める人よりも、最も多く会話をした人と仲良くなり、なんとなく付き合うようになることが多い。ルックスよりもフィーリングを重視するため、関係は長続きする。

問題
28

Question

あなたはデートでゲームセンターに行きました。そこで恋人から、「自分は見ているから1人でやって」と言われたゲームがあります。そのゲームはどれ？

A エアホッケー

B シューティングゲーム

C クレーンゲーム

D レースゲーム

Answer

相手のことは好きだけど、ここだけは我慢できない!

「恋人への不満」を診断

A 互いのペースにズレが……歩み寄りが関係持続のカギ

ゆっくりまったり、マイペースに生きていきたいあなた。恋人があちこち出かけるのが好きなアクティブ人間だったり、感情の起伏が激しかったりすると、振り回されることに疲れ果て、いつか不満が爆発してしまいそう。互いに歩み寄る努力を忘れずに。

B 最初のころは素敵だったのに……緊張感をなくしたらダメ

互いにいい刺激を与え合い、向上し合える関係を望むあなた。デートの場所が家ばかりになったり、相手が自分の話を適当にスルーするような素振りを見せ始めたりすると、不満が募っていってしまうだろう。関係持続のため、マンネリ防止に努めるべし。

C いつも引っ張ってほしいのに……頼りなさにゲンメツ

スマートにリードしてほしいという、お姫様願望を持っているあなた。デートの際も、相手がテンパってあたふたしている姿などを見ると頼りなく感じ、不満を抱いてしまうはずだ。また、ムードを壊すような、ざっくばらんな言動にも冷めてしまうだろう。

D 気持ちよくなりたいのに……不満は浮気の一歩手前!?

おもにセックスに関する不満を持つことが多いあなた。自分の欲望を伝えられずに溜め込むと、ほかの不満も積み重なって悪循環となり、結果的に大爆発してしまいそう。恥ずかしがらずに自分の希望を伝え、性的な面においてもオープンな関係を目指そう。

問題
29

Question

森を歩いていると、落ちている宝石を見つけました。しかし、誰もその宝石には手を出そうとしません。それはなぜでしょうか?

A
宝石が
偽物だから

B
森が深すぎて
誰も入ってこないから

C
宝石に呪いがかかっているから

D
周りに
毒のバラが咲いているから

Answer

宝石が指し示す、あなたの隠れた恋愛観

「恋愛できない理由」を診断

B

**“おひとりさま” に慣れすぎて
一歩踏み出す勇気が持てない**

深い森は、あなたの恋愛に対する臆病さの表れ。誰かに発見され、深く進入されることによって、現在のそれなりに平穏な生活や価値観が大きく変わってしまうのを恐れてはいないだろうか。変化を恐れず、新たな自分が生まれるのを楽しみにするぐらいの気持ちで。

A

**「私なんて……」とウジウジ
傷つくのが怖いガラスのハート**

宝石そのものの価値を信じなかったあなたは、自分自身の価値を低く見積もる傾向が。恋愛に自分から予防線を張っているのでは？　自信のなさは自己評価の低下をもたらし、悪い縁を呼び寄せる。良縁を求めるなら、まずは自分に自信を持つことから。

D

**過去の失敗にとらわれ
明るい未来が迷子になっている**

過去の恋愛でのトラウマや、周囲から聞こえてくるさまざまな情報に打ちのめされ、恋愛に希望が持てないタイプ。だが、人間が100人いたら、恋愛の仕方も100通り。過去の失敗を未来へのステップとしてとらえることができれば、未来は明るく開けるはずだ。

C

**「動かない」のではなく
「動けない」という言い訳**

自分にはどうにもならないファンタジーな設定を勝手に考えてしまったあなた。新しい恋を始めたくないあまりに、動けない理由をわざわざ作るあたり、極度の面倒くさがり屋と言える。自分から動かないと、恋はいつまでたっても見つからないことに気づこう。

問題 30

Question

妻に散歩や餌やりを任せていたら、飼い犬があなたの言うことを聞かなくなってしまいました。そんなとき、あなたならどうやって再び言うことをきかせますか？

A
怒鳴る

B
食べ物で釣る

C
何度でも言い続ける

D
あきらめる

Answer

従順だった飼い犬=付き合い当初のラブラブを取り戻せ!

「マンネリ対処法」を診断

B
**いくらおいしい餌でも
慣れたら当たり前のものに**

相手と本音でぶつかるのは面倒くさい、というあなたが選ぶマンネリ対策は、プレゼントやおしゃれなレストランでのデートによるご機嫌取り。しかし、それで問題が解決するのは最初のうちだけ。あげく餌のグレードを上げるハメになり、結局は自分の首をしめる。

A
**周囲から見たらまるでDV!?
支配する側とされる側の歪な関係**

恋人関係のマンネリは、たいてい双方に原因があるもの。しかし、思い通りにならないことが許せないあなたは、怒鳴り散らし、相手が折れてくるまでその非を責め立てる。もし恋人が再び従順になっても、そこにあるのはあなたへの「恐怖」でしかないだろう。

D
**貝のように沈黙し
無言の怒りを爆発**

相手と意見が衝突して喧嘩になったら、怒るのではなくだんまりを決め込むあなた。いつも面倒なことから逃げていないだろうか?　たとえ一時は解消できても、根本的な解決にはならない。恋人はそんなあなたの姿勢に失望し、幻滅していくことだろう。

C
**相手の気持ちを考慮しない
「あなたのためだから」**

あなた自身は“相手のため”を思い、根気強く優しく相手の間違いを諭しているつもりかもしれないが、言われる側にとってはただの押しつけでしかなく、いい迷惑。嫌気がさした相手から別れを切り出されたとたん、粘着気質のストーカーに変貌しそう。

問題 31

Question

山道をトレッキングしていて、小さいきれいな滝を発見したあなた。澄んだ水をたたえる滝壺の縁に立って、あなたは何を思いますか？

A 静かに水面を見つめていたい

B 水をすくって飲んでみたい

C 水に触れてみたい

D 裸になって泳いでみたい

Answer

恋愛は狂気の沙汰!?　修羅場が流血騒ぎに発展
「刃傷沙汰度」を診断

B 食べちゃいたいぐらい愛してる
刃傷沙汰度 50%

滝壺の水を飲みたいと思ったあなたは、相手を愛するあまり、そのすべてを自分のものにしたい、という強い同化願望を抱きがち。普段はなんとか自分を抑えていても、ふとしたきっかけで喧嘩が修羅場に発展し、流血騒ぎになることも大いにありうるだろう。

A 去る者は追わずそのまま放流
刃傷沙汰度 0%

滝壺を単なる景観として穏やかに楽しめるあなたは、どんなに仲のいい恋人であっても、相手のプライバシーにまでは踏み込まないタイプ。ひとつの恋愛にそこまで執着しないため、会わない時間が増えていきいつしか自然消滅、なんてパターンも。

D 気分は物語の主人公!?
刃傷沙汰度 80%

裸で滝壺に入りたいと思ったあなたは、人の目よりも自分のパッションを優先するタイプ。恋に落ちたら猪突猛進な上に自己陶酔しやすいため、一度激情に駆られると手が付けられなくなる。犯罪者になりたくなければ、刃物は安全な場所にしまっておこう。

C 相手に隠し事なんてナンセンス
刃傷沙汰度 30%

滝壺の水に触れたいという衝動は、相手の心の奥まで知りたいという衝動に通じる。互いにとことんまでさらけ出すのが恋愛の醍醐味だと思っている情の濃いあなたは、一歩間違えると刃傷沙汰を起こす可能性大。バシャバシャ水遊びをする想像をした人は危険信号だ。

問題 32

Question

恋人と一緒に陶芸の体験教室に出かけたあなたは、夫婦茶碗《めおとちゃわん》を作ることにしました。さて、焼き上がり完成した茶碗は、どのような仕上がりだったでしょうか。

A 自分のだけ完成していた

B 恋人のだけ完成していた

C 両方とも完成していなかった

D 両方とも完成していた

Answer

主導権を握っているのは、果たしてどっち?

「恋愛に振り回される度」を診断

B

あなた好みの女にしてね 相手を立てる大和撫子

Bを選んだあなたは相手の意見に染まりやすい受け身タイプ。恋人が変わるたびに、相手の好みに合わせて趣味もファッションもがらりとチェンジするため、周囲からは心配されることもあるが、本人はむしろ相手の色に染められることに喜びを感じており、案外幸せ。

A

私の犬になりなさい 主導権は絶対にキープ

自分こそがイニシアチブを握りたい、王様(女王様)タイプ。恋人が自分の言うことを聞かなかっただけで、ストレスをぶつけてしまうかも。また、「自分はいいけど相手はダメ」「相手のものは自分のもの」といったジャイアニズムの持ち主でもある。

D

人は人、自分は自分 お互いのテリトリーは大切に

「自分は自分で相手は相手」と考え、互いに干渉し合わない大人の恋愛をするタイプ。双方の自由を尊重してよい関係を築けるが、ややもすれば単なる友達とほとんど変わらない、ドライな関係に陥りがちだ。恋愛に必要不可欠な色気やうるおいは忘れずに。

C

私がいないとダメなのね 不健全な愛情は破滅への序章

あなたと恋人は、互いに甘やかし合う共依存的関係にあるようだ。だが愛情とは本来、自然に湧き上がるものであり、「この人には自分がいないとダメ」といった責任感は単なるあなたのエゴにすぎない。周囲に不幸を伝播させるだけの共依存からは抜け出そう。

Chapter3

会話で読み取る人間心理

やたらと自分を卑下する人は他人に認められたいと思っている

透視力キーワード　迎合行動

あなたの周りには、やたらと「俺は何をやってもダメなんだ」というようなことを言って、自分を卑下する人はいないだろうか？　そういう人を見て「この人は自己評価が低いのだな」と思うかもしれないが、実は自分を卑下する言葉や態度には隠された裏があるのである。

「どうせ私なんて……」「俺はダメな人間だ」、そういう発言を聞いた周囲の人間は、「大丈夫。

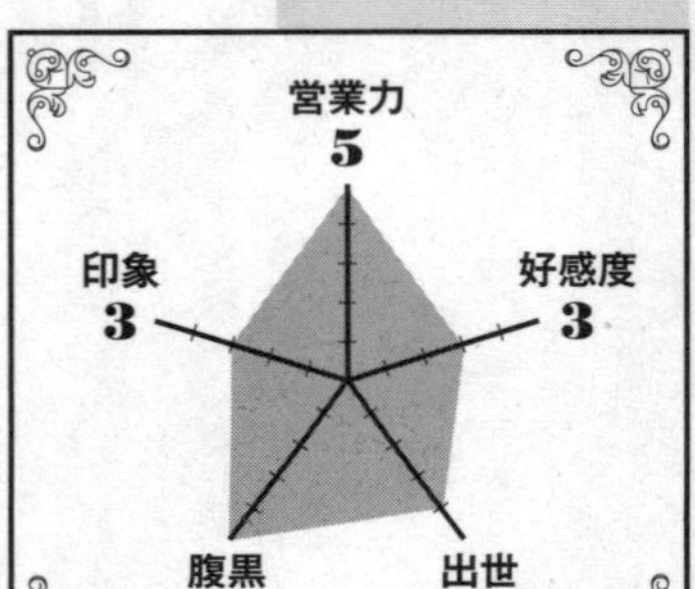

あなたにはこういうよいところがあるじゃない」「君はダメなんかじゃないよ」といった励ましの言葉をかけるだろう。自分を卑下する人は、こうした励ましの言葉を、無意識のうちに期待しているのだ。つまり自分を否定することによって、他人に自分を肯定させるように仕向けているのだと言える。他人を利用して逃げ道を作り、自分を守っているのだ。

心理学では自分を曲げて相手に合わせることを「迎合行動」と呼ぶが、自己卑下もその一種で、自分を下げて相手を持ち上げることで、自分のダメなところを許してもらおうとしているのである。

たとえば、ある人が仕事の納期を守れなかったとしても、「皆さんと違って仕事が遅い自分が本当に嫌になります……」と落ち込んでいたら、なかなか強く叱責できないだろう。叱らずに、周囲が「しかたないな。今回だけはこっちでカバーしておくからな」と仕事を手伝うこともあるだろう。つまり、その人は無意識のうちに、場合によっては意識的に、自己卑下の迎合行動を取って周囲からの助けを得ようとしているのだ。

自分を卑下する人を見たら、その心のうちを注意深く見る必要があることを覚えておいてほしい。

心理POINT

自分を否定して相手から肯定の言葉を引き出そうとしている

二者択一を提案してくる人はクレバーなので要注意

透視力キーワード

ドア・イン・ザ・フェイス

あなたにやたらと「イエス／ノー」の選択を迫る問いかけをしてくる人がいたとする。たとえば友人Aが最初は「1万円貸してくれ」と声をかけてくる。それを断った数日後、今度はAが「遠出するので車を貸してくれないか」と頼んでくる。1万円を貸すのを断ったことが、どこかうしろめたかったあなたは車を貸すことに……。

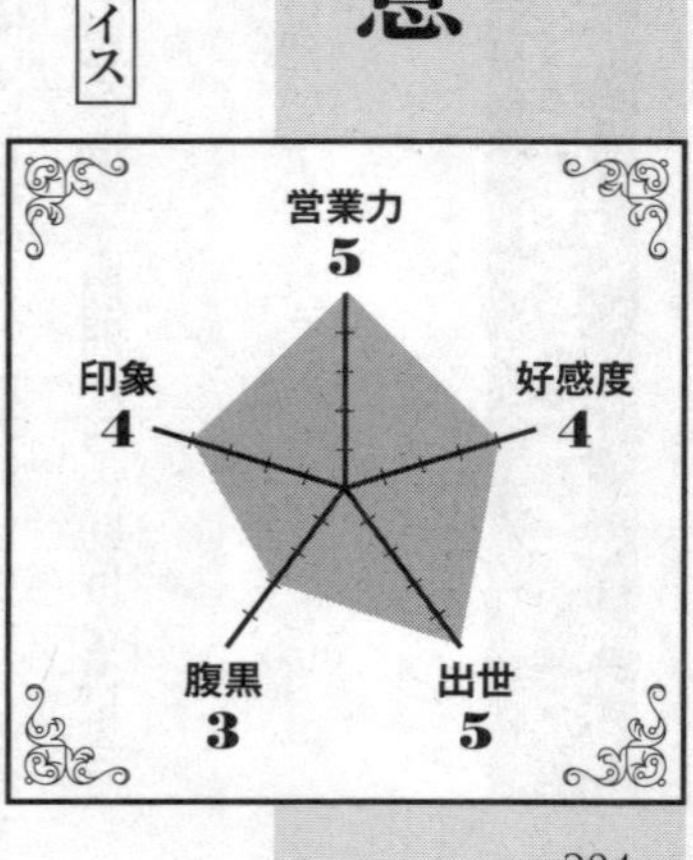

Aをずうずうしい人と思うかもしれないが、実は心理学にもとづいた作戦を実行しているクレバーな人物でもあるのだ。Aが利用したのは「ドア・イン・ザ・フェイス・テクニック」というものだ。日本語に訳すと「相手の顔にドアをぶつける」、つまり門前払いというものである。相手の頼みを断って冷たく門前払いした場合、断った側は「申し訳ないことをした」と罪悪感を持つ。それで次に会ったときには「この前、頼み事を断ったときはAが譲歩してくれたんだから、今度はこちらが譲歩しよう」と考えて、Aの頼みを聞いてしまう。

ドア・イン・ザ・フェイス作戦は、あなたが人に何かを頼む場合にも利用できる。たとえば気になる異性の同僚に声をかける際にも応用可能だ。とりあえず1回休日のデートに誘ってみる。そこで断られてもメゲてはいけない。次のチャンスにランチに誘ってみるのだ。1回断って罪悪感を持っていた同僚は、「自分は冷たい人間ではない」ということをあなたに示したいとも考えているので、より負担の少ないランチの誘いにはOKを出す可能性が高いのだ。この場合、2度目のお願いを1度目より簡単なものにするのが、相手のOKを引き出しやすくするポイントだ。

心理 POINT

1回目断られたあとのチャンスを狙っている

手を組みながら話を聞いている人は心を閉ざしている

透視力キーワード　自己防衛のサイン

その人が取っているポーズは、無意識のうちに「今、どういう心理状態なのか」ということを示すサインなのだが、腕組みをしている人は前述したように心理学的には相手に対して自己防衛的になっていると言われている。

ある心理学者が行った実験で、学生を二つのグループに分け、一方には講義中、腕や手を組まずリラックスした姿勢で話を聞くように指示

し、もう一方にはしっかり腕組みをして話を聞くように指示した。講義終了後、両グループから授業の内容についてのアンケートを取ると、腕組みをした学生たちはしなかった学生よりも講義の内容に対して批判的だったという結果が出たという。

この実験からは、腕組みという姿勢が自己防衛で批判的な心理状態につながる、ということが読み取れる。なお、腕組みをしなかった生徒のほうがテストの成績がよかったという結果も出ている。心が開放的なほうが知識を吸収しやすいということだろう。

また、腕組みも「手が二の腕をつかんでいる」と不安感が強い状態、「手が握りこぶし」だと敵意が強い状態に分類されるという。腕組みではないが、両手を腰にあてて、ひじを外側に張って三角形を作った姿勢はアーム・アキンボーと呼ばれ、体を大きく見せて相手を威嚇する心理状態を表していると言える。

あなたが恋人と話しているときに、恋人が腕組みして、しかも手が握りこぶし状態だった場合には、彼女・彼氏を怒らせてしまってないか、疑ってみたほうがいいだろう。

心理POINT

相手に心を閉ざして批判的になっているサイン

相手に指を差す人は自分のほうが立場が上と思っている

透視力キーワード　ワンアップポジション

「人を指差すことは礼儀に反するから、特に目上の人や親しくない人に向かってやってはいけない」と言われたことのある読者の方も多いのではないか。実はこれはマナーだけの問題ではなく、心理学的にも根拠のある話なのである。

身振り手振りはその人の心理状態を表すものだが、相手を指差す行為は「ワンアップポジション」と呼ばれ、自分のほうが相手より立場が

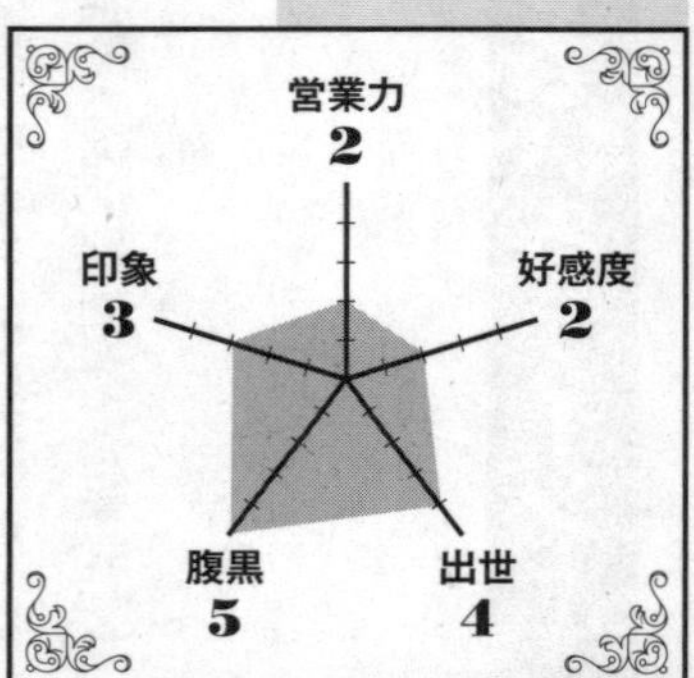

上だということを示すサインと考えられている。

男性Aが男性Bを指差したときには、AからBに向かう矢印が作られた形となり、会話の流れもAからBに向かい、Aが会話の主導権を握ることとなるのだ。このいい例がテレビの『朝まで生テレビ』の司会・田原総一郎氏だ。田原氏は番組中によく相手を指差す。田原氏自身がどの程度意識しているのかはわからないが、相手を指差す行為で議論の流れを見事にコントロールしていると言える。

ただしワンアップポジションは文字通り相手の上に立とうとするものであり、指差しには威嚇や挑発といった意味合いも込められる。指差された側は本能的に不快感を覚えるのであり、だからこそ「人を指差すのは失礼」と言われるようになったのだろう。

話をしているときに相手がこちらを何度も指差した場合、それは威嚇・挑発するような乱暴な形で会話の主導権を握ろうとしていると考えたほうがいい。「相手はこちらをなめて上から目線でしゃべっている」と考えて、相手の勢いに呑まれることなく、慎重かつ冷静にその人とコミュニケーションを取るべきだ。

心理POINT

上の立場になって主導権を握ろうとしている!

いつも向かい合って話す人は自分を守ろうとしている

透視力キーワード　ポスチャー（姿勢）

会社に入ったばかりの新入社員が社長室に呼び出される。社長と新入社員が向かい合って座っている。このような状況をイメージしたとき、あなたは2人がどのように座っていると想像するだろうか?　おそらく社長はうしろにゆったりもたれかかり、腕を広げて足を組んで座り、それに対して新入社員は前屈み気味で手はひざの上で体全体がガチガチに硬い状況、みたいな

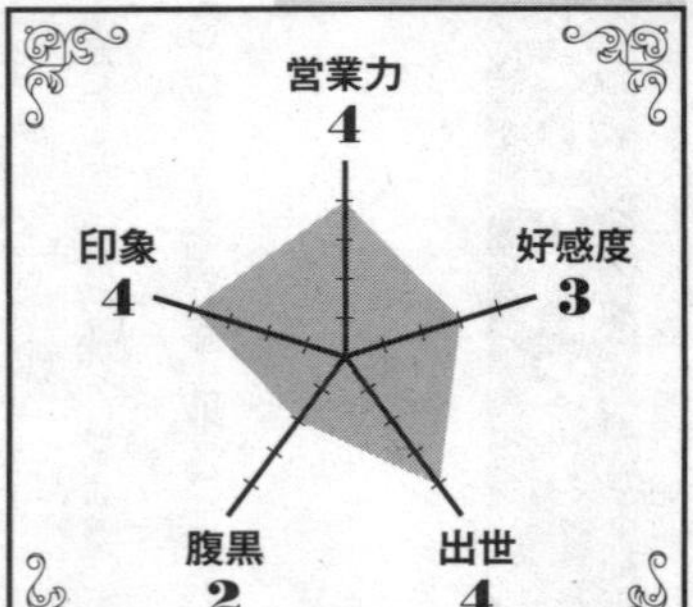

ものを思い浮かべたのではないか？

この社長と新入社員のように、2人の人間が対面したときのポスチャー（姿勢）には、その社会的地位の上下関係が大いに反映されるのである。立って対面した場合の体の向きも、人間関係が映し出されたポスチャーのわかりやすい例である。相手があなたに対してまっすぐ正面を向いて話しかけてくる場合、あなたのことをどう思っているのだろうか？　正面からあなたを見つめるのは、自分を守ろうと考えて緊張しているためだ。相手は「自分は弱い立場だ」と考えているのだ。

もし相手が「自分は強い立場だ」と考えていた場合には、自分を守ろうとは考えないので、正面からあなたを見る必要はない。体が横や後ろを向いたリラックスした形であなたと話すだろう。

職場やバイト先に新しく入ってきた後輩が、いつまで経っても、あなたと話すと体の真っ正面を向けてくるとしたら、それは緊張していることの証拠だから、後輩が少しリラックスできるよう心がけたほうがいいかもしれない。逆に、あなたと話すときに正面どころか体の横やうしろを向ける後輩がいたら、それはなめられている証拠なので、先輩としての威厳を示そう！

心理POINT

自分を弱い立場と考えて防御の姿勢を取っている

急に話のテンポが早くなる人は恐怖、不安を覚えている

透視力キーワード　緊張と動揺

話すときのスピードは人それぞれ。ものすごい勢いでしゃべり続ける人もいれば、ゆっくりとおだやかに話す人もいるだろう。

人それぞれの話すスピードだが、話している途中に急に早口になる場合には、ある心理的傾向を見出すことができる。

たとえば就職の面接などで、思いもよらない質問をされてしまい、緊張と動揺のあまり自分

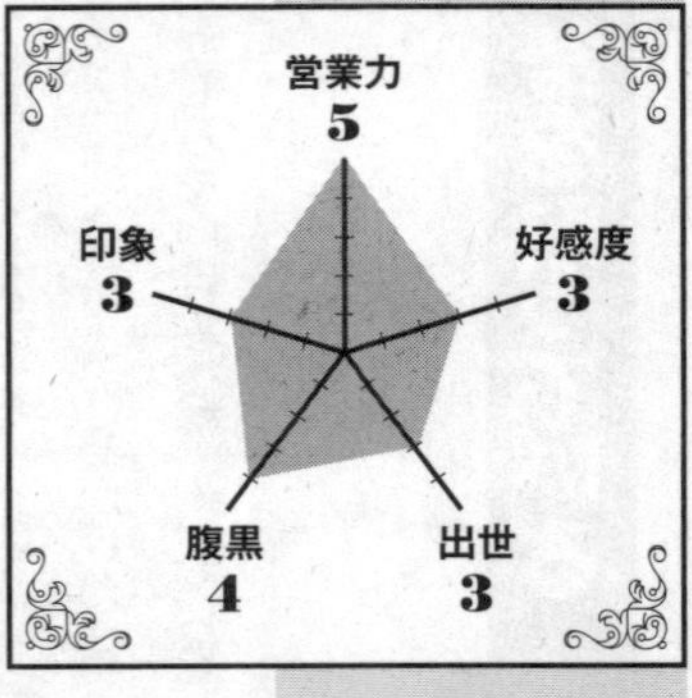

でもわけがわからないまま、早口でしゃべってしまったなどという経験がある方もいるのではないか。そういうとき、人間は不安や恐怖、焦り、緊張を感じてしまい、短い時間でさまざまな情報を脳で処理しようとして、混乱して早口になってしまうのだ。話している相手のしゃべり方が急にテンポアップし、しかも、話している内容が空疎で中身がない場合は、相手は緊張や不安を感じていると考えて間違いないだろう。まくしたてることで、他人に知られてはならない秘密を隠そうとしているのかもしれない。相手の口数が増えたら要注意だ。

心理POINT

まくしたてることで秘密を隠そうとしている!?

他人をやたらと褒める人は自分のことを褒めてほしい

透視力キーワード　返報行動

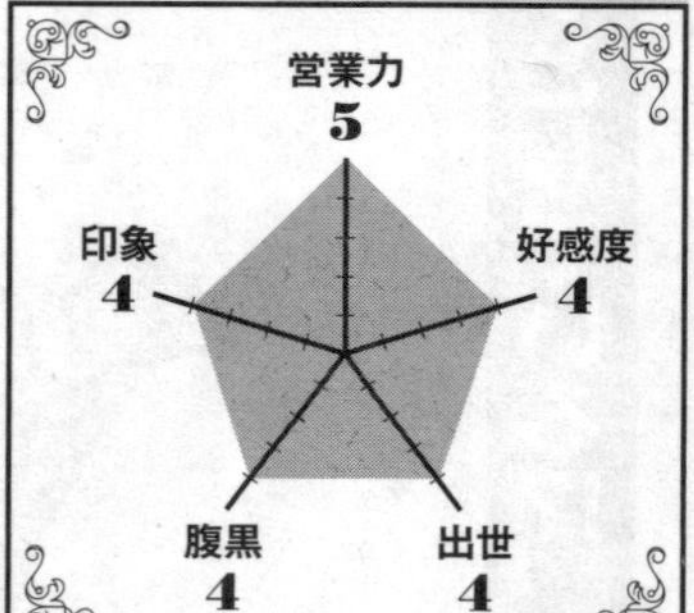

自分の友人を「●●ちゃんはかわいい」「○○ちゃんはスタイルがいい」などとやたらと褒めちぎる20代OLのAさんという人がいる。Aさんの同僚の女性Bさんは最初、「Aさんは友人思いのいい人なのだな」と思ったが、次第に違和感を覚え始めた。BさんがAさんの話をニコニコと相づちを打ちながら聞いていると、Aさんはどこか不満そうなのだ。そのうち、AさんがB

さんの服装や持ち物も褒めるようになって、Bさんは「ああ、Aさんは自分のことを褒めてほしいのだ」と気づき、「Aさんもかわいいじゃない」と褒めたところ、ようやくAさんは満面の笑みを浮かべたという。

Aさんが他人をやたらと褒めるのは、「返報行動」の一種と言える。相手を褒めることで、逆に相手から自分に対する好意を得ようとしているのだ。つまり誰かのことを褒めているが、一番褒めてほしいのは自分のことなのだ。

もし、あなたの周囲に他人のことを妙に褒める人がいたら、純粋な好意なのか、それとも返報行動なのか、見極める必要がある。あまりに他人を褒める回数が多い場合は、実は自分が褒めてほしい返報行動の可能性が高い。

この返報行動は、逆に考えると、あなたが自分を褒めてほしいと考えたときに使えるテクニックとも言えるだろう。

ただし、冒頭で紹介したAさんの例のようにやりすぎてしまうと、自分中心のワガママな人というネガティブな印象を周囲に与えかねないので、あくまで適度な範囲で活用するようにしてほしい。

心理POINT

褒めすぎる友だちには要注意

やたらと大声で話しかける相手は小心者

透視力キーワード
声のトーン、抑揚、大きさ

前項でも触れたように、人のしゃべり方は心理状態を的確に表す。声のトーンや大きさなどから、その人の心の中を知ることも可能なのだ。

常識的なイメージだと、小さな声でしゃべる人は気が小さく、大きな声でしゃべる人は豪快な人と思うかもしれない。基本的に、それは間違いではない。

だが、人間には「自分の弱いところをできる

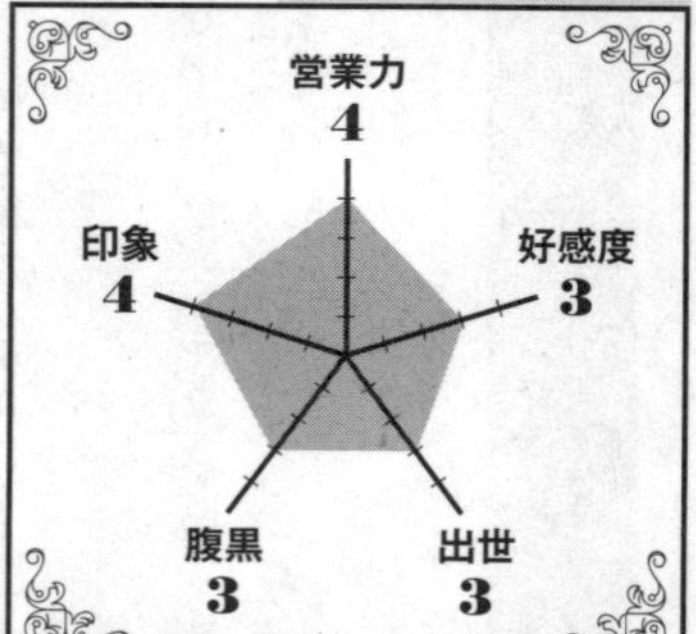

だけ、他の人にはわからないようにしたい」と弱点をできるだけ他人から隠そうとする傾向もあるのだ。気が弱い人の場合は、無意識のうちに、あるいは意識して大きい声を出すことがある。そうすることによって、自分を強く見せてコミュニケーションの主導権を握ろうとしているのだ。

小さな愛玩犬がキャンキャンと吠えて周囲を威嚇することがよくあるが、人間も同じようなことをしているのである。

犬の例で言うと、大きくて強い犬ほどおだやかで無駄に吠えない。これまた人間も同じで、気が小さくなくて落ち着いた人ほど、意味なく大声を出したりしないものだ。もちろん大きな声を出すべきシチュエーションでは、ちゃんと大きな声を出すが、それは出す意味と必要性があるから出しているのだ。必要がない場面でも大声を出して威嚇するように会話しているような人物は、実は気が小さいと考えたほうがいいだろう。

!

心理 POINT

小心者だから大声で周囲を威嚇しようとしている！

言い間違われたら あなたのことを大切に思っていない

透視力キーワード　抑圧された無意識

もう何年も一緒に働いている部下なのに、上司から名前を間違えられてしまう。年の離れた部下なのに、部下から一瞬言い間違いで敬語でなくタメ口で話しかけられる。

そんな言い間違いをされた経験はないだろうか？　実はこれは単なる言い間違いのミスではなく、相手のあなたに対する隠された深層心理を表したものなのだ。

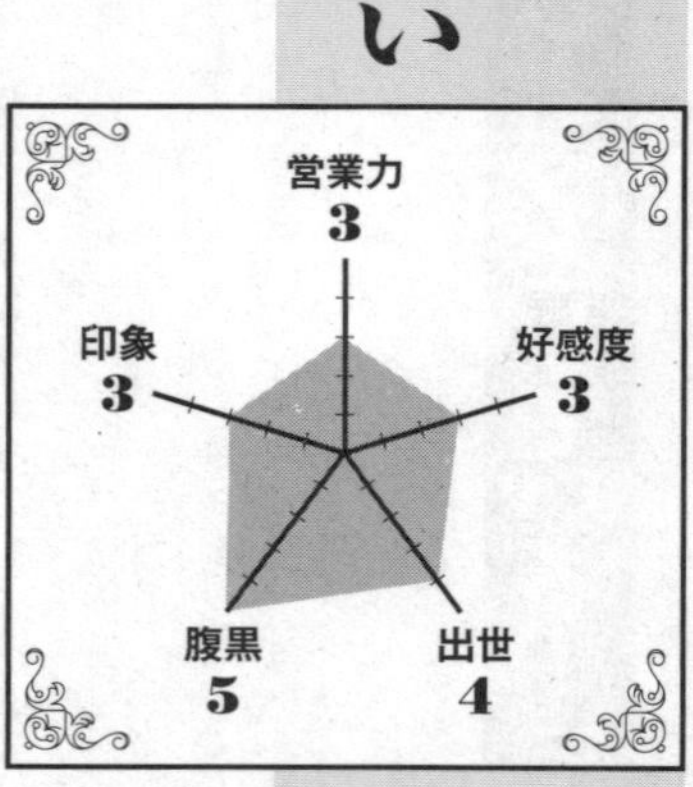

これは非常にリラックスした状態か、逆に過度に緊張した状態のときに、こうした言い間違いは起きやすい。普段は隠している本心が、抑圧しようとする心理規則をすり抜けて、ぽろりと飛び出してしまうのだ。

タメ口の言い間違いを後輩や部下からよくされるようだと、部下は上司を「この人のことは尊敬できない」とバカにしている可能性がある。同じ人から何度も呼び間違いをされる場合は、その人があなたのことを「この人は自分にとって重要でないから名前を覚える必要はない」「本当は嫌いだから、名前を覚えたくない」などといった無意識では考えている可能性がある。

この「言い間違いが深層心理の表れ」という説は、精神分析における偉大な人物で後進に大きな影響を与えた精神科医ジークムント・フロイトが提唱したものだ。フロイトによると言い間違い以外の、約束をうっかり忘れるなどといった失念や、物の置き忘れなども深層心理の表れであるという。つまり、あなたの指示を何度もうっかり忘れる部下がいたとしたら、その部下が忘れっぽいのではなく、あなたのことを心の底ではナメている可能性が高いのだ。

心理POINT

普段は隠している本心が行動に表れる

ミスを犯しすぐに謝罪しても反省しているわけではない

透視力キーワード ストレスからの逃避

人間、誰しもミスをしてしまうものだ。しかし、ミスをしたあとこそが重要で、そのときの態度や振る舞いに、その人の人間性が明確に表れる。

そういう意味ではミスを犯したときに、ちゃんと謝れるかどうかというのは、その人を判断する上で重要なポイントと言えそうだ。

ただし、ここで大事なのは謝ったからといって、反省しているとは限らないということだ。

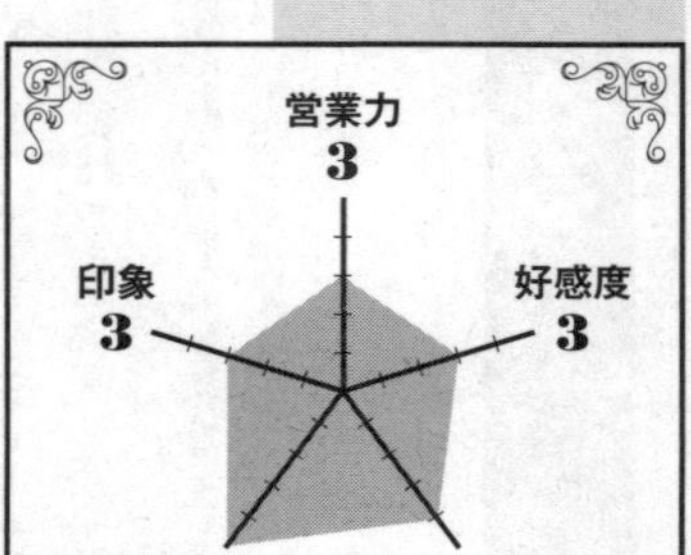

心理POINT

プライドが高いから表面的に謝っているだけ

ミスをした際に言い訳せず、「すみません」と謝る。一見、いさぎよい態度で、ちゃんと反省しているように見える。もちろん、心から反省して、こう振る舞う人もいるだろうが、中には早くその場のお説教から解放されるためだけに、とりあえず謝る人もいるのだ。

そういう人物は実は誰よりもプライドが高いので、「ミスをして自分が怒られている」というシチュエーションが許せず、そうしたストレスを感じる場からいち早く逃げ出すために謝っているだけなのだ。

もし本当に反省しているなら、なぜ、そうしたミスを犯してしまったかの説明を、多少言い訳がましくなったとしてもするだろう。しかし、反省してない人の場合は、とりあえずその場しのぎで謝っているだけなので、なぜ自分がミスをしてしまったかまで深く考えたり追及したりしないのだ。

あなたの職場の部下、後輩などが仕事上でミスをして、あなたが指導しないといけない場合、ミスの原因がなんだったのかちゃんと説明させてみるべきだろう。プライドが高い人物の場合、自分がミスしたことを深く考えるのを避けたいがため、ちゃんとした説明はできないはずだ。

会話中、口ごもってしまう人は相手に好意を抱いている

透視力キーワード　相手にコントロールされた行動

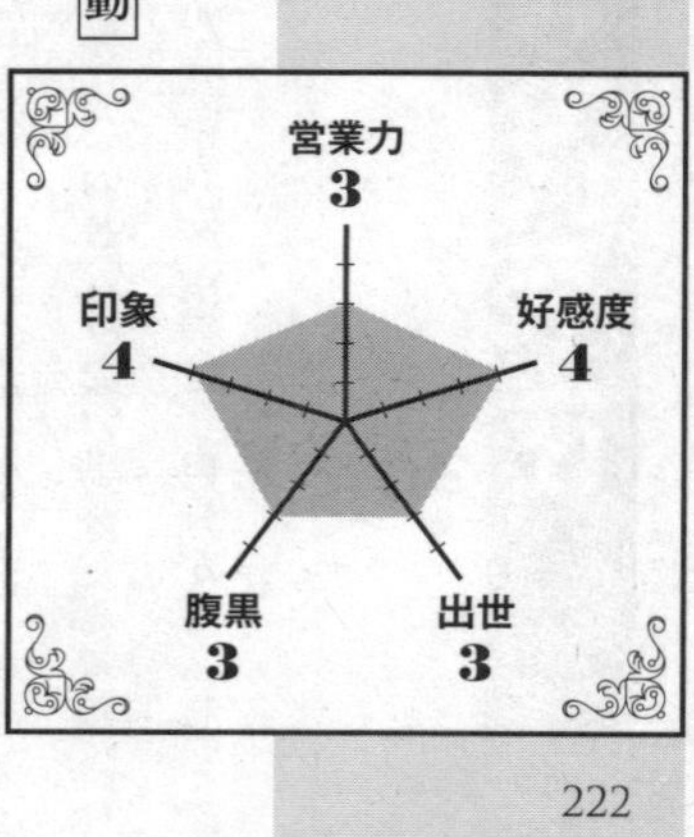

しゃべっているときに相手がうまく言いたいことが言えなくて口ごもってしまった場合、それはどういう心理状況を表すサインなのか？　誰でも一度は好きな人の前でうまく言いたいことが言えなくなった経験があるだろう。あなたがしゃべっているときに相手が口ごもってしまうのは、相手があなたに好意を抱いている可能性が高い。

では、なぜ好きな人が相手だとうまくしゃべれなくなってしまうのか？　端的に言えば、相手に嫌われたくないと思うから、である。嫌われたくないから、相手に好かれるように行動しようとする。つまり、行動の起点が自分ではなく、相手になってしまうのだ。このせいで、自分の思うように行動できなくなるし、相手の反応を想像しながら話すので思うようにしゃべれなくなる。行動を相手にコントロールされるようなもので、自由に行動できなくなっているのだ。

しかし、こうした「嫌われたくない」という思いからの行動は、相手の顔色をうかがってばかりのものになってしまい、相手から嫌われる原因になることもある。自分の思うがままにイキイキと行動するほうが、その人本来の魅力が出るのは間違いないだろう。

だから、もし、あなたと話すときに口ごもってばかりの人がいたとしたら、相手がリラックスできるように心がけるべきだし、逆にあなたが好きな人の前でうまくしゃべれない場合は、思い切って開き直って素直に自分のありのままを出すべきだ。嫌われないように自分を隠しても、いずれうまくいかなくなるだけなのだから。

！心理POINT

相手に嫌われたくないから自由に行動できない

すぐ反発する人には説得する方法を変えよう！

透視力キーワード　リアクタンス効果

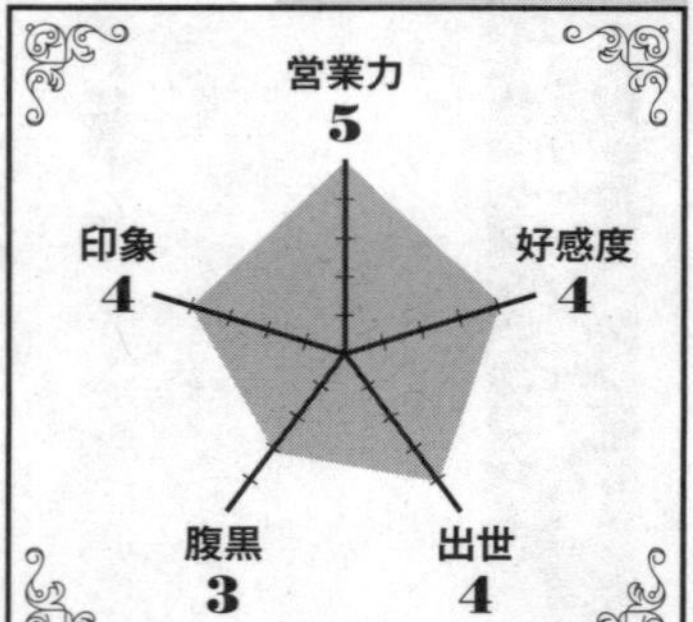

職場で上司や先輩という立場になると、部下や後輩に「君はこういう風に作業してるけど、そうではなく、こんな風にやってくれ」などといった指導をしないといけない場面が出てくる。

しかし、そんなとき、こちらの説得になぜか必ず反発する人がいる。

ここで自分の幼少時代のことを思い返してほしい。「勉強しなきゃ」と考えていたのに、親か

ら「宿題しなさい」と言われると、急に勉強したくなくなった経験はないだろうか？　これを心理学では「リアクタンス効果」と呼び、説得する側の求めているものとは逆のことをしてしまうことを指す。説得の言葉を自分の自由をおびやかすものと感じて、反発したくなるのだ。

こういう人を説得する自己呈示の方法として、相手を褒める「追従」、怒って見せる「威嚇」、自分を従うべき相手と見せる「自己宣伝」、相手を助けて自分を立派な人と思わせる「模範」、ひたすら頭を下げて頼む「哀願」などがある。相手に応じて、説得のパターンを変えてみよう。

リアクタンス効果

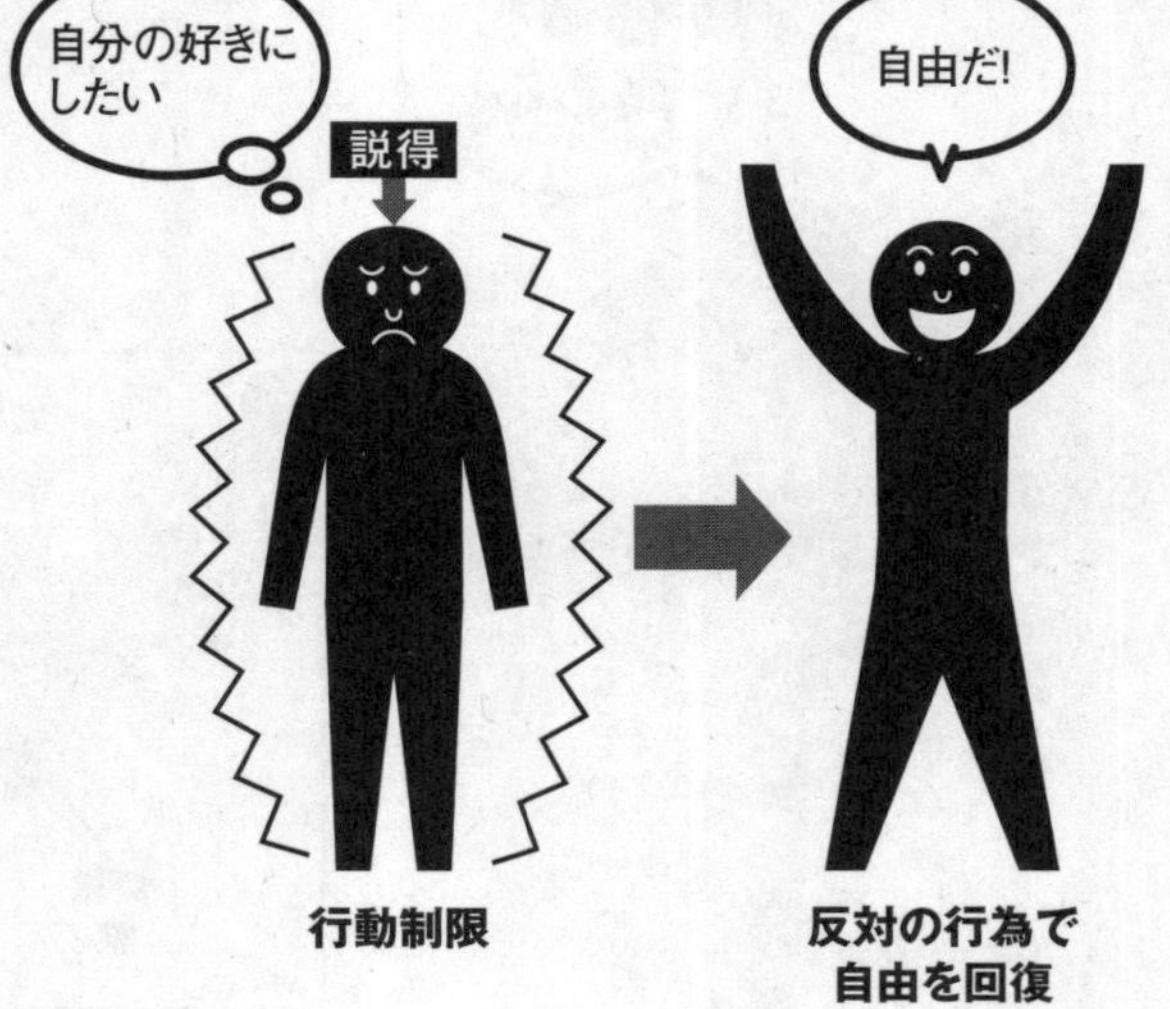

心理POINT

自由が奪われると思って反抗している

「有名人を見た！」と自慢する人は自分の価値を高めたいだけ

透視力キーワード　ハロー効果

芸能人やスポーツ選手などの有名人を街で見かけたら、「さっき、街でタレントの●●を見た！」と自慢したくなるのが人情。だがよく考えると、街で見かけただけのことが、なぜ自慢のタネになるのか不思議だ。

　こうした自慢は「ハロー効果」という心理からくるもので、有名人など魅力的な人物とのつながりを示すことで、自分もその魅力を共有し

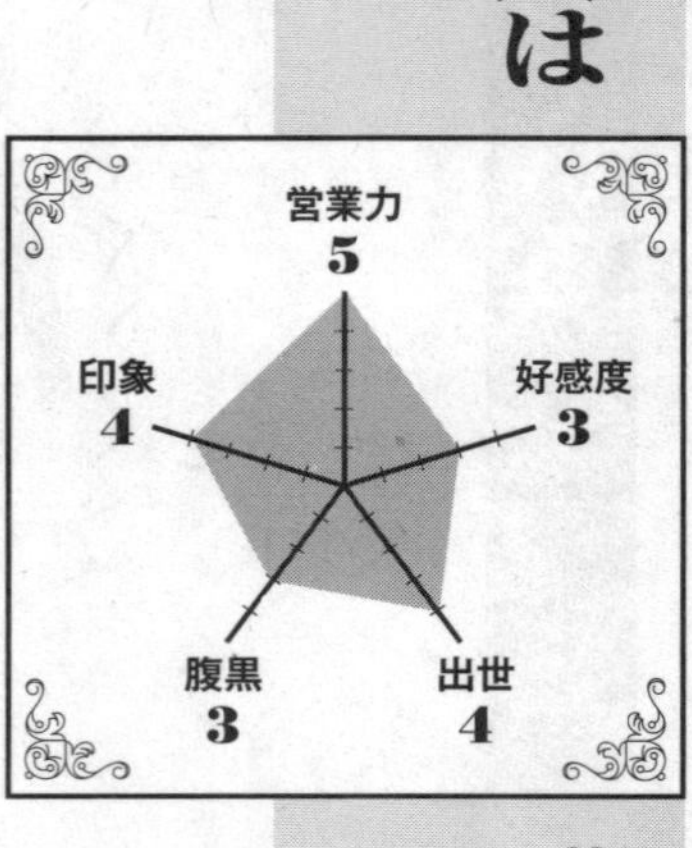

ようとしている。つまり、有名人との関係性で自分の価値も高めようとしているのだ。

ハロー効果は他に「高級外車に乗る」「ブランド物を持ち歩く」といった例にも見られる。ブランド品などの価値によって、自分の評価も上げようとしているわけだ。

美人の彼女ができた男性が、見せびらかすように彼女を連れて歩きたがるのも、ハロー効果で説明できる。ある実験によると、男性Aに美女を連れたごくごく平凡な男性Bと会わせたあとで、男性Bの印象を聞いたところ、男性Aの答えは「魅力的な男性」というものだったそうだ。この実験の結果から考えると、美人を連れて歩くだけで男の価値が上がる、ということになりそうだ。

有名人を見たという自慢は、誰でもしがちなものだが、その裏にはこういう心の動きがあるのである。あなたに「街でアイドルの●●を見た」と自慢してくる人は、そのアイドルの魅力によって自分の評価を上げ、さらには会話では「実際に見た●●はこうだった」と自分だけが知っている情報を話して優越感を味わおうとしているのだ。もし、自慢してきたのが上司など、あなたが気をつかわないといけない人物なら、ここは素直に「すごいですね！」と褒めておこう。

心理POINT

有名人の魅力で自分の評価まで上げようとしている

話しかけたのに相手の手が動いたままなら話を聞いていない

透視力キーワード　簡易的な刺激

社内の会議であなたが企画をプレゼンしているとき、熱心に話を聞いていた上司。ところが、後日、改めて企画の相談に行くと、企画内容のことをまったく把握していなかった……。

こんな経験をしたことはないだろうか？　顔をしゃべり手のほうに向けていても、ちゃんと聞いているとは限らないのだ。では、こちらの話している内容が頭に入っているかどうかは、どこ

で見極めればいいのか？　一つのポイントとなるのは聞いている人の手の動きだ。

人間は退屈になると無意識に刺激を求め、とりあえず手を動かして、何かをいじることで刺激を簡易的にでも得ようとするのだ。部屋で何もすることがなくてボーッとしているとき、気がついたら、いわゆるプチプチシートを潰していた、などという経験は読者のあなたにもあるのではないだろうか？

会議中にケータイのフタを意味なくパカパカと開閉させたり、資料をパラパラパラとめくり続けている人がいたとしたら、その行動はプチプチシートを潰しているのと同じと思ったほうがいいだろう。ペンを持っていて紙に何かを書いていても、話を聞いているとは限らない。会議の内容に関してメモを書いているなら問題ないが、ただ意味なく○や△などの意味のない図形を書いていたとしたら、その人は上の空の可能性が高い。

顔はこちらに向けているのに手元で物をもてあそんでいる人がいた場合は、「ここは注意して聞いていただきたいのですが」と前置きを入れたりして、話の流れにアクセントを入れて、注意を引きつけるようにするといいだろう。

心理POINT

聞いている人の手の動きに注意

何かを頼んだ相手が下を向く行為は拒絶のサイン

透視力キーワード　アイコンタクト

相手に何かを頼んだときにその人が視線をそらして下のほうに視線を向けたとしたら、たとえ言葉で「嫌です」「できません」と言われなくても、それは否定や拒絶を意味していると考えたほうがいいだろう。

心理学では、視線と視線が合う「アイコンタクト」は、相手に好意を示すサインだと考えられている。逆に考えれば視線を合わせないとい

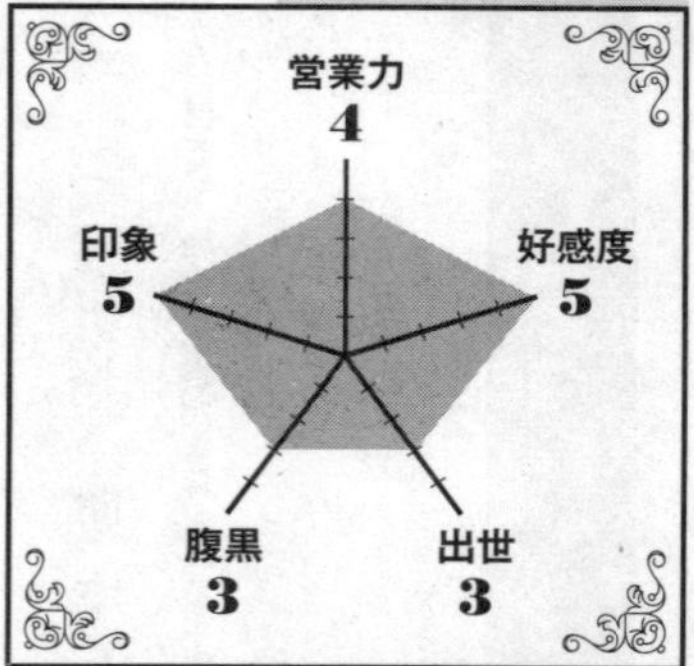

うことは、こちらに好意を持っていないか、何か視線を合わせられない心理的状況にあると言える。

たとえばあなたが仕事上のことで何か頼み事をした相手が、視線を下にそらして、さらには「失礼します」とあなたに背を向けて自分の席に戻ってしまったとしたら、より強い拒否を示されたと言えるだろう。

だが、視線を下に向けたあとも、何度かこちらの目を見て視線を少しでも合わせようとするなら、交渉の余地がある。頼む仕事の量を減らす、締め切りの期限を延ばすなど、いくらか譲歩して頼めば、向こうも折れて、こちらの頼み事を聞いてくれるかもしれない。

アイコンタクトの回数などで、相手があなたのことや、あなたがお願いした頼み事をどう思っているか推定することが可能だ。それによってお願いの仕方を変えてみるといいだろう。仕事のことで解説したが、アイコンタクトは恋愛でも応用可能だ。気になる人が自分のことをどう思っているか見極めたい場合は、その相手と自分がどのぐらいアイコンタクトしているかを確かめてみよう。ただし恋愛の場合、好きすぎて過度に緊張し、目が合わせられない心理状況のときもある。

心理POINT

下を向く人には譲歩が必要

「手伝ってあげる」という人は見返りを求めている

透視力キーワード
深層心理の下心

言葉の意味としては、ほぼ同じことを言っていても、言葉の選び方がその人の隠された深層心理を示していることがある。

あなたが1人でたくさんの仕事を抱えて苦労しているところに、同僚がやってきて「手伝ってあげる」と手伝いを申し出た。猫の手も借りたい状態のあなたは、喜んで同僚の申し出を受け入れる……だろうが、ちょっと待ってほしい。

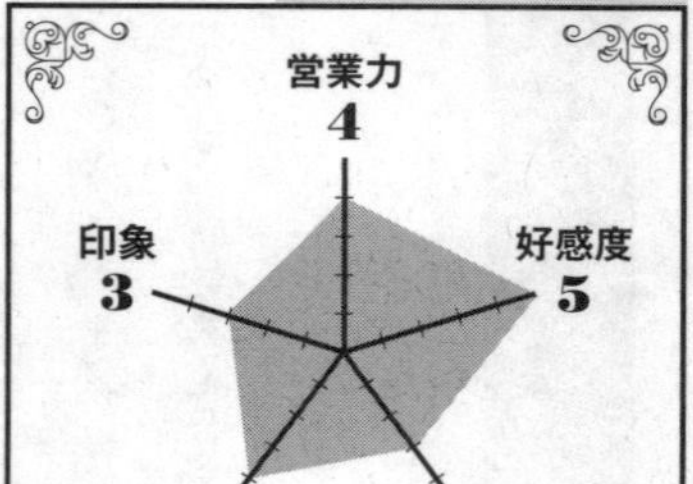

もし、これが「手伝うね」という言葉だったら、あなたが受けた印象は少し違ったのではないだろうか？

「手伝う」と「手伝ってあげる」という言葉のどこに違いがあるのかと言うと、「手伝ってあげる」という言葉には手伝いを申し出た側の隠された意図が透けて見えているのだ。「あげる」という言葉には、「力を貸す私に感謝してほしい」、さらには「あなたに協力するのだから、お礼をしてほしい」という気持ちが隠されているのだ。

「あげる」と言った本人は意識していないかもしれないが、その深層心理にはこういう見返りを求める下心が隠されている可能性が高い。あなたが職場などで「手伝ってあげる」「してあげる」と言われた際は、相手に下心があるかもしれないと考えたほうがいいだろう。

逆にあなたが誰かに手伝いを申し出るときには、「あげる」という言葉は使わないほうがいいだろう。仮に「手伝ったら、何かいいことあるかもしれない」という密かな願望があるのだとしたら、余計に「あげる」という言葉は使わず、「手伝うよ」「一緒にやりますよ」などと言うべきだ。そうすれば、結果的にお返しやごほうびをもらえるのかもしれない。

心理POINT

「あげる」という言葉には下心が隠されている

「ちょっとトイレに……」は「話を打ち切りたい」アピール

透視力キーワード　話題の転換

気になる異性の知人、もしくは知り合ったばかりの同性の友人と2人きりで食事に行く機会に恵まれた。いい気分になって、楽しく話し続けたものの、会話が途切れた瞬間に相手に「ちょっとトイレに」と席を立たれてしまい、その話題を続けることができなくなった……。

こうしたシチュエーションで席を立つ相手の行動は、意識的なものにせよ無意識的なものにせ

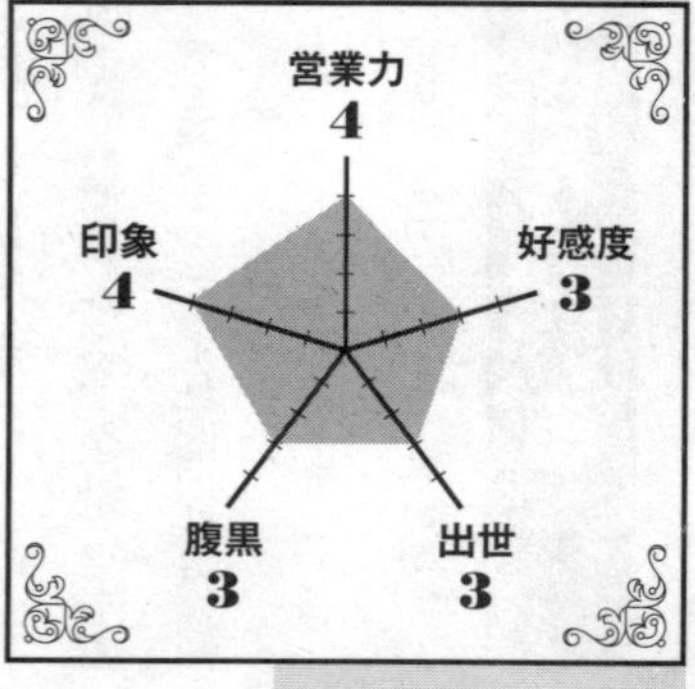

よ、「その話はつまらない」「そろそろ帰りたい」という心理を表したもので、相手の集中力が途切れてしまっているものと考えられる。

トイレで中座するという行為以外に、携帯電話をやたらとチェックする、紙ナプキンやハシ袋を無意味にもてあそぶなどの振る舞いも、同じ意味合いのサインと言えるだろう。

一緒に食事をしたり、お酒を飲んでいる相手がこうした行動を取った場合は、話題を切り替えたほうが望ましい。また、あなたばかりがしゃべっているようであれば、今度は聞き役に回って、相手に気持ちよくしゃべってもらうようにしよう。

プライベートでの気になる人との食事だけでなく、接待などといったビジネスでの会食のシチュエーションでも、相手のこうしたサインを見逃さないようにしないといけない。こちらの話したことを相手がどう受け止めているかということを見極められるようになれば、プライベートにおいてもビジネスにおいても活躍できるトークの達人になれるだろう。

心理POINT

相手の「その話はつまらない」のサインを見逃すな

ポケットに手を入れてしゃべる人は信頼できない

透視力キーワード　手のサイン

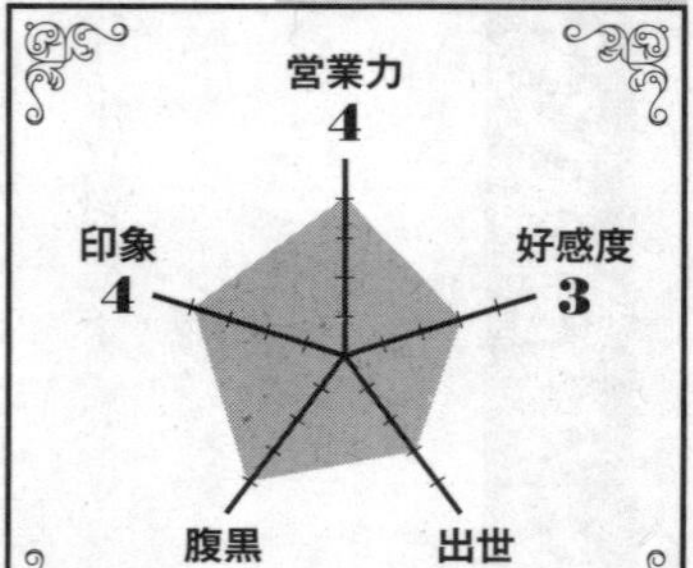

握手は今や世界中で行われているが、もともとは手に武器を隠し持っていないことを示して、敵意がないことや友好の気持ちを表すという意味がある行動だったと言われている。

このことから考えると、手を相手に見せないというのは、心の中の真意を隠している状態だとも言える。「手を組みながら話を聞いている人は……」などでも紹介したが、人の身振りや姿

勢には心理が表れることを解説したが、手の動きなどにも心の動きが反映されるのだ。

ポケットに手を入れたまま会話をする人は、無意識のうちに手を隠して見えないようにし、自分の心をあなたに読まれまいとしているのだ。

そういう人は、あなたのことを警戒して心を許していない状態にあると思ったほうがいいだろう。

会ったばかりでまだ関係が浅い人と話すときには、その人の手がどこにあるのか、まずはチェックしよう。手がポケットに入ったままなら、要注意の心持ちで相手と話そう。

手を隠してたら要注意

心理POINT

手を隠すことで心の内を読まれないようにしている

耳を触りながら話す人は あなたのことを疑っている

透視力キーワード　疑いのサイン

あなたが営業で自社の商品を売り込んでいるとき、先方の担当者はなぜかしきりに耳にかかっている髪をかきあげている。髪が伸びて気になるのかなと思いつつ、あなたは調子よく話を続けるが、結果的に営業はうまくいかなかった……。

このエピソードの中には、先方の担当者があなたの話を気に入っていないことを示すサイン

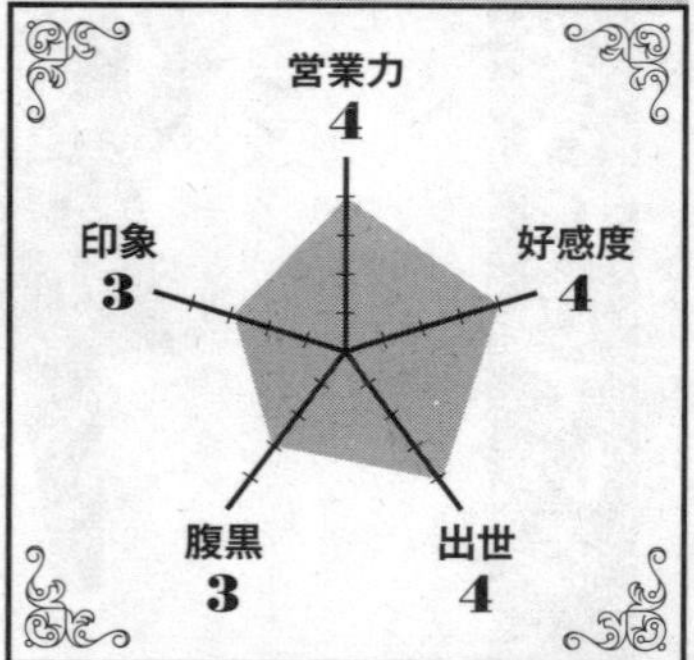

が隠されている。

耳の周辺を触るという仕草は、「話をちゃんと聞きたい」という意思の表れで、あなたが話している内容に疑いを抱いているから用心深く話を聞こうとしていたのだ。

交渉や営業などビジネスの重要な場面で、相手が耳の周辺をしきりに触り出したら、要注意だ。相手の反応を注意深く確かめて、臨機応変に交渉のスタイルを変えていく必要がある。

これはプライベートでも同様だ。たとえば、あなたが恋人に迷惑をかけてしまい、そのことを謝っている最中に、彼女がしきりに耳元のイヤリングを触っていたとしよう。そんなときに「イヤリングが気になるのかな」とぼんやり考えているようではいけない。彼女はまだ怒っていて、あなたの謝罪を受け入れてくれていない可能性が高いのだ。ちゃんと、今まで以上に誠意を見せて、彼女に心から謝る必要がある。

仕草には人の深層心理が表れるものだ。話している相手が耳を触ったときは、自分のしゃべっている言葉により一層気をつかうようにしよう。

心理POINT

「話を聞き逃さないぞ」という意思の表れ

口を閉じて笑う人は愛想笑いをしている

透視力キーワード　無意識の愛想笑い

笑顔を見るのは気持ちがいいものだ。話している相手が笑っていれば、コミュニケーションはうまくいっていて、こちらとの会話を楽しんでくれていると思うだろう。

ところが笑っている＝心から笑っている、わけではない、のがコミュニケーションの難しいところ。いわゆる愛想笑いをしているだけ、ということも大人の世界では大いにありうることなのだ。

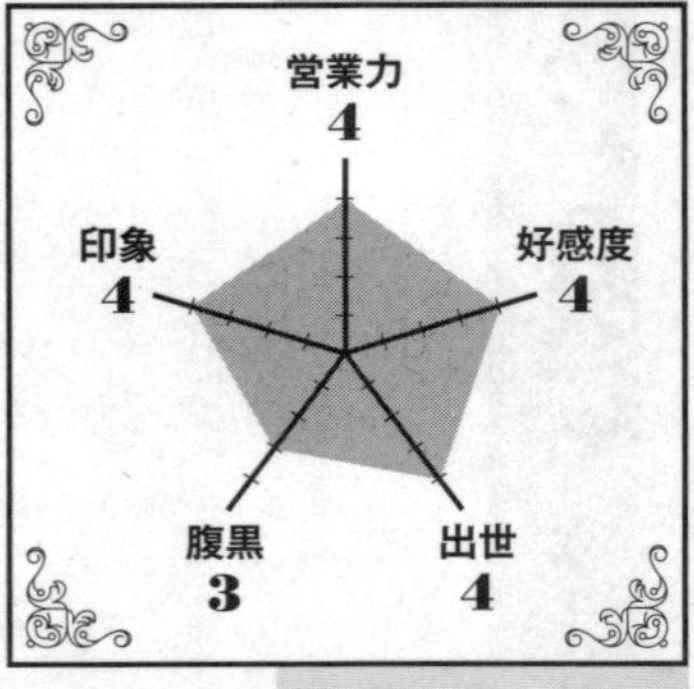

相手の浮かべている笑いが、愛想笑いなのか、それとも心からの笑いなのか。これを見分けるための一つのポイントが、口を開いているか、閉じているかという点だ。

何かを隠したいと思っている人には、無意識のうちに口を閉じる傾向があるという。ニコニコと笑っているのに口を閉じている場合、本心を隠した愛想笑いではないかと疑ったほうがいい。とりあえず、その場を取り繕っているだけで、あなたの話す内容にまったく共感を覚えず、ひょっとしたらあなたのことを嫌っているかもしれないのだ。

逆に口を開けて歯まで見せて笑う相手は、本心から笑っていると考えたほうがいい。さらにのどを見せて体をのけぞらせて笑っていたら、前項でも言及したが、体を大きく開いたポスチャー（姿勢）でリラックスしていると言える。体を縮こまらせない、ゆったりしたポスチャーで笑っている人は、心の底から笑っているのだ。

会話の相手が本心から笑っているかどうかは、口を開いているか閉じているか、そのときの体の姿勢などで見極めるようにしよう。

心理POINT

真意を隠そうとする人は口を閉じる

視線が合わないのは飽きている証拠

透視力キーワード 視線でわかる真意

話すときに相手の目を見ないのは失礼と躾けられた人も多いだろう。直接、目を見るのが苦手な人は相手の目に近い鼻のあたりを見るようにするとよい、といったアドバイスを就職活動の面接のときに受けたことがある人も多いだろう。

これだけ「目を見て話すべき」という常識が浸透しているのに、会話の途中で視線が合わなくなったとしたら、それは何を意味するのだろ

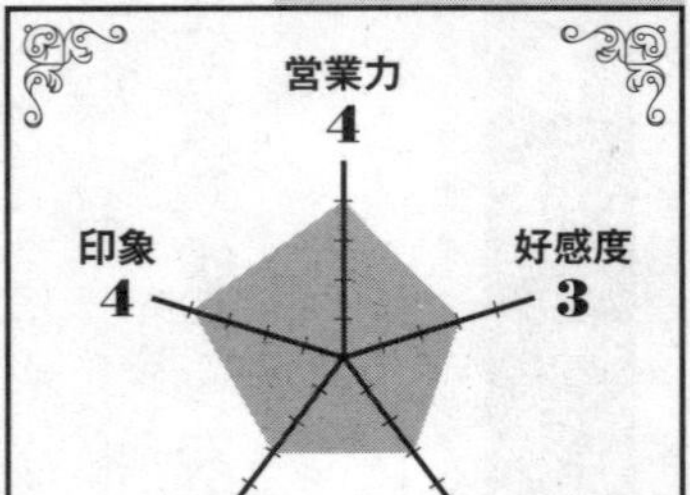

うか？

端的に言えば、話の途中から相手がこちらの目を見なくなったというのは、相手が話に飽きてきていることを示している。会話のテクニックとしては、話題を別のものに変える、もしくは同じ話題について話すとしても切り口を変えるなどの対応策が考えられる。

こちらの目をじっと見つめてくる場合は、相手はこちらのことをどう思っているのか？「じっと目を見つめてくれるのだから、こちらを好きなはず」と好意の証拠と考えるのは危険な早合点だ。あまりにもじっと目を見る、必要以上の凝視は、相手に対してプレッシャーを与えようとする姿勢の表れで、こちらに敵対心を持っている可能性すらあるのだ。逆に言えば、こちらからも相手の目を凝視しすぎるのは避けたほうがいい。

また、横目で見る、いわゆる流し目で見られたときも要注意だ。色っぽいと考えられる流し目だが、心理学では流し目を拒絶のサインととらえる説もある。「色っぽい目で見られた！」とうっかり喜ばないほうがいいだろう。

！心理POINT

流し目は拒絶のサイン!?

悩みを打ち明ける人は本音を探りたいと思っている

透視力キーワード　自己開示の返報性

悩みを打ち明けるのは親しい間柄だからこそで、友人知人があなたに相談してくるのは、あなたのことを信頼しているから、と考える人が多いだろう。もちろん、それは正論なのだが、悩みを打ち明けてくる人の中には、隠された真意を持っている人もいる。

深い悩みを打ち明けてきた人に「実は自分も昔こういうことがあった」などといった感じで、

自分のことを打ち明けた経験はないだろうか？　心理学で「自己開示の返報性」という考え方がある。ある情報を知らされた相手は、同じぐらいのレベルの情報を相手に教える、という法則のことだ。本名や職業も知らない飲み屋での顔見知りだけの知り合いには、あなたも自分の詳しい個人情報を話したいとは思わないだろう。しかし、その知り合いが自分の家族構成など家庭のことをしゃべり出したら、あなたも自分の家族のことをしゃべっていいと思うようになるのではないか。

こうした法則を逆手にとって、あなたの隠しておきたい部分を探ろうとする人もいるかもしれない。だから、突然、深刻な悩みを打ち明けてくるような人には気をつけたほうがいい。

たとえば、さして親しくない知り合いが突然、「借金が〇〇〇万円あって」「実は不倫していて」など と重い悩みを打ち明けてきた場合、あなたの深いプライバシーや隠しておきたい本音を聞き出そうとしているのかもしれない。

人間関係の親密度は徐々に上げていくものだ。いきなり悩みを打ち明けてくる人の相談には注意をして、こちらの情報は開示するかどうか慎重に考えたほうがいいだろう。

心理POINT
こちらのプライバシーを探ろうとしている!?

よくしゃべる人は隠し事をしている

透視力キーワード　不自然なおしゃべり

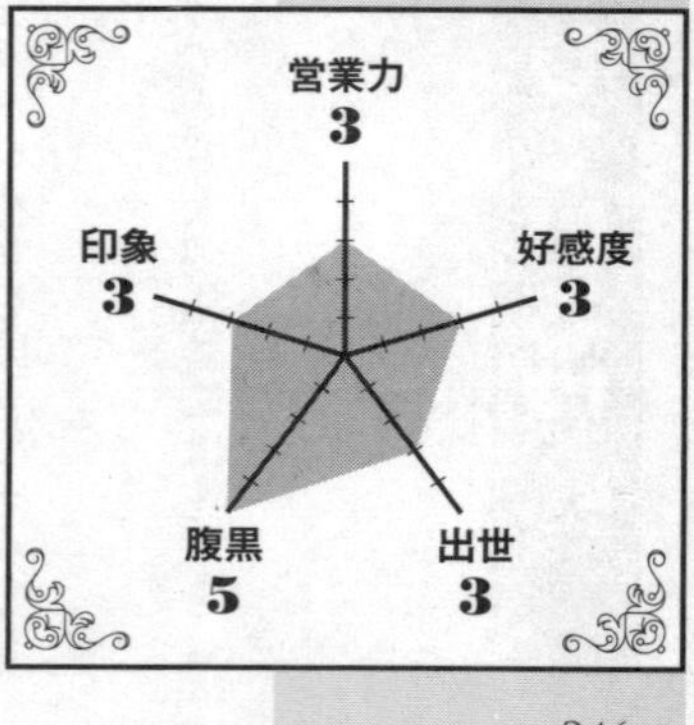

隠したい秘密がある人は、その秘密をどうやって隠すのだろうか？　じっと黙っていれば、秘密を隠し通せると思うかもしれないが、実は秘密を持った人間ほど、おしゃべりになってしまうものである。

秘密を抱いた人間はしゃべり続けることで会話のペースを握り、会話が触れられたくない話題に及ぶことを避けようと考えるのだ。普段は

口数が少ない人が、ある話題を振った途端に、なぜかおしゃべりになったときは、怪しんだほうがいいだろう。

こういう人の心の内を探る方法として、以下のようなものがある。

あるAという話題について話したところで不自然におしゃべりになる人がいた場合、その人が好む趣味の話題などを振って、その人の会話のペースをいつもどおりのものにする。そして、その趣味などの話題についてしばらく話して、その人の意識が話題Aから離れたところで、もう一度Aについての話を再び振ってみるのだ。そこで、やはり不自然に口数が増えたり、不自然に話題を変えようとするのなら、その人が秘密を持っている可能性がかなり高くなる。

その秘密が浮気など見逃せないものだった場合は、そこで見逃さず、厳しく追及すべきだ。あなたの恋人がなぜか不自然に早口になった場合には、ぜひ一度、ここで紹介した方法を試してみてほしい。

心理POINT

不自然な口数で秘密に話題が及ばないようにしている

頬を触りながら話す女性は自分が大好き

透視力キーワード　ナルシスティックな自意識

興奮して話していて体が熱くなったという経験をしたことはないだろうか？　そうなったとき、体をクールダウンさせるために、無意識のうちに火照った顔に手をあてる人がいる。会話しているときに、頬に手をあてる女性は、こういうタイプであることが多い。

彼女たちは話している内容よりも、むしろ気分よく話す自分に酔っている状態である。頬に

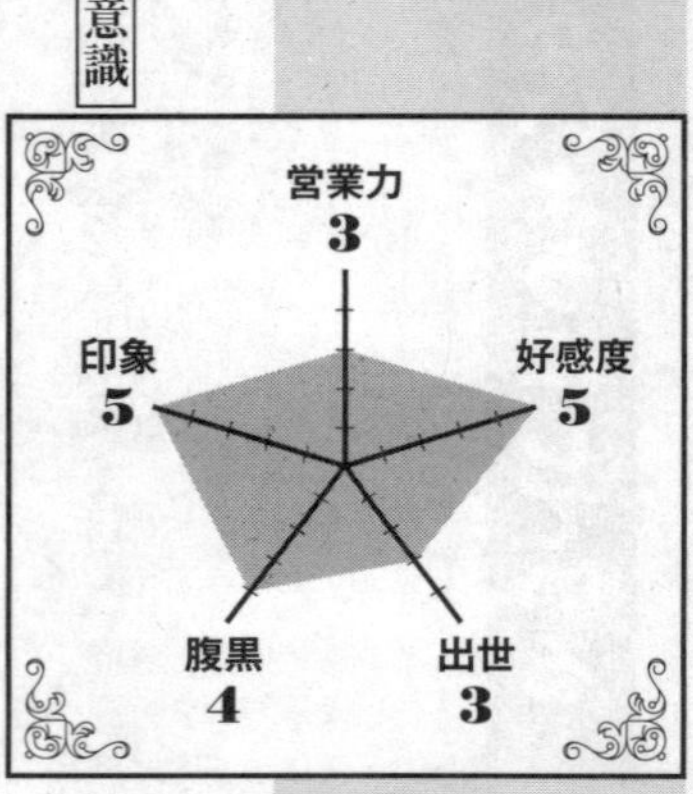

両手をあてて、自分を落ち着かせようとしているのだ。

男性からしたら、女性らしい可愛らしいポーズだが、実はそういうナルシスティックな心の動きが隠されていたのだ。ナルシストな人たちなので、話している相手に対しては、自分を肯定してほしいという感情も抱いている。

あなたが好意を持っている女性が、あなたと会話中に頬を両手ではさんだら、会話の内容に注意深く耳を傾けよう。その中で彼女がたとえば「最近、料理を作るのにハマっている」と語っていたら、それは料理が得意な自分をアピールしている面もあるので、すかさずそこを褒める。「●●●という本でこんな話を読んだ」と語っていたら、「君は僕が知らないことを知っていてすごい」と褒める。肯定してほしいという感情を無意識に持ちながら話しているから褒めやすいポイントが続出するので、褒めるのはそれほど難しくないはずだ。

こうした感じで、細かく褒めて肯定していけば、彼女のあなたに対する好感度もぐっとアップすることだろう。

！ 心理POINT

熱くなった気持ちをクールダウンさせようとしている

オヤジギャグを言う人はアピール魔

透視力キーワード　承認欲求

「ダジャレを言うのは誰じゃ」「家だ、イエ～イ！」「トイレに行っといれ」などなどといったオヤジギャグ。寒いギャグの代表格であり、笑いではなく苦笑いしか生まないが、それでもオヤジギャグを連発する人があなたの周りにもいるのではないだろうか？

実は彼らがオヤジギャグを好んで言うのには、心理学的に分析できる理由がある。誰しも他者

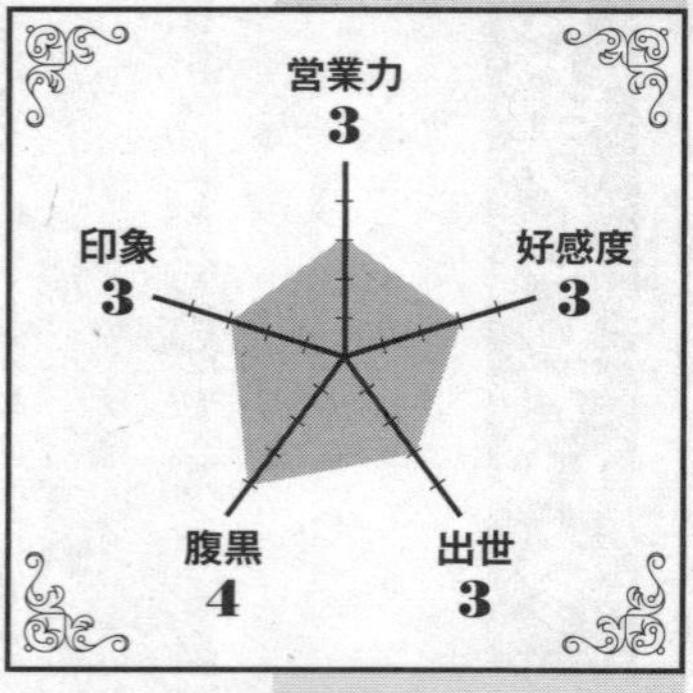

からの承認を求める願望を持っている。オヤジギャグ好きにとって、その承認欲求を手軽に満たす手段がオヤジギャグなのだ。才能や努力で注目を集めることはできないけれど、とりあえず人から注目してほしいと考えて選んだのが、才能も努力がなくても連発できるオヤジギャグなのだ。

オヤジギャグで返ってくるのは苦笑や冷たい視線かもしれないが、存在を認められたこと自体は、間違いない事実。オヤジギャグを連発する人は、「自分の存在を周囲にアピールしたい」という少々悲しい性を持っているのだ。

オヤジギャグの心理

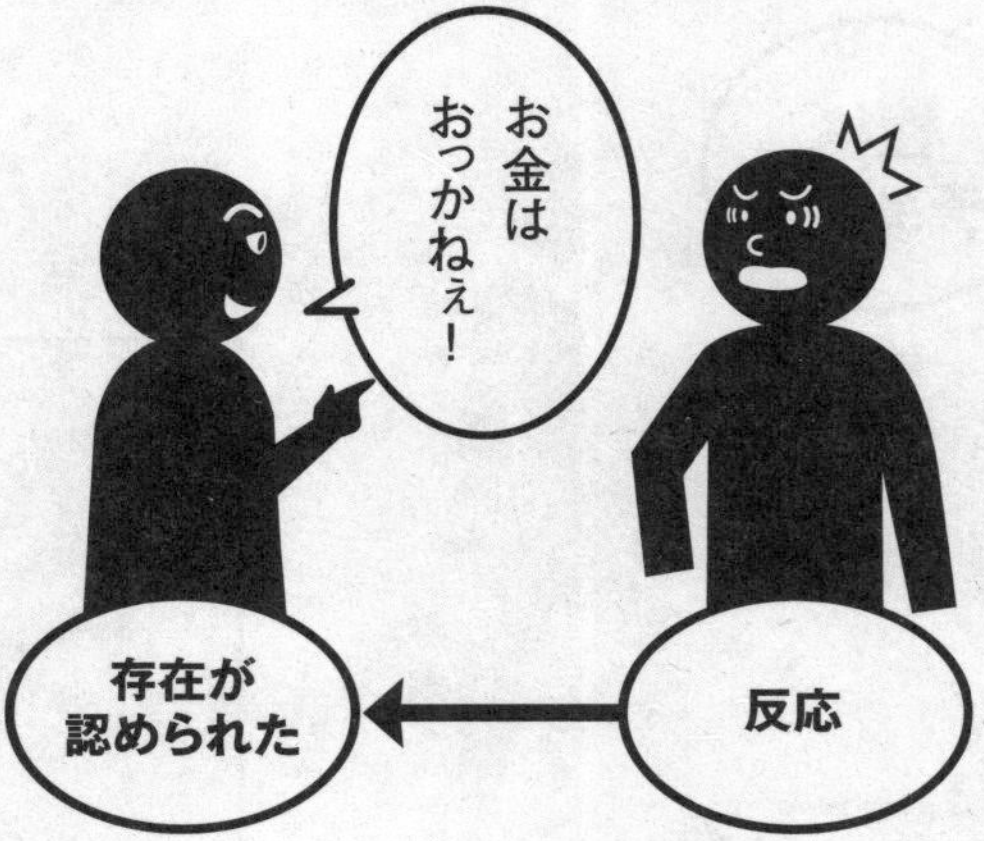

心理POINT

賞賛や羨望でなくても存在を認めてほしい

母音でわかる5つの性格

透視力キーワード　語感心理

言葉にはそれぞれ語感、つまり言葉の響きがあり、明るい語感、暗い語感、やわらかい語感、硬い語感などさまざまな語感の言葉がある。実はどういう語感の言葉を使うかという好みとその人の性格には因果関係があるのだという。それは本当だろうか?

杉武彦氏のアンケート調査によると、「あ」「か」「さ」「た」「な」などの「あ段」の母音から始ま

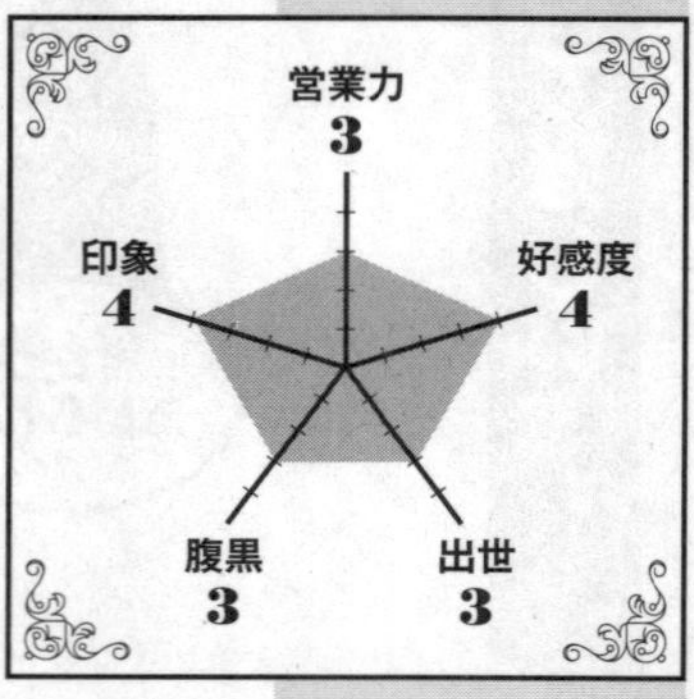

る言葉を好んでよく使う人は、積極的で社交的、ただし注意力が散漫なところもある性格の人が多かったという。続いて「い」「き」「し」など「い段」の母音から始まる言葉を使う人だが、鋭い感覚を持ち、周囲から厳しい人間にも見られるが、優しさも兼ね備えた指導者タイプの人が多い。

「う」「く」「す」など「う段」の母音から始まる言葉を好む人には、内向的な傾向があるという。自分を強く主張しないため、その協調性で集団にうまくとけ込めるものの、同時に決断力はなく、そこが欠点とも言える。

「え」「け」「せ」など「え段」の母音から始まる言葉を好む人は直感タイプに分類される。理屈ではなく感覚で物事を判断するため、変わり者と見られることも。

最後に「お」「こ」「そ」など「お段」の母音から始まる言葉を好む人だが、おおらかで明るい社交性を持っているそうだ。ユーモアのセンスもあり周囲から好かれるが、細かいことを気にしないせいで不注意によるミスを犯してしまうこともあるという。

いかがだろうか？　自分や周囲の人に当てはまるか、チェックしてみるのもおもしろいのでは？

心理POINT

どの言葉の響きを好むかで性格がわかる

奇妙な言動をする部下は劣等感を抱えている

透視力キーワード
補償

あなたの職場にエキセントリックでおかしな行動を取る人物がいたとする。空気を読まず、暗黙の了解となっているルールも守らない。その人物はあなたの部下なので、あなたはその人を適切に指導しないといけないが、あまりにも行動が変でどうすればいいのかわからない……。

　こうした状況において、その人物を理解するのに役立つキーワードが「補償」というものだ。

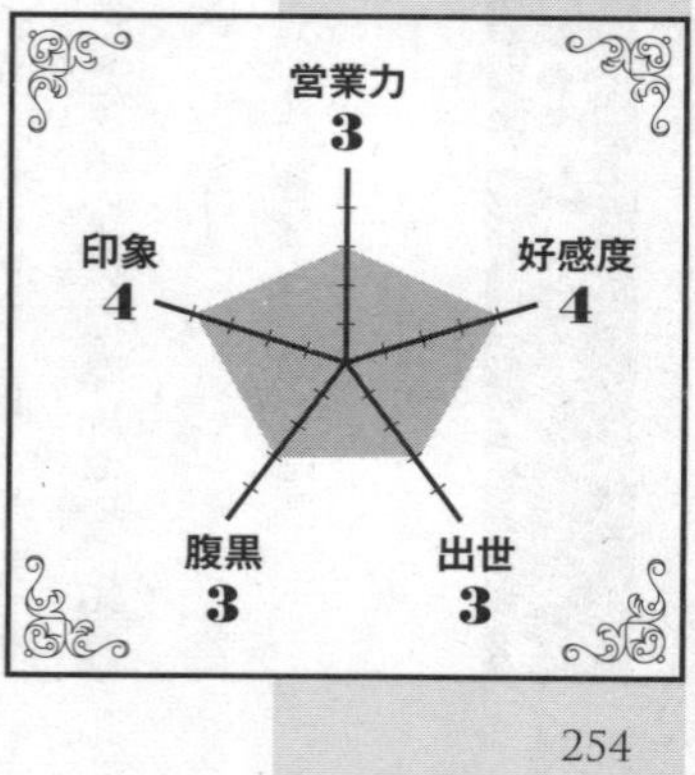

ここで言う「補償」とは、フロイトやユングと並ぶ精神分析の大家であるアルフレッド・アドラーが唱えたもので、ある分野で劣等感を覚えたときに、人は別の分野で成功することで劣等感を補っていくという概念である。簡単に言えば、「自分は勉強はできないけれど、スポーツならできる」という風に考えて、スポーツで努力して、コンプレックスを克服するわけである。

しかし、この補償のための努力が過剰になると、「過補償」と言ってさまざまな精神的な問題が生じるともアドラーは考えた。

職場の奇妙な行動を取る部下にあてはめると、その部下は周囲に隠しておきたい劣等感を持っていて、その劣等感を克服するための努力が結果的に奇妙な行動に結びついているのではないだろうか。

問題行動ばかり起こす人物というと、周囲の空気を読まない無神経な人物というイメージを持つかもしれないが、実はそういう人こそ非常にデリケートな心を抱えていて、そのコンプレックスから周囲と協調できずにいるのだ。弱い繊細な心と直情的な心の持ち主と理解した上で、普通に接して、周囲を不快にさせるような言動はやんわりとたしなめるようにするべきだろう。

心理POINT

奇妙な言動はコンプレックスの裏返し

問題 33

朝、玄関を開けて出かけようとした瞬間、あなたは家族から「ちょっと待って!」と呼び止められました。その理由はいったい何だったでしょう?

Question

A
家に
イタズラ電話が
かかってきた

B
洋服に**タグが**
つきっぱなし
だった

C
パンツが見えて
しまっていた

D
靴が
汚れていた

Answer

誰にでも触れられたくない点はあるもの
「バカにされたくないこと」を診断

B
**お金は正義!
絶対に貧乏と思われたくない**

洋服が象徴するのは経済状況。Bを選んだあなたは、人におごられることが大嫌いで、見栄を張り、いつも余裕のある生活を送っていると思われたいだけ。給料日前だとしても、他人に「お金がないんじゃ……?」とだけは思われたくないあまり、無理しているはず。

A
**劣等感の裏返し?
軽んじられるのが大嫌い**

姿の見えない誰かによる辱めを想像したあなたは、社会的地位が低いことを嫌い、人に尊敬されたいという思いが人一倍強いはず。現在はそれなりの地位にいたとしても、かつては「成績が悪い」「いじめられた」などのコンプレックスがあったのでは?

D
**技術不足、テクなし
なんて言われたら立ち直れない**

靴は性的テクニックを象徴するもの。これが汚れていると感じた人は、どこかテクニック不足を気にしている部分があるはず。かつてセックスをしたことのある相手から、そのような態度をとられたり、そのようなことを言われたりして、落ち込んだ経験もあるだろう。

C
**とにかく精力旺盛!
いきり立つ心と体が止まらない**

性的衝動を抑えることに必死で、ときには友達との会話も上の空になってしまうことも。あなたが本能のままに行動してしまうと、人の道からそれてしまう恐れが大だ。自分の性的欲求を抑える努力ができなければ、同じタイプの恋人を探さないと性欲は止められない。

問題 34

Question

20秒ほどじっくり考えてお答えください。おとぎ話の『浦島太郎』に登場する次の4つのキャラクターのうち、あなたは誰に最も共感しますか？

A いじめから助けてもらった**カメ**

B **カメを助けたいと思った浦島太郎**

C 浦島太郎をもてなそうとした**姫**

D 玉手箱を開けて**年老いた浦島太郎**

Answer

ダメになりそうなときは、友達を見下せ!?

「黒い優越感」を診断

B 無能な人間ははっきり言って生きる価値なし!

カメを助けたいと思ったあなたは、友達に能力がないことを確認しては優越感を得たいと思うタイプ。自分は友達よりも優れていると認識し、そこからくる余裕を優しさに変えている。その優しさは、ずばり「アンタ、バカね」という、見下しの気持ちの裏返し!

A 趣味は人間観察で特技は他人のアラ探し!

いじめられていたカメを選んだあなたは、自分より権力があると思われる相手を毛嫌いしている。そんな相手のアラを探して、「アイツはダメな奴だ」と安心することで、自分を慰める傾向がある。偉人を偉人と思いたくない捻くれた人間がAを選ぶのだ。

D 人間見た目が9割!? 人の外見をコキ下ろすタイプ

特別な才能はないものの、唯一外見だけには自信を持っているあなた。年老いた浦島太郎に着目したことからもわかるように、友達が成功しても「でも老けてるじゃん」「でも太ってるじゃん」というように外見で判断してコキ下ろし、自分を安心させているに違いない。

C 他人の不幸は蜜の味 友達への同情心が活力

ゆくゆくは浦島太郎がおじいさんになってしまうかもしれないと、彼が海底にいる時点で姫は知っていた。だからこそ、楽しい宴でもてなそうとしたのだ。あなたは自分より不幸な人を見て、自分はまだまだ幸せだと感じられるタイプ。同情心を活力に生きていくのだ。

問題
35

Question

電車で痴漢の容疑をかけられたあなたは、駅の事務室へ連れて行かれてしまいました。容疑をいくら否認しても信じてもらえません。さて、どうする？

A
あきらめずに
容疑を否認

B
駅員さんに
キレる

C
泣きわめく

D
罪をかぶる

Answer

何かに染まりそうになった瞬間の様子が第一印象に投影
「友達に抱かれる第一印象」を診断

B

**緊張するとテンパっちゃう
極度のあがり症**

自分の感情をセーブできないあなたは、非日常的な場面で心を冷静に保つのが大の苦手。挨拶や自己紹介をするときはどうしても緊張してしまい、普段の自分を出し切れない。そのため、第一印象は正直あまりよくない。むしろあとから挽回していくタイプ。

A

**“人見知り”って何ですか
初対面から好感度バツグン**

あきらめずに容疑を否認するのは、当然の権利であり当然の行動だが、非日常的な場面でそれをしっかりとやり切るのは簡単なことではない。Aを選んだあなたは、挨拶や自己紹介なども臆せずできるタイプ。好感度の高い第一印象を抱かれることが多いだろう。

D

**感情を理性でセーブする
キング・オブ・ニュートラル**

内心どんなに緊張していても、それを人に見せたくないあなた。出会いの場面で、自己を押し殺して冷静に振る舞うあなたの第一印象は「中庸」。とはいえ、その第一印象をキープしようとひとり悪戦苦闘したあげく、人間関係を途中放棄してしまう可能性も。

C

**存在感がイマイチ薄い!?
見た目気弱な典型的内弁慶**

Bと同じく、自分の感情をセーブするのが苦手なあなた。初めて会う人がいる場面ではどうしても心細くなり、それが行動にもにじみ出てしまいがち。人見知りが激しく、環境に慣れるまでにも時間がかかるため、人と深い付き合いをするまでには時間がかかる。

問題 36

Question

友達が腕時計をどこかになくして困っていたため、新しいのを買うまであなたのあまっている腕時計を貸すことになりました。そのときの本音は？

A 「友よ、恩に着ろ！」

B 「ちょっとうざいな」

C 「困ったときはお互いさま」

D 「早く腕時計が見つかるといいな」

Answer

深層心理が友達関係に物申す!

「お互いの上から目線度」を診断

B ブラックさが微妙なさじ加減? 友達同士で軽く見下し合い

Aほどではないが、あなたも友達も、お互いを少し見下している。全面的に上から目線というわけではないぶんタチが悪く、じりじりとお互いに不満を高めていったあげく、友達関係に暗雲が立ちこめる可能性が大。まずは礼儀をわきまえることが、関係持続のカギだ。

A 傲岸不遜な上から目線で 互いを見下す“冷えた友情”

あなたは友達を見下しているようだが、友達もまたあなたのことを見下している。冷えてはいるがある意味、両方向で通じ合っているイーブンな関係と言える。あなたが困った状況に陥ったときには友達も「仕方ないから助けてやろう」と上から目線で思うことだろう。

D 菩薩の如き博愛精神だが…… 騙される危険を回避せよ

相手に非がある場合でも、相手を責める気持ちを持たないあなた。多くの人はいい人だと思ってくれるが、あなたを利用してやろうという黒い感情を高まらせている人もいるかも。たまには友達の行動を振り返り、自分の中のものさしで測ることも大事。

C 愛は惜しみなく与えるもの 友達はすでに下から目線!?

気持ちよく友達を助けるあなた。いつも少しずつ優しさを友達にプレゼントしているので、友達はあなたに対してむしろ下から目線を抱いており、いつか恩返しをしたいな……という気持ちを募らせていることだろう。重すぎる愛はときに無言のプレッシャーである。

問題
37

Question

直感でお答えください。そろそろ飽きたパソコンの壁紙を、別のものに替えようと思ったあなた。次の図柄の中から選ぶとしたら、あなたはどれにしますか？

A 海外の**大自然の風景**

B **ぽっちゃり**としたモデル

C 毛むくじゃらの**動物の集合体**

D スリムで**スタイリッシュ**なモデル

Answer

目につく場所に置きたい光景が示す心の空洞
「孤独度」を診断

押し寄せる不安は環境の変化に対する恐れ

社会人デビューした、部署が変わった、転勤になった……など、新しい環境に身を置き始めたばかりの人が選ぶのがB。人間の丸みを見て、寂しい心を解消しようとしているのだ。そんなとき、孤独感を放っておくのはNG。仲のよい誰かを誘って元気を取り戻せ。

B

いつもどこかで誰かの存在を感じたい

本当の友達、あるいは心を許せる相手が、いつでもどこかでスタンバイしてくれていると感じているのがあなた。そんな心の後ろ盾が、ひとりでいるときのあなたから寂しさを連れ去ってくれているはず。そのため、Aを選んだ人は孤独とは無縁の存在と言えるだろう。

A

超クール！孤独を愛する孤高の人

人になかなか心を許さないあなたは、孤独こそクールでカッコイイと思っており、泥くさい付き合いはノーセンキュー。部活や仕事でも、人付き合いから得られる感動などを欲することなく、結果だけを追い求める。ゆえに、周囲からは一目置かれているかもしれない。

D

誰でもいいから繋がっていたい寂しがり屋

毛むくじゃらの動物は自分を守りたい気持ちの表れ。あなたは自己愛が強く、また、愛されたい欲も強いので、常に人恋しいと感じてしまいがち。眠るよりも誰かと会いたい、インターネットでもいいから交流していたい。そんなあなたこそ、孤独な心の持ち主だ。

C

問題 38

Question

直感でお答えください。あなたは美しい白雪姫です。悪い王妃のいる王宮から逃げる途中、森に迷い込んでしまいました。その森の様子は?

A 意外とキレイ

B 意外とジメジメしている

C 想像と全然違う

D 想像とだいたい同じ

Answer

森はあなたの無意識の状態の象徴
「二重人格度」を診断

B

**カラ元気では
陰気な性格は吹き飛ばせない**

あなたはサバサバした言動を心がけているつもりでも、友達からはまったくそうは受け取られていない。これは、あなたが言動とは異なることを心中では思っていることが、友達にはバレているせい。「ジメジメしたヤツ」という烙印が、とっくに押され済みなのだ。

A

**強い自責の念は
高潔な精神の裏返し**

自分は悪い奴……と自責の念にかられがちなあなた。しかし友達からは、あなたはキレイな心の持ち主だと思われているもよう。これはすなわち、キレイな心を持つあなたが自分のことを悪い奴だと感じる以上に、周囲の人の心はドス黒く汚れているということだ。

D

**二重人格度 0%!
どこから見ても表しかない**

あなたの二重人格度は極めて低い。いわば「嘘？　何それおいしいの?」というタイプで、思ったことを思った通りに行動に移すため、友達からの信頼は厚い。また、その言葉に嘘がないことも友達は深く理解してくれており、自分にも友達にもストレスを作らない。

C

**ちょっとヤバいかも!?
自分では気づかずに二重人格**

あなたは完全なる二重人格者。しかも、自分自身ではそれに気づいておらず、無意識のうちに、人や場面によって本音と建前を完全に使い分けていたり、自分を守るための嘘をたくさんついていたりする。あなたのことを苦手だと思っている友達は少なくないはず。

問題
39

Question

誕生日に、人間の言葉を覚える近未来型の世話焼きロボットをプレゼントされたあなた。このロボットに、あなたが最初に覚えさせたい言葉は何ですか？

A
「おはよう」

B
「僕、○くん」
（ロボットの名前を名乗らせる）

C
「ねえ、○○さん」
（あなたの名前を覚えさせる）

D
「おかえりなさい」

ニコニコしていても、心はクタクタ

「引きこもり気質」を診断

B

周囲に壁を作って自分をガード
引きこもり気質 100%

機械にまずは自分の名前を名乗らせることを選んだあなた。一見論理的にも思える行動だが、これはあなたが対応しない限り、一方通行のコミュニケーションにすぎない。日々のストレスで心が疲れ切ってしまっているかもしれないから、癒してくれる相手を探そう。

A

まずは話し合おう!
引きこもり気質ゼロ%

機械であっても、一つの人格として尊重して、きちんとしたコミュニケーションを期待するあなたは、きわめて健全な心の持ち主。他人ともアクティブにコミュニケーションしていきたいと思っているはず。いわゆる「リア充爆発しろ」と言われがちなタイプだ。

D

「浅く広く」より「深く狭く」
引きこもり気質 30%

「待っていたよ」ともとれる「おかえりなさい」を期待するあなたは、誰かれ構わずではなく、自分を思いやってくれる相手とのみ交流したいと感じている人。ただし、潜在的には人のぬくもりを常に求めているため、周囲との関係を切ることはないだろう。

C

できればずっとインドアで
引きこもり気質 60%

自分の名前を呼ばせるあなたは、ちょっぴり内弁慶で、身内とのコミュニケーションだけは積極的にしたがるタイプ。人見知りの傾向もあり、交際範囲もあまり広くはない。でもイイ大人なんだから、親しい人以外にも交流の場を広げることを心がけたほうがいい。

問題
40

Question

友達があなたの家に遊びに来ることになりました。その際、みんなに同じ色のマグカップで飲み物を出すとしたら、あなたは何色で揃えますか?

A 爽やかな**グリーン**

B ピンクなどの**パステルカラー**

C 白や黒などの**モノトーン**

D 青や紺などの**寒色系**

Answer

選んだ色であなたの人間関係観が見える
「人間嫌い度」を診断

B 性善説を信じる平和主義者 人間嫌い度0%

柔らかな色を好むあなたは、人間嫌い度0％。誰とでも仲良くできる、あるいは誰とでも仲良くしたいと思っている人間好きな人。人への愛情が深く、人と話すことを大事に思っている。ただ、人当たりがよすぎるあまり、ときとして胡散臭く思われてしまいがち。

A 都会の喧噪から逃れたい 人間嫌い度 50%

今やエコの象徴ともなった色・グリーン。一見、人間愛に包まれているかのようなイメージだが、実のところ、人間よりも自然を好む人が選びがちな色。さらに「自然を好むクリーンなイメージを持たれたい！」という計算高い面も見え隠れする。

D 人間関係は「こなす」だけ 人間嫌い度 80%

冷たい色のマグカップを選んだあなたは、ニコニコしていながらも、実は仲間との時間を楽しんでいないタイプ。本当は1人でいるのが大好きなのでは？ 「友達なんていなくても、1人で楽しくやっていける」というのが、あなたの本音ではないだろうか。

C 地球から人間だけが滅べばいい 人間嫌い度 120%

この色を選んだあなたは、できれば人とかかわらずに生きていきたいという願望を持っている人。自分は自分、という考えの持ち主で、人付き合いの輪から可能な限り離れて生きているあなたにとって、他人からどう見られるかはさほど問題ではないだろう。

問題 41

Question

ICカードで改札を通ろうとしたら、前の人がキセルをしたのか、突然ブザーの音が。しかし、その人はそのまま行ってしまいました。さて、あなたは？

A
自分は悪くないので、すぐに**立ち去る**

B
うろたえて、少しの間**立ち往生する**

C
前の人が逃げたことを**周りに説明する**

D
駅員を呼んで、**事情を話す**

Answer

追い込まれたときに出てくる、あなたの真の姿

「無責任度」を診断

B 誰かの助けを待つお姫様気質
無責任度 70%

困ったときには思考を停止してしまうあなた。だが、それでは何も解決しない。非常事態に直面して、ただひたすらうろたえるだけでは大人失格。「誰かが解決してくれる」と受け身でいるのではなく、自分で事態を打開する力を少しずつ身に付けていこう。

A トラブルには関わらない
無責任度 100%

「逃げるが勝ち」の身勝手さを持つあなたの無責任度は、100%。面倒なことにはとにかく距離を置くという、ある種割り切ったスタンスは、周りには身勝手な人と映っているかも。他人の問題であっても、大人なら解決策を探る姿勢を見せよう。フリでもいいから。

D 周囲が一目置くリーダー気質
無責任度 20%

「よくある話」「駅員が解決してくれる」とやけに冷静に駅員を呼ぶ、大人なあなた。これは逃げたり騒いだりしないほうが周囲からも疑れないということをよく承知した上での行動であり、責任感の強さと同時に、ある種の計算高さもうかがえる。

C 悪者になりたくない秀才タイプ
無責任度 40%

いくら怒られたくないからといって、自分に非がないことを周囲に大騒ぎしてアピールするのは、常識的な大人にはあるまじき行為だ。自分の身を守るだけの行動に出るのは、無責任かつ自己中心的。常に先を読み、冷静な判断ができるよう、精進すべし。

問題 42

Question

仲良くしている7人グループで、記念写真を撮ることにしました。前に3人、後ろに4人という配置だとしたら、あなた自身をどこにポジショニングしますか？

A
一番前のセンターに映っている

B
前の右または左で映っている

C
後ろでワルなポーズをとっている

D
後ろで地味に映っている

Answer

写真に映る場所は、あなたの心に潜む自己愛
「ナルシスト度」を診断

黙ってもにじみ出る主役オーラ 大いなるナルシスト人間

A

一番前のセンターに映っているあなたは、自分が容姿端麗な花形であると思っている傾向があり、事実はどうであれかなりのナルシスト。実社会でも無意識にスター気取りの行動を見せている可能性も。自分の言動を一度ゆっくりと振り返ってみたほうがいい。

気分は名参謀!? ナルシスト症候群

B

前の右または左で映っているあなたは、中心人物の右腕的存在でいることを熱望しており、中心人物を支えられるだけの器量が自分に備わっていると無意識に思っている隠れナルシスト。仕事も運動もわりとできる自分に陶酔……なんてことはないだろうか?

「変わってる」と言われたい ナルシスト予備軍

C

ワルっぽく個性派を気取っているあなたは、ナルシスト予備軍。理想とするアイドルもどこか個性派で、「人と違う」ことに自分の存在意義を感じている。しかし、周囲から見ればあなたはタダの凡人。個性は自然と生まれてくるものであることを忘れずに。

どこまでも現実を見つめる 究極のリアリスト

D

後ろで地味に映るあなたは、特に役割を買って前に出るでも、主張するでもなく、あくまで実社会での繫がりを大事にする人。一見するとアウトサイダーっぽくノリに欠けて見えるが、仲間からの信頼は厚く、ここぞというときに頼りにされるタイプだ。

問題

43

Question

恋人の家に遊びに行ったら、テレビやパソコンのコード、延長コードなどがぐちゃぐちゃに絡まっているのを見てしまいました。さて、あなたならどうする?

A 見なかったことにする

B 地道に全部ほどく

C ちょっとほどいてあきらめる

D 新しいものに総入れ替え

Answer

絡まったケーブルは感情や人間関係のもつれ
「薄情度」を診断

B トラブル解決はお任せ！ 情に厚く根気強い世話焼き

トラブルの一つ一つに向き合って解決しようとするのだが、大きな器を持っていないと、逆にトラブルを増やしてしまう可能性も。また、もつれをほどいているつもりが、逆に自分がもつれの最大の原因になっているということも多々あるようだ。

A 面倒なことは先送り 臭いものには蓋タイプ

争いを嫌う、穏やかな平和主義者。だが、それで日々をやり過ごすことはできても、根本的な問題はいつまでも解決されず、同じ問題が再燃することも。そんなあなたの薄情度は75%。「誰かが解決してくれる」という考えでは、やがてうまくいかなくなるだろう。

D パンがなければお菓子を食べます 修復するより新しい関係を構築

もつれた関係を修復せずに即カットしようとするあなたの薄情度は100%。絡まったものは新しいものに替えればいいというのは一見合理的な考え方だが、人間関係ではなかなか通じない。友達すらバッサリ斬っていくあなたの将来には、孤独な老後が待っている!?

C 人生あきらめが肝心 粘りの足りない淡泊者

このままではマズイとしっかりわかっていて、問題を解決しようとはするのだが、あまりにもつれがひどいため、最終的にはあきらめてしまう……というタイプ。しかし、これを繰り返していては、生涯大切にできる人間関係を育む機会には、なかなか恵まれない。

問題 44

Question

あなたの家にやってきた友達が、いろんな本の並ぶあなたの本棚を見て、どれか1冊だけ貸してほしいと言ってきました。あなたなら、どれを貸しますか？

A お気に入りの本

B 未読の新刊本

C 週刊誌

D 辞書

Answer

本＝あなたの秘密や真実を象徴
「嘘つき人間度」を診断

B 水を飲むように 嘘を操る嘘マスター !?

本に新しさを求めるあなたは、知的好奇心が旺盛で、場の空気を読む能力に長けている。嘘をうまくついて世の中を渡っていける人。相手と場所を選んで嘘を繰り出す姿は、嘘マスターのよう!?　このタイプが周りにいたら、仕事はとてもやりにくいだろう。

A 最終的には相手が根負け？ とっても一途な嘘つき

気に入った本を何度も読むタイプのあなたは、基本的には正直で、嘘をつくことも少ないタイプ。また、嘘をつくことがかなり下手で周囲に嘘がバレバレにもかかわらず、一途につき通そうとする。「初志貫徹で一途な嘘つき」、相反するようだが、それがあなただ。

D 嘘を許せない 正義感にあふれた正直者

本に情報を求めるあなたは、人から受けたり与えたりする情報に嘘があってはいけないと考えるタイプ。嘘をついたほうがうまくいく場面でも決してポリシーを曲げないため、ときには残酷な真実を口にし、周囲に煙たがられることも。「嘘も方便」だと知ろう。

C その場限りの口からでまかせで その場をしのげればOK

本に衝撃的な内容やスキャンダルを求めるあなたは、その場限りの嘘をつくタイプ。しかし、嘘を考えるのも苦手なので、ほころびや矛盾だらけ。周りは「また始まった」と生温かい目で見ているはず。Bのような本格的な嘘とはもっとも縁遠いタイプ。

問題 45

Question

友人たちと待ち合わせ中のあなた。しかし、1人だけ遅刻しており、遅れるという連絡がありました。さて、あなたは揃っている友達に何と声をかけますか？

A
「もう少しだけ待ってみよう」

B
「念を押したんだけどね」

C
「しかたがないよ、そういう人だもの」

D
「わたしが時間を間違って伝えたかな」

Answer

みんながうんざりしているあなたのダメなところって?
「ダメ人間度」を診断

B
話は常に一方通行
人の意見を聞かないコミュ障

あなたにとっては立派な約束でも、相手にとっては一方的な押しつけだったりすることも。「押しつけ人間」のあなたは、意見を合わせるプロセスを軽視しがち。周りに耳を貸す謙虚さを持って行動すれば、あなたは仕切り上手な人という評価を得られるはず。

A
×優しさ　○優柔不断
グズグズ態度に相手もイラッ

決断を先延ばしにするあなたの態度に、「煮え切らない人、決断力のない人」というレッテルを貼っている人は多いようだ。優しさは度が過ぎると優柔不断とみなされ、周囲からあきれられてしまう。状況をサッと把握して、最善の行動をするクセをつけよう。

D
弱者になることで面倒を回避
卑屈な事なかれ主義者

実際には、約束を守らない相手が一番悪いとわかっていながら、自分が悪いということにしてしまい、事なきを得ようとするあなた。だが、自分を卑下しすぎている姿は、周りが見ても気持ちのよいものではない。1日1回は人をイラッとさせている可能性がある。

C
世界は自分を中心に回ってる
と信じてるオレ様人間

何でも人のせいにし、予定通りに来てくれた友達への気遣いもせず、遅刻した人を一方的に責めるあなた。相手の都合や気持ちに対する気遣いのなさに、周りも辟易しているはず。物事全体を見渡す広い視野を持たないと、どんどんあなたを嫌う人が増えてしまうだろう。

問題 46

Question

バイキング形式のランチを食べているとき、あなたのお目当ての料理がいち早くなくなってしまい、それを食べ損ねてしまいました。さて、どうしますか?

A 違う料理を食べて**我慢する**

B その料理をゲットした人に**分けてもらう**

C その料理が**追加されるのを待つ**

D お店の人に料理を**リクエストする**

Answer

料理はあなたの隠された欲望の表れ
「裏切り者度」を診断

欲望はとどまることを知らない 裏切り者度100%

B

他人のものになっても欲望をあきらめないあなたは、欲しいものは手段を選ばず手に入れるタイプ。そのために仲間を裏切ったり、黒い心を働かせたりすることを簡単にしてしまう。このタイプを周りに発見したら、敵に回さないように気をつけたほうがいい。

欲望もなければ執着もない 裏切り者度20%

A

料理をあっさりとあきらめるあなたは、よほどのことがなければ欲望に目がくらんで人を裏切るようなまねはしないはず。信頼できる反面、執着がなさすぎるのも考えもの。目標達成などに対する執着も弱いようでは、新しい環境でもなかなか成長を期待できない。

何事も正面突破が信条 裏切り者度ゼロの正直者

D

欲しいものを得るために、何のかけひきもせず正攻法で攻めるあなたの裏切り者度は0%。しかし、目的達成のために一番の近道を選んでいる点では、裏切り者とはいえないが、欲深く、人間の性質を最もよく理解している人と位置づけられるだろう。

虎視眈々とチャンスを狙う曲者 裏切り者度60%

C

次のチャンスを待つあなたの腹黒度はやや高め。自分のプライドは守りつつ、周りに行動を起こさせようとする知能犯と言える。こと恋愛関係でこの性質を発揮すると、大変なことになってしまう場合も。初対面の相手には特に、この性質を発揮しないように要注意。

問題 47

Question

山登りの最中に穴に落ちてしまい途方に暮れていたところ、天の助けが。これであなたは助かったと確信します。では、その「助け」とは何でしょう？

A ヘリコプター

B 案内看板

C ほかの登山グループのテント

D 救助犬

Answer

極限状態での助け=あなたの欲すること
「友人にされてキレること」を診断

B 自分で何でも解決しようとする人間嫌いの孤高タイプ

他人の存在をあてにしないあなたは、不躾にプライバシーを詮索されるなど、自分のテリトリーにズカズカと侵入されると、激しく拒否反応を起こす。週末の予定を聞いてきたり、むやみにパソコンの画面を覗き込んでくる人には、おもわず嫌悪感を抱くはず。

A 無視されるぐらいなら嫌われてでも自分を見てほしい

高い場所から現れるヘリコプターは、あなたが注目されることに快感を覚える性格であることを表している。人から無視されることが何より大嫌いで、むしろ嫌われているほうがマシと思っている。周囲から常に気にされていたいかまってちゃんタイプと言える。

D 「世間の常識」なんてクソくらえゴーイングマイウェイ

癒しとなる動物を選んだあなたは、世間のしがらみにとらわれず自由を好むフリーダムな精神の持ち主。そんなあなたは「社会の常識だから」「みんなそうしてるから」といったように、一般論を使って注意されると、拒絶反応が起きて激しく反発してしまうだろう。

C 異分子は許さない何でもかんでも一緒がサイコー

他人の存在やコミュニティーを表すテントを選んだあなたは、仲間意識が強く、仲間外れにされるとブチギレてしまうはず。女性の場合はやたらと食事やトイレを一緒にしたがるため、ややうざったいと思われがち。ただし、団体競技など集団行動では才能を発揮する。

問題 48

Question

福岡支社から東京本社に転勤することになったあなた。しかし、異動してまもなく、本社内の派閥の存在に気づきました。あなたはどの派閥に所属しますか?

A お昼は手作り弁当という草食系

B 愛想よくまんべんなく付き合う

C 頭のよさそうなグループ

D 社内でも目立つグループ

Answer

新しい環境に、どうやって順応していくか

「自己中心度」を診断

B

あちらにもこちらにもイイ顔 軽佻浮薄な世渡り上手

特定の派閥には属さず、八方美人に付き合ってうまく世の中を渡っていこうとしているあなた。自覚していないだろうが、実際にはかなりのジコチューだ。何でも都合よく考えるのはやめたほうがいい。あなたの浅はかな思惑は、周囲にはすでにバレバレだから。

A

場の雰囲気を読みすぎて むしろ自分が“空気”に

自己主張せず、周りの空気を読んだ振る舞いができるあなたのジコチュー度は、ほぼゼロ。むしろ周囲の反応に敏感になりすぎるあまり、ついつい流されてしまうきらいがある。自分の意見をしっかり持ち、ときには強く押し通してみたほうがいい。

D

センターステージこそ 自分の居場所にふさわしい!

社内で最も目立つグループを選んだあなたのジコチュー度は、最高レベル。あなたが自分の主張を決して曲げないので、周囲の人たちは大変な思いをしているはず。押せ押せですべて解決するとは限らない。引くことを覚え、もう少し周囲に気を使ってみては?

C

妥協や矛盾を一切許さず 常に合理的判断を追求

知恵や理性を重んじるあなたは、自分の不利益になることや、おかしな点には即座に反論するタイプ。自己中心的ではないが、理屈が合わないときなどは、自己主張をきっちり通す。ただし、杓子定規になりすぎるのも考えもの。もうちょっとファジーにいこう。

問題 49

Question

あなたは会社の社運に関わるビッグプロジェクトのプレゼンを行うことに。プレゼン本番を成功させるため、あなたは事前にどんな準備をしますか？

A
仲間と**可能な限り何度も打ち合わせをする**

B
プレゼンの準備は仲間に任せ、**自分は関係各社に根回しをする**

C
特別気負うこともせず、**いつもと同じように準備して挑む**

D
自分たちの企画がいかにすごいか、という**噂を流しておく**

Answer

復讐するなら心はホット、頭はクールに

「報復手段」を診断

A 計画の完璧な遂行を目指す完全主義者

入念な準備や協議を事前に行う慎重さは、裏を返せば執念の表れ。報復を実行するからには必ず確実に相手を仕留めてやる、という強い意志も感じられる。用意周到に完全犯罪を目指す知能犯の傾向があり、まさに復讐にはうってつけのタイプ。

B 根回し、恫喝、情報操作……裏工作ならお手のもの

根回しが重要だと考えたあなたは、外堀から埋めていく裏工作が何より得意。また、普通の人なら思いもつかない卑劣なことを思いつく上に平気でやってのける残虐性が心に潜んでおり、相手を震え上がらせる。ある意味一番敵に回したくない相手と言える。

C 直接対峙を望む熱血タイプの復讐者

なんら特別な策を講じることなく、普段通りの準備にいそしむあなたは、正面から相手に挑んでいくタイプの復讐者。何事もストレートさを好むあなたは、ごく簡単に恨みを解消できる人。直接対面して殴り合えば、恨みを水に流して相手と友になることすら可能だろう。

D ヘビのような執念深さで相手をとことん追いつめる

積極的に裏工作をしたり行動したりはしないが、情報を巧みに利用するあなた。相手のパーソナルデータを徹底的に集め、そのテリトリーに侵入してじわじわと追いつめていくストーカータイプの復讐者だ。そのしつこさに、相手のほうが先に音を上げるかも。

問題
50

Question

森の中でふと気配を感じたので後ろを振り返ると、なんとそこには愛らしいコロボックルが。さて、そのコロボックルはいったいどこにいたでしょう。

A 地面

B 木の上

C 箱の中

D 柵の上

Answer

人生ラクしてナンボ!　真面目にコツコツなんてムリ!

「ずる賢さ」を診断

成功のためには犠牲もやむなし
ハングリー精神旺盛な成り上がり

高いところにいるコロボックルをイメージしたあなた。出世欲や上昇志向が強く、周囲を巻き込むほどのずる賢さの持ち主。必要とあらば、ライバルの足を引っ張って蹴落とすことだってやる。「人を呪わば穴二つ」という言葉を肝に銘じておこう。

B

利益のおこぼれを求める
狡猾な腰ぎんちゃく

コロボックルのいる位置や場所は、あなたのずる賢さの表れ。「地面」という低い場所をイメージしたあなたのずる賢さは、上司にお世辞を言ったり、せいぜいが媚びへつらったりする程度のかわいいもの。コバンザメのような腰ぎんちゃくタイプだ。

A

手柄を横からかっさらう
卑劣なハイエナ野郎

乗り越えるべき「柵や壁」を連想した人は、自分が楽をすることばかり考えている人。また、このタイプの中には人の手柄まで横取りしようとする、ずる賢いを通り越して悪党の域にまで達した人も。どちらにせよ、一番ずるいタイプなことは確かである。

D

手柄は欲しいが面倒事は勘弁
要領のいいものぐさ者

「囲まれた箱の中」にいるコロボックルをイメージしたあなたは、嫌なことをすぐ誰かに押しつけようとするずる賢さの持ち主。手間のかかることはなるべく避けて通る、というのも仕事の方法としてはアリだが、面倒なことを押しつけられた周囲の人は大迷惑だ。

C

Chapter4

口癖で読み取る人間心理

「秘密だよ」と言われたらその人は仲よくなりたがっている

透視力キーワード　自己開示法

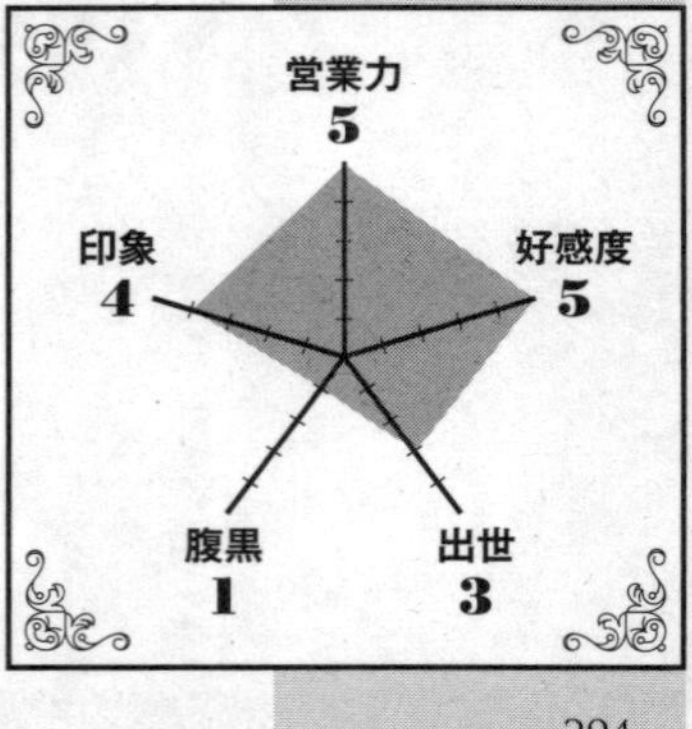

誰かと仲よくなりたいと思った場合、人はどういう行動を取るだろうか。

仲よくなりたいと思う気持ちは、相手のことをより深く知りたいという気持ちが多分に含まれていると言っていい。相手のことをより深く知るためには相手に心を開いてもらう必要がある。そのためには、自分のことを相手に伝え、知ってもらうことである。

心理学では自分の心を開いて話すことを「自己開示法」という。これは、自己の内面を見せる（自己開示する）ほど、相手もそれに応じた自己の内面を見せてくれる、という法則にもとづいてる。ということは、誰かが自分に対して自己の内面について話をしてきた場合、それと同等の情報を、自分に対して知りたいと思ってくれているととらえてよいだろう。その内容について「秘密だよ」「誰にも言わないで」などと言われた場合は、かなり自己開示度が高い。相手は自分に対し好意的な感情を持ち、「仲よくなりたい」と思っているはずだ。

ただ、「秘密だよ」と言われても、内容が自己の内面のことではない場合、状況によっては意味合いが異なってくる。相手は自分だけが持っている特別な情報で相手の気をひきたい、自分に関心を向けたい、という気持ちで話題を提供している可能性が高いのだ。その違いは、「自分にだけ話しているか」に注意してみよう。

誰に対してでも「秘密だよ」と言っていれば不特定多数の人に構ってほしいだけのことだろうし、自分にだけ言っていれば好意を持ってくれていると考えていいだろう。

心理POINT
曝け出してくれた分だけ相手は知りたがっている

頼み事をした相手がやる前から言い訳ばかりする場合は自己防衛

透視力キーワード　セルフハンディキャッピング

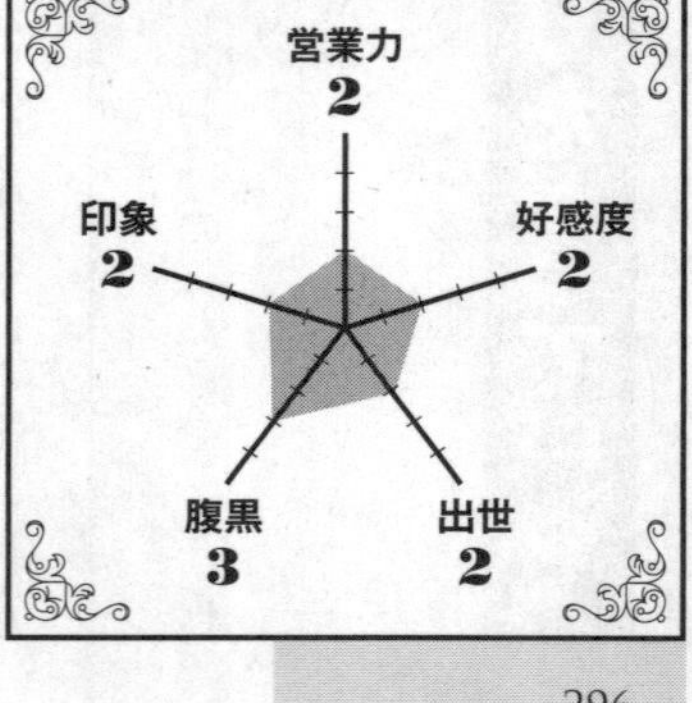

仕事において、部下の成長のためにと新たな業務を任せてみたところ、やる前から言い訳ばかりで……。上司は「やる前から失敗することを考える奴があるかよ」「こいつはやる気がないのか」などと思うが、果たして部下は本当にやる気がないのだろうか。

実際、やる気がない場合もあるだろうが、やる前の言い訳というのは、自己防衛のために言

い訳をしている可能性が高い。

これは「セルフハンディキャッピング」というもので、あらかじめ自分に不利があるように見せることで、失敗時に自己の評価を落とさないようにしようという心理の表れである。学校で、テスト勉強をしていないことを執拗にアピールする人も、まさにこれにあたる。点数が悪ければテスト勉強をしていなかったから仕方ない、点数がよければテスト勉強をしていなかったのにすごい、という評価となり、自尊心を傷つけられる心配がなくなるのだ。メリットしかないように見えるセルフハンディキャッピングだが、実のところ何一つ根本的な解決にはなっていない。必死に頑張った結果、失敗をすることを格好悪いと思うがゆえ、無駄に高いプライドを守るためだけの行動でしかない。

頼み事をした際に言い訳から入る相手には、失敗しても自尊心が傷つかない状況を作ってあげることができれば、力を存分に発揮してくれるかもしれない。また、自分が頼み事をされたときは、言い訳をする前に、その案件をクリアするために思考をめぐらせてみよう。いい結果を生むための行動は、言い訳よりも双方にとって生産性のある行動と言える。

心理POINT

言い訳する相手には自尊心を傷つけないような配慮を

昔の恋人のことを悪く言う男は未練タラタラ

透視力キーワード　合理化

フラれた女の悪口をいつまでも言い続ける男はあまり格好のいいものではない。そのような人は、よほどフラれた相手に恨みや憎しみの感情があるのだろう。一度は好きになった相手に対し、そこまで悪く言うことは、ひどい仕打ちを受けたのだろう、と思ってしまう。

実際、浮気をされただの、ひどい目に遭わされた可能性はもちろんあるものの、男がフラれ

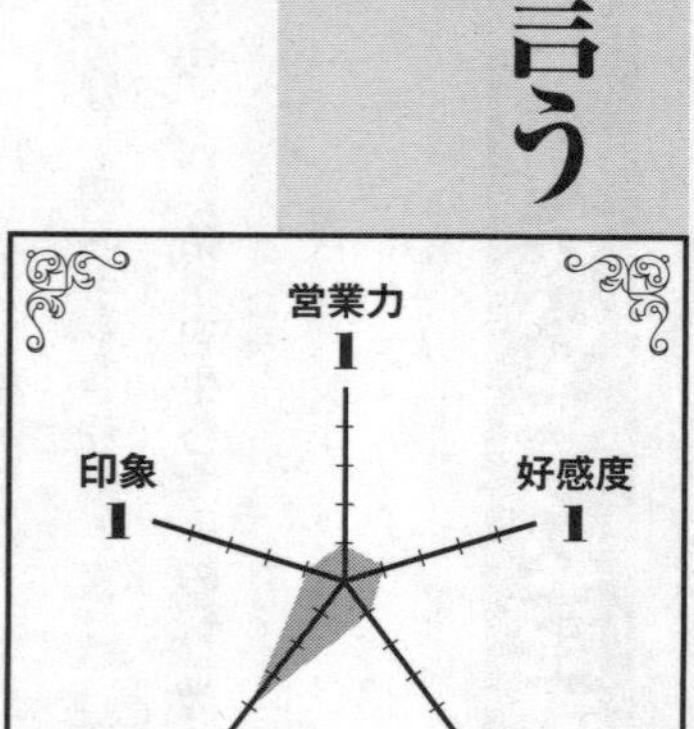

た女の悪口を言っている場合は未練が残っているがゆえの負け惜しみである可能性が高い。

フラれた女に対し、いまだ好きな気持ちはあるものの、女側は男に対してまったくそういった感情がない。そうすると、男が女に対し「自分のものにしたい」と思う欲求は満たされず、心理状態が不安定になる。そのときに防衛機能が働き、何かしらの理由を付けて女を否定し、自分を肯定することで心のバランスを保とうとしているのだ。これを心理学的には「合理化」という。人は自分の欲求が満たされなかった場合、自分自身を納得させるためにほかのものに責任転嫁することで正当化する。女性にフラれた際、自分のプライドを守るために女性を悪者にし感情をねじ曲げ合理化するのだ。

未練しかないのだから、延々とフラれた相手の悪口を聞かされていたとしても、話の内容に同調するのは危険かもしれない。職場の愚痴などは共感して聞いてあげることで相手のストレスも緩和されるかもしれないが、悪口を言いつつも未練のある相手に対し、自分はともかく第三者から悪口を言われることを快く思わない。なんとも面倒くさいシチュエーションであるが、そんな状況に遭遇したら、適当に聞き流しておくのが無難な対応だ。

心理POINT

フラれた女の悪口は聞き流しておくのが無難

第一声で外見を褒める人は会話のきっかけを探しているだけ

透視力キーワード　会話のきっかけ

「外見よりも内面が大事」などと言いつつも、外見を褒められてうれしくない人はいないだろう。褒めてくれるということは、自分に対して好意的に思ってくれていたり、一緒にいて盛り上がってくれていたりするはずだ。

ところが、会って第一声で相手の外見を褒める場合、単純に喜んでよいものではない可能性があることを覚えておこう。

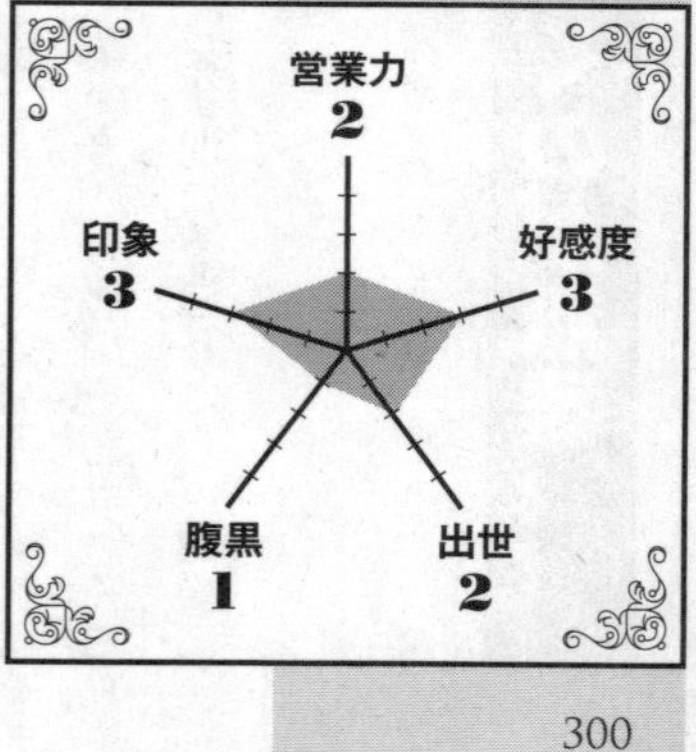

会って第一声で外見を褒めるというのは、実は会話のキッカケを見つけようとしている行為に過ぎない。パッと見た瞬間、純粋に服装や髪形を褒めてくれる場合ももちろんあると思うが、そういった可能性があることを知っておいたほうがよい。相手に褒められて浮かれていたら、そのあと、たいして盛り上がらないまま時間だけが過ぎていった、なんてことになると、より悲しい気持ちになってしまう。また、相手を褒めるという行為には、相手を褒めることで自分の気持ちも盛り上げよう、という意図が込められている場合もある。褒められた側としては、その言葉にあまり意味を考えず、過度の期待をしないでおくのが無難だろう。

褒める行為自体は悪いことではなく、女性は「自分を認めてほしい」「褒められたい」と思っているもの。この欲求を「自己認知欲求」といい、この欲求を満たすためにはあまり褒められたことがない部分を褒めるのが効果的。特に女性は髪形など細かい変化に気づいてもらえると、「この人は私のことをしっかり見てくれているんだ」と感じて喜んでくれる。要はタイミングが大事で、会って早々に挨拶のように言うのではなく、一緒の時間を少し過ごしたあとにでも、自然と言ってあげればよいのだ。

心理POINT

褒めるタイミングが重要だ！

「かわいい」が口癖は感性があることをアピールしているだけ

透視力キーワード
自己アピール

女性をターゲットにしたかわいいキャラクターグッズが数多く展開されているように、かわいいものが好きな女性は多い。キャラクターグッズを見て「かわいい」と反応している姿は微笑ましくもあるが、なんでもかんでも「かわいい」という女性の視線の先に目をやると、「これはさすがにかわいくないんじゃないか」と思うこともあるのではないだろうか。

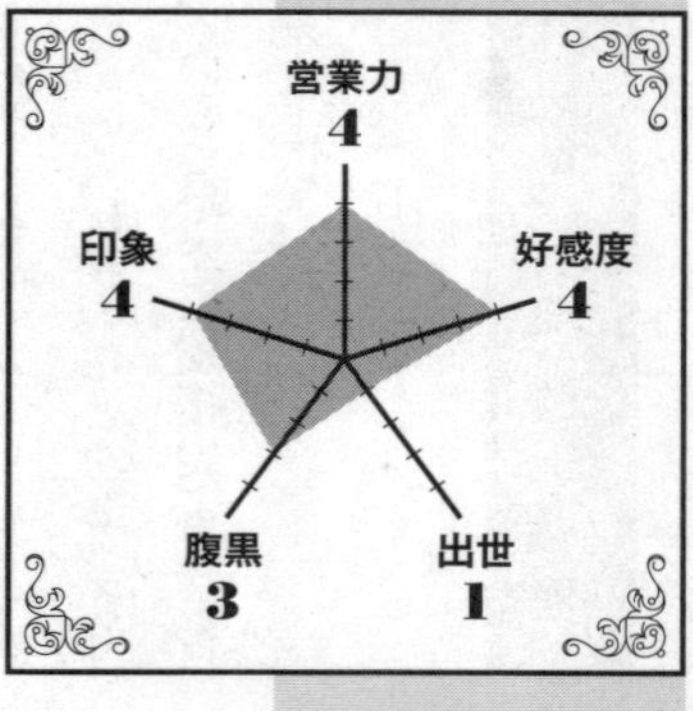

男性と女性では感性が違う。だから女性が「かわいい」と言っているものでも理解できないものがあるのだろうとも思うが、女性が「かわいい」と言っているものすべてを心底「かわいい」と思っているかというと、そういうわけではない。

ではなぜ、かわいいと思わないものに対しても「かわいい」と言うのか。それは、自身の感性をアピールする、という意図が含まれている。普通の人がかわいいと思わないものでも、「私にはかわいいと思える」「私にはそういった感性がある」といったアピールなのだ。

そもそも、女性は男性よりも感性が豊かだと言われている。男性は自分にはない部分というのは魅力的に感じる傾向があるため、女性ならではの感性をアピールすることで、男性からは、より魅力的な女性に見えるだろう。

ただし、アピールをしているとは言っても、一緒にいるときに「かわいい」を連呼しているからといって、自分に気があるかというと話は別だ。あくまで自分を魅力的に見せたいという意図が強いので、勘違いしてその気になると、悲しい思いをするハメになるかもしれない。

心理POINT
自分を魅力的に見せたいが、気があるかどうかは別

「やっぱり」を連呼する人はとりあえず言っているだけ

透視力キーワード　場の同調

匿名性を持った状態で自分のしたことが評価されると、お世辞や社交辞令抜きに純粋によい評価をもらえているということになり、面と向かって評価されるよりもうれしいものである。それを「実は自分がした」と明かした際に「やっぱり」と言ってもらえると、「この人は普段から自分に対してよい評価をしてくれているのだな」と思い、よりうれしくなる。

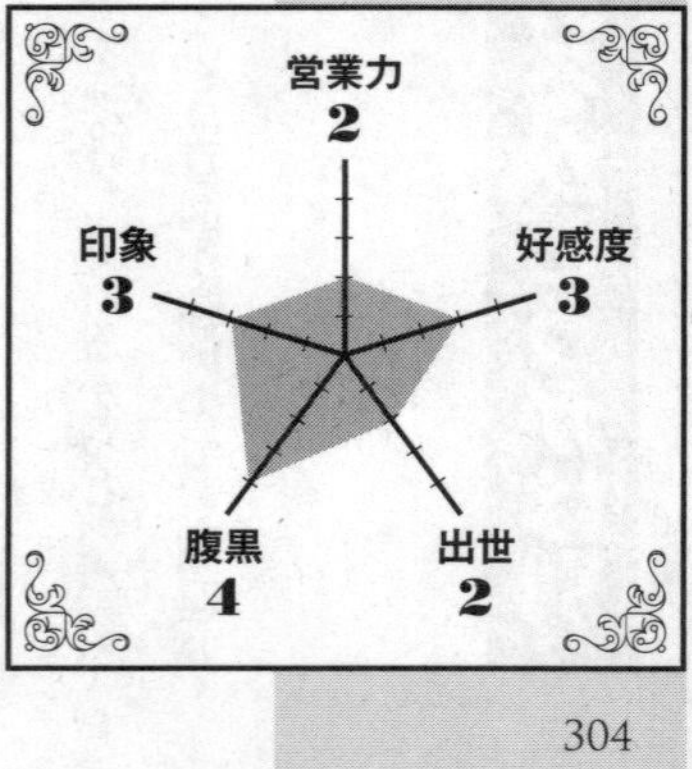

しかし、「やっぱり」をあまりに連発している人の場合、事実を知る前からそう思っていた、というよりも、場に同調するためにとりあえず言っているだけの可能性が高い。

アッシュの同調実験では、集団で間違った答えを出したとき、実験参加者も間違った答えを出すことを証明している。

何も考えずに「やっぱり」と言っている人は、日頃から人の振る舞いをよく見ているように見せかけて、周りの意見に同調しながら自分の意見がないイエスマンタイプなのかもしれない。

心理POINT

自分の意見と見せかけて自分の意見がまったくない！

やっぱりと言う人は信頼できない!

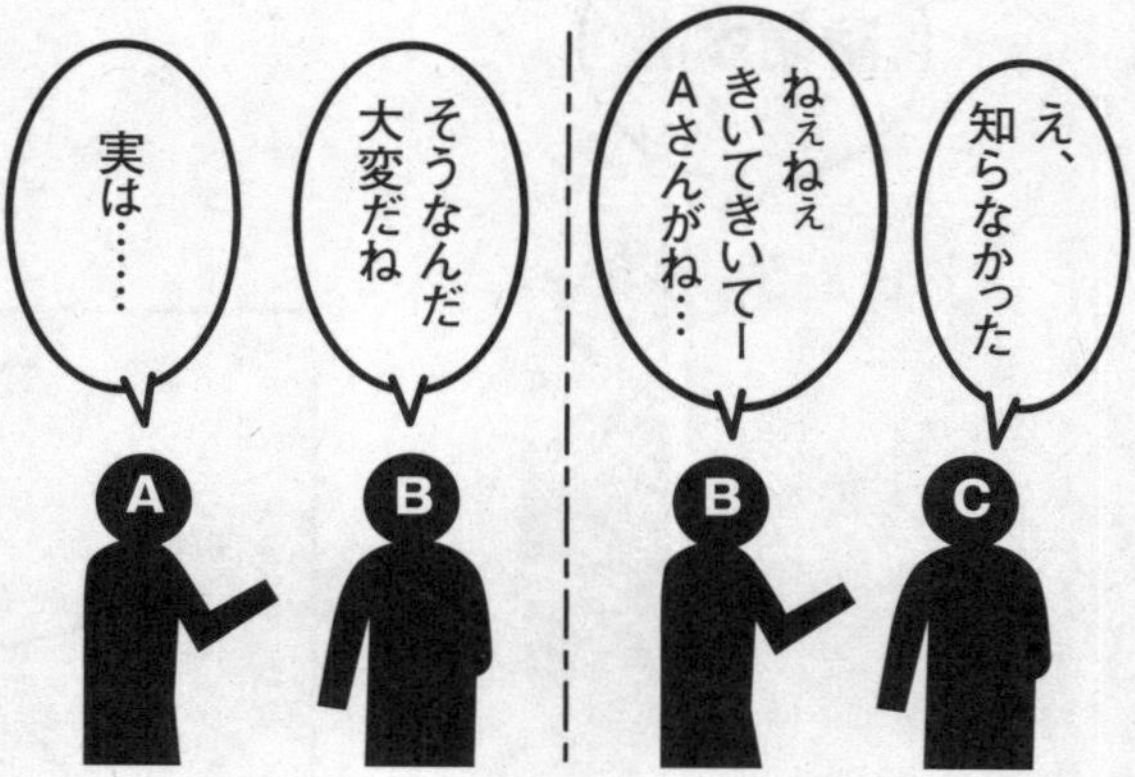
え、知らなかった
ねぇねぇきいてきいてーAさんがね…
そうなんだ大変だね
実は……
A
B
B
C

「やっぱり」ばかり言う人は、見せかけのイエスマンタイプが多い。

「だから」が口癖の人は責任を逃れようとしている

透視力キーワード　責任逃れ

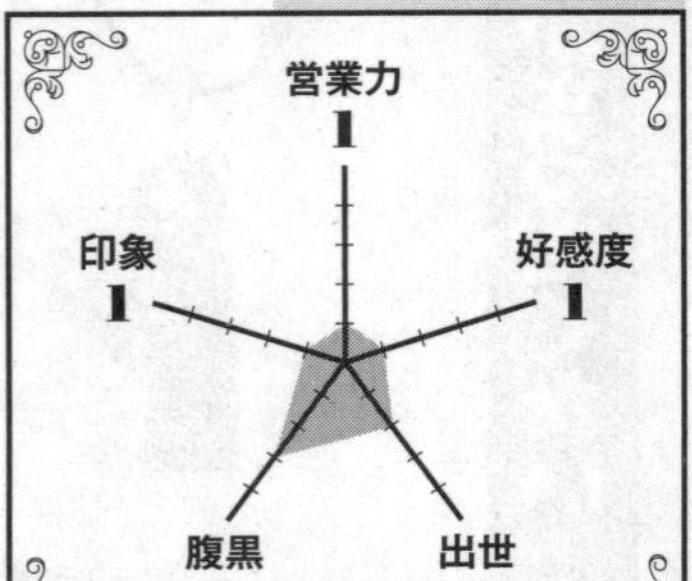

仕事でミスをして、「だからお前はダメなんだ」などと怒られたことはないだろうか。「いつも同じようなミスをして、だからお前はダメなんだ」といったように、「だから」の前にダメな理由があるのなら、なぜダメなのか、なぜ怒られたのかがわかる。しかし、むやみやたらに「だから」を連発して怒る人の場合は、少し意味合いが変わってくる。

「だから」を多用して怒るタイプの場合、ミスの原因が自分にあるとわかっても自ら折れることはないだろう。ミスの原因について部下が事実関係を説明し、論理立てて説明した結果、責任が上司の自分にあると理解はできても「だから、そんなことを言っているんじゃない」「だから、そういう問題じゃないんだ」と「だから」を連発して部下の会話を遮り、どうにか責任が自分にないことを主張する。こうなってしまうと、「だから」という理由の意味はない。自分のところにやってきそうな「ミスの責任」を撥ね返すために発しているだけの言葉だ。こうなってしまうと、言った言わないの問題があっても、自分に都合の悪いことはすべて「だからそんなことは聞いていない」で押し通すだろう。

こんな上司がいたらどうすればよいか。できることと言えば、口頭で決めたことに関してもメールで念のため情報を共有するなど、可能な限り文字として残すこと。そして、それを第三者とも共有しておくことが大切だ。これにより、少なからず言い逃れのできない状況を作ることは可能だ。

ただし、上司であれば、立場を利用して無理やり部下に責任をなすりつけることもあるだろう。面倒に巻き込まれたくなければ、こういったタイプとは極力関わらないほうが身のためだ。

心理POINT

「だから」を多用する人とはなるべく関わらないほうがいい

「あのぅ」をよく使うタイプの人は優柔不断

透視力キーワード　緊張の解放

日常会話において、よどみなく流暢に会話をするかと問われれば、そうではないことのほうが多いだろう。

何かを思い出しながら「えーと」と言ったり、少し言いづらそうに「あのぅ」と言ったり、特に深い意味のない言葉ではあるが、間を埋めるためであったり、会話はこういった言葉が含まれて成り立っていることが多い。

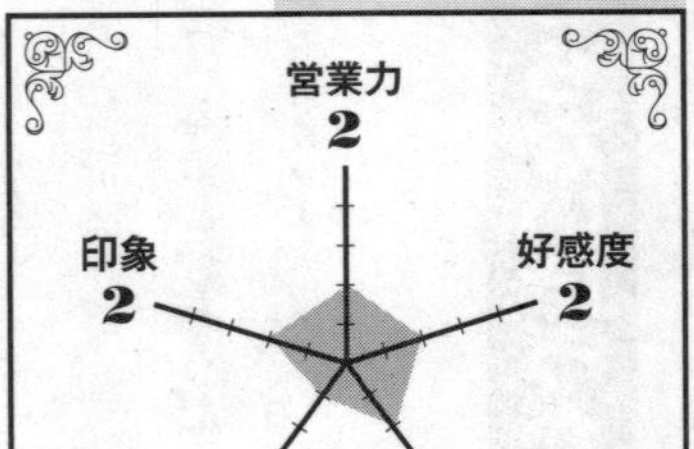

これらの言葉は話そうとしている内容があいまいな場合や複雑な場合、すなわち答えがスッと出てこない状況で発せられる。「あのぅ」「そのぅ」や「えーと」「えー」などがそれにあたり、答えが出てこない緊張感から解放されるために使われている。答えに困るような場合に出てくる言葉ということで、「あのぅ」や「えーと」が会話に多用される場合、その人からは、答えが出せない優柔不断なイメージを受けるだろう。優柔不断なタイプは神経質で細かなことにこだわるあまり、答えを出すことが困難になり、だが答えを出そうと必死に思考をめぐらせている。それゆえ緊張感が生まれ、解放されるために「あのぅ」「えーと」といった言葉を発してしまうのだ。会話の間を繋ぐように、冒頭に発する言葉だけではなく、相手に同意を求めるような「ですね」など、「ね」のつく言葉も同じような役割を持っている。出した答えに不安があり、同意を求めることで安心を得たいという気持ちの表れだ。

ただし、「えー」「ですね」といった言葉は演説などでも多用されるが、演説をしている人が優柔不断かというとこれは違う。話の間を取ったり、傍聴者へメッセージを投げかけたりするためのテクニックなので、混同しないようにしよう。

心理POINT

優柔不断な人の頭の中は緊張感に満ちている！

「まったく」を多用する人はストレスが溜まっている

透視力キーワード　ストレス発散

不満を抱いていることがあると、誰かに愚痴を言いたくなるもの。愚痴を言っているほうは、不満の対象に対して感情的になってあまり意識していないかもしれないが、「まったく」または「ったく」という言葉を多用していないだろうか。愚痴を聞いている側は冷静なので、誰かの愚痴を聞くときに注意してみると、よくわかるはずだ。

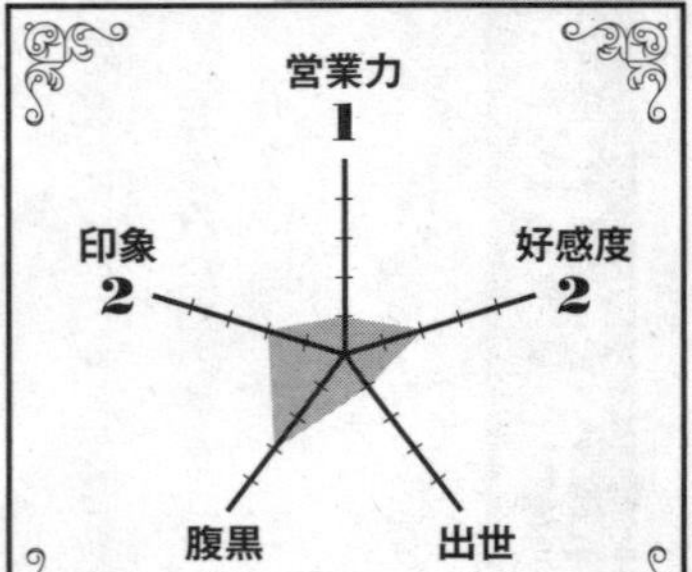

誰もが愚痴を言うときに「まったく」を使うわけではないが、愚痴っぽい人ほど多用する傾向にあるという。大抵の場合、「まったく〜だよ！」「〜だよ、まったく！」といったように、「まったく」をキッカケに不満を述べるか、不満を述べたあとに「まったく」で締めることが多い。「まったく」と言うことで、不満により溜まったストレスを爆発させているようなイメージだ。普段温厚なイメージの人でも、不満によりストレスが溜まっていると、語気の荒さは異なるかもしれないが、つい「まったく」と言ってしまう。

たまに出るくらいなら気にしないでもよいが、愚痴を言うときのクセのようになってしまっている人には少し注意が必要だ。不満の対象に対して感情的になっているものの、直接言えないものだから誰かに愚痴を言う。

その結果、「まったく」を口癖のように言ってしまう……となると、かなり愚痴っぽい人間と言える。陰で山ほど愚痴を言うが表では何も言えない人、少し付き合い方を考えるべきかもしれない。ただし、社会では文句を言いたくても言えない状況はある。仲のよい友人であれば、ストレス発散のために愚痴を聞いてあげるのも優しさだろう。

!

心理
POINT

愚痴ばかり言うタイプとはつき合い方を考えよう

「任せてください」とだけ言う人は安請け合いしている可能性大

透視力キーワード　安請け合い

仕事や頼み事を「任せてください！」と元気に引き受けてもらうと、「頼りになるな」「助かったな」と思うだろう。言い訳をされたり、渋々引き受けてもらうよりも、自信を持って引き受けてくれたほうが、頼んだほうとしても断然安心感を得ることができる。しかし、いざ任せてみると土壇場になって痛い目を見た、という経験はないだろうか。

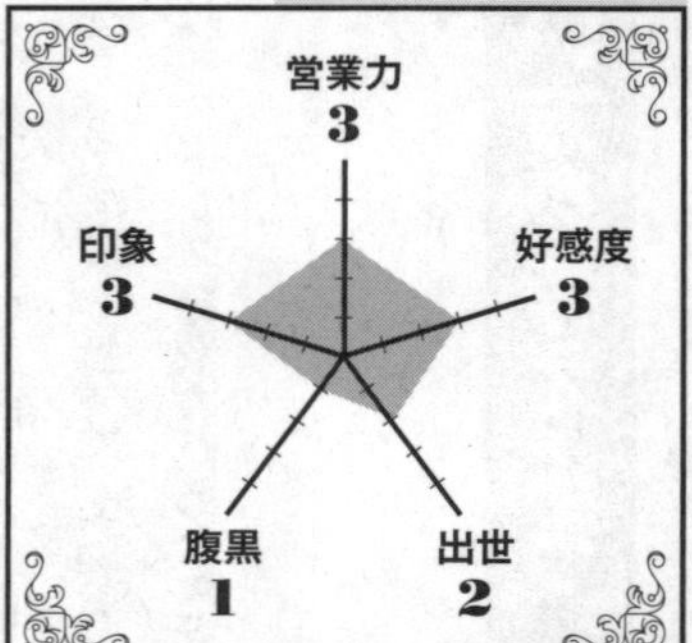

「任せてください」とだけ言って、ロクに依頼された内容を確認しない場合や、「任せてください」と言った割に、「多分大丈夫です」などあいまいな言葉が飛び出してきた場合は要注意。自信を持って引き受けているのではなく、安請け合いをしているだけ、という可能性を疑ったほうがいいだろう。

依頼した内容に確実性がないと思っていれば、最悪の状況に備えておくこともできるが、何も心配いらないと思っていて最後の最後にやっぱりダメでしたではどうにもならない。そういった意味では、最初から不安要素を醸し出して引き受けてくれるほうが、結果的には大事に至らずにすむ。

こういった安請け合いをするタイプは、本人に悪気がないところも問題だ。そのため、引き受けた依頼で大きなミスがあったとしても、次は大丈夫と根拠のない自信のもとにまた安請け合いをしてしまう。相手が不安そうにしているときだけでなく、あまりにも簡単に依頼を引き受けてもらったときにも、きちんとした説明をさせて、常に状況を把握しておくべきだろう。

!

心理POINT

簡単に引き受ける人間には用心深く状況を把握しよう

仕事のミスを指摘され「わかってます」と言う人は反省していない

透視力キーワード　マイナスイメージ

頼んだ仕事の内容を確認すると「わかってます」、仕事のミスを指摘しても「わかってます」、なんでもかんでも「わかってます」で返すような部下は周りにいないだろうか。

こういった人の多くは、「わかってます」を「理解しました」という意味で使っていない。これでは、確認や指摘をわかってくれたのかどうかがわからなくなってしまう。

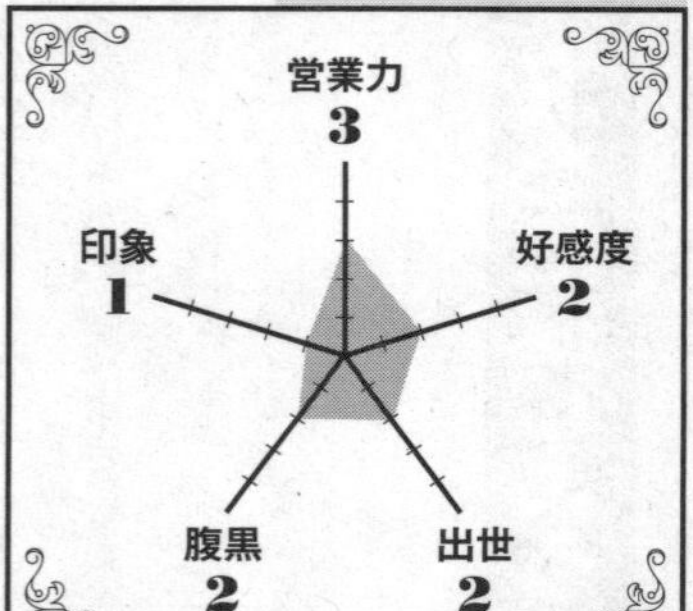

「わかってます」という言葉とは裏腹に、確認されている内容のことも考えていないし、ミスを指摘されても反省すらしていない。とにかく、「わかってます」という言葉でその場を切り抜けたい、「わかってますから、もうその件は終わりにしてください」といったニュアンスなのだろう。そのような気持ちでいるから、こちらが本当にわかっているのか不安になり再度「本当にわかってる?」と聞いても、不機嫌になって「わかってます」という返事が返ってくることもあるだろう。

わかっているのか、わかっていないのか、反応で読み取れない相手にはどうすればよいのか。そもそも、なぜ「わかってます」という答えが返ってくるのかを考えてみるとよい。たとえば、特に他意もなく「理解できた?」と聞いたとしても、相手側は「理解できていないからこんなことを聞いてくるんだ」ととらえることもある。中には「バカにされた」とさえ思う人もいる。そうすると、自分に対してマイナスイメージを持っている人からの質問に、まともに答えたくないという心理が働き、「わかってます」という答えにならない答えが返ってくることになるのだ。いつも「わかってます」しか返ってこない人は、試しに聞き方を変えてみることをオススメする。

心理POINT

相手がマイナスにとらえない聞き方を試してみよう

「しかし～」と話を伸ばす人は押しつけがましいタイプ

透視力キーワード　スピーチ能力

学校では全校集会での校長先生の挨拶、会社においては新入社員を前に重役の挨拶があるなど、大勢を前にしたスピーチの場で「早く終わらないかな」と退屈した経験が誰しもあるだろう。「ひとことだけ」と前置きした上で延々としゃべり続けられてはウンザリだ。このように、聞いていて退屈するスピーチをする人の話し方には特徴がある。

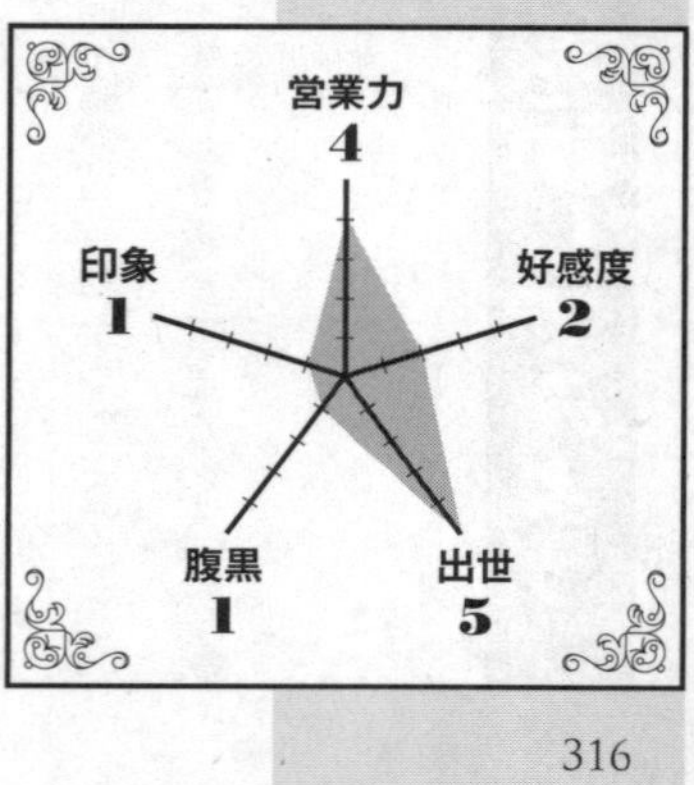

その特徴とは、「しかしながら」といった言葉でダラダラと話を継続させるタイプであること。「～であります」といった言葉で話が終わると思わせて続くものだから、余計に早く終わってほしいという気持ちが増していく。「俺はもっと話すぞ」と息巻いている本人との温度差は開く一方だ。

しかし、スピーチをするような偉い立場の人間に多いタイプということは、もしかしたら出世タイプという可能性は否定できない。

心理POINT　ウンザリさせるスピーチをする人はもしかしたら出世タイプ!?

「まっいいけどね」という人には口だけ番長タイプが多い

透視力キーワード　口だけ番長タイプ

数人で集まって話していると、呼んでもいないのに輪に入ってきて主役になりたがるような人がいるだろう。他人の話にも自分の意見をバンバンぶつけ、その場の主役になりたがる自己主張の強いタイプは、プライドが高い。自分が詳しくない話にも積極的に首を突っ込むが、恥はかきたくないという心理が働くため、主張はしつつも逃げ道を確保、それが口癖にも出てくる。

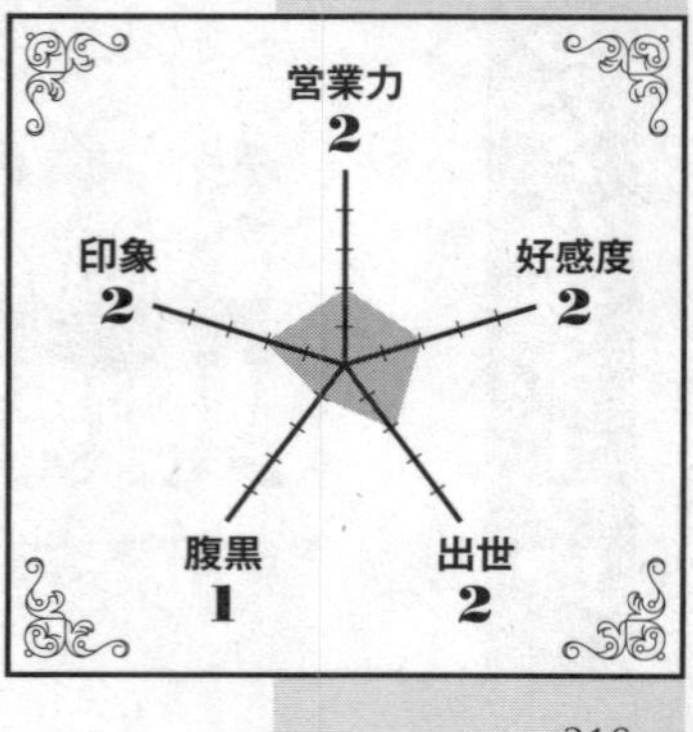

こういったタイプが逃げ道として使うのは「まっ、いいけどね」という口癖。クールで深い関心のないふりをすることで、反論されたときにプライドを傷つけられないようにしているのだ。ほかにも「～と思う」「～という気がする」といった言葉を添えて、強く主張していたにもかかわらず、最終的には断言していないという体を取ろうとする。

また、「とにかく～してよ」といったように、自分の意見を押しつけようとしたり、あれこれと理想論を述べたりすることが好きだ。「ああすればいい」「こうすればいい」と得意気に持論を展開するものの、いざふたを開けてみると自分では実行に移さないことが多い。いわゆる、「口だけ番長」タイプと言えるだろう。

机上の空論ばかりを雄弁に語る姿は次第に不快に感じるかもしれないが、このタイプに対してもっともよいのは「言わせておく」こと。「そうは言っても、また口だけなんだろ?」なんて言っても、傷つけてしまって終わるだけ。逆ギレなんてされた日にはもっと面倒くさいことになる。内心では口だけだと思いつつ、言いたいだけ言わせて本人が満足するのを待つのが得策だ。

!　心理POINT

主役になりたがる人には言いたいだけ言わせておこう

「それから?」と言って話を急かす人は好奇心旺盛

透視力キーワード　好奇心旺盛

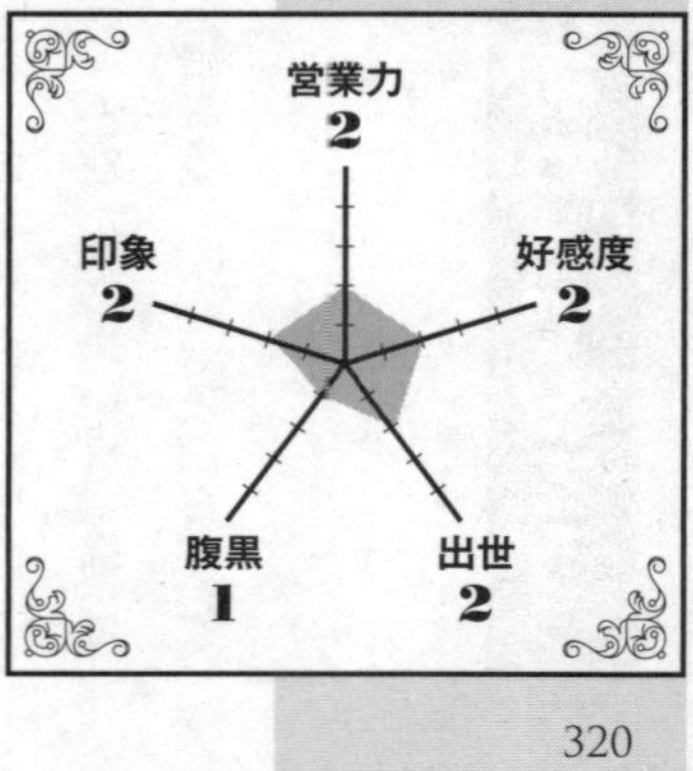

会話をしていて、普通に話をしているのに、「それから?　それから?」と話の続きを聞きたがって急かすような人がいる。話をしている側としては、「少し落ち着けよ」とでも言いたくなるくらいだが、「それから?」「それで?」と話の続きに興味を持って、前のめりになってくるのは好奇心旺盛なタイプだ。

「自分は早く続きが聞きたいから、それに合わ

せて早くしゃべってよ」という、自己中心的な理由から急かしてくるわけだが、どこか子どもがねだるような無邪気さがある。「早く話が聞きたい」という純粋な欲求をぶつけてきているだけなのだ。こういう好奇心旺盛な無邪気なタイプは、全体的に子どもっぽさが口癖にも出てくる。「なんか〜」「〜みたい」といった言葉が口癖になっていないだろうか。

子どものような素直さは、好奇心旺盛な部分以外にも表れてくる。自分にとって嫌なことがあった場合には、それも素直に受け止めてしまうため、ショックが大きく影響してしまうタイプでもあるのだ。

口癖に表れるような子どもっぽさから、物事の考え方にもそういった特徴、たとえば夢見がちで現実逃避的な思考が見られるのかと思いきや、そこはまた別。起こったことを素直に受け止めることや、欲求に素直な部分にも繋がるが、起こったことをありのまま受け止めるため、意外にも非常に現実的な思考をするのが特徴だ。「それから？　それから？」と話を中断されるのは厄介ではあるが、悪気はないため、あまり気にせず自分のペースで会話を続ければよいだろう。

心理POINT

好奇心旺盛で無邪気、だが現実的思考を持つ

「わりと」を使う人はまじめすぎる人

透視力キーワード　まじめすぎる粘着質

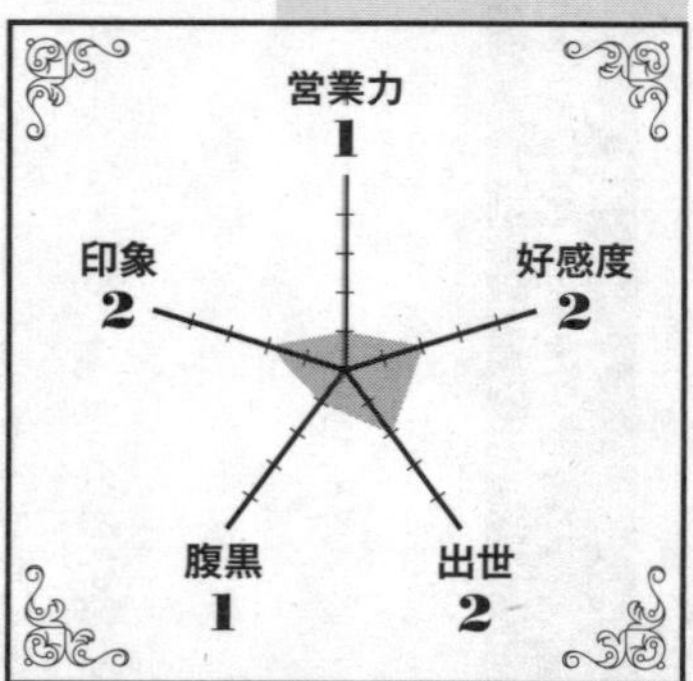

「わりと」「わりかし」といった言葉を多用する人は、まじめすぎるタイプ。まじめすぎるがゆえに、自分の感情をストレートに表現することがはばかられ、結果として「わりと」「わりかし」などの言葉をつけて濁した表現になる。ほかに、「なんというか」という表現もよく使う。

このまじめすぎるタイプは粘着質な面も持ち合わせており、「かなり」「非常に」などと言っ

た強調的な言葉を使ったりもする。「わりと」「わりかし」などで濁したかと思えば、強調的な言葉も使うため、話の内容に中途半端な印象を受けるかもしれない。たとえば、「わりとご飯食べたいかも。かなりお腹空いているからね」といった具合だ。

空腹に対しては強く主張しているが、食事をしたいという願望については押しつけがましくならないように、少し控えめに取れるような言い回しを選択している。伝えたい自分のことを強調しつつ、自己主張しすぎないように気をつかっているのだが、周りからすれば「結局のところ、どうしたいんだい？何をしたいんだい？」という風に思われても仕方ない。

この状況で、相手に結論を委ねるのは危険。いつまでたっても自分の意見を出そうとしつつも出し切らないため、無駄な時間が延々と過ぎていくかもしれない。かといって、願望自体は固まっているだろうから、まったく別の意見を通そうとした場合、衝突する可能性もあるので注意が必要だ。

ある程度、相手の願望が見えてきたら自分で仕切って相手の願望を満たす行動へと誘導する、というのが良策かもしれない。

心理POINT

相手の願望を察して誘導し満たしてあげるのが得策

「だからぁ」と語尾を上げるタイプはヒステリー気質

透視力キーワード
ヒステリー気質

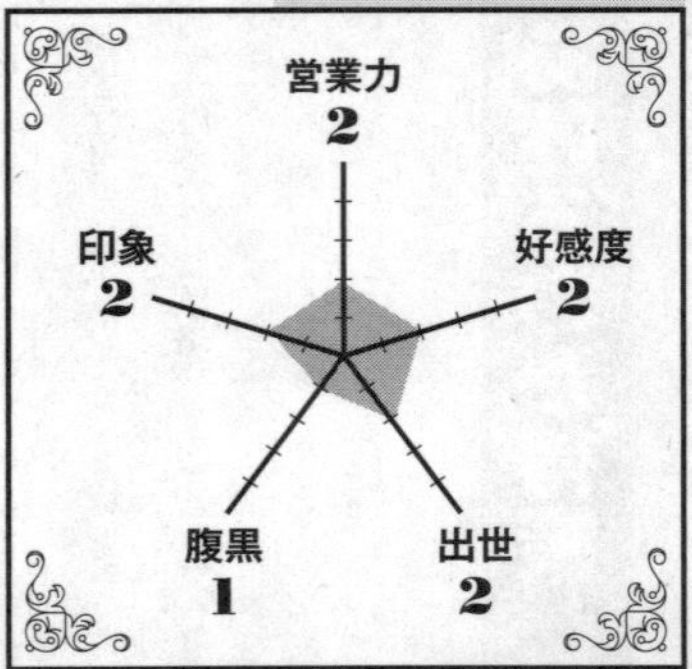

自分が意見したことに対して、何かしら反論をされると「だからぁ」と語尾を上げて甘ったるい声でダダをこねるタイプはヒステリー気質を持っている。自分の意見に対して根拠のない自信を持っているため、本人的には反論されること自体が理解できない。そのため、ダダをこねるという手法によって自己の正当性をアピールしているのだ。

また、根拠のない自信があるからなのか、自分の発言に対し、「すごく」「すごい」など、強調する表現を多用する傾向にある。やたらと「すごい〜」と言っているようであれば、このタイプにあてはまると考えてよいだろう。

自分の意見に強い自信を持ち（根拠はないが）、反論されれば「だからぁ」とダダをこねる。周りが何を意見しようがブレることのない、まさに唯我独尊といった感じの印象を受けるが、意外なことに、相手によっては意見を覆すこともある。

では、どういった相手であれば、プライドが高く自分を曲げることをしないこのタイプの意見を変えることができるのだろうか。それは、自分自身が「この人は正しい」と認めた相手だ。何を言われても断固として我を通すと思われがちだが、自分が認めた相手の言うことは従順に聞く。相手は限られるものの、人の影響を受けやすい一面もあるのだ。

ということは、このタイプを手なづけるには自分を認めてもらう以外にない。もし認めてもらえなかったら、無理に付き合うよりもあまり関わらないほうがよいだろう。

心理POINT

相手に認められることができればダダをこねられることもない

「ほんとに?」が口癖の人は神経質で心配性

透視力キーワード　**神経質**

決定された事項に対して、「ほんとに?」と何度も気にしてしまう人は、神経質で心配ばかりしているタイプ。

たとえば、「密かに想いを寄せている相手が今度の飲み会に来ることになった」といったように、実現してほしいことほど過敏になって「ほんとに来るのかな?」と気になってしまい、口癖として発してしまう。過敏に心配するあまり、「ほ

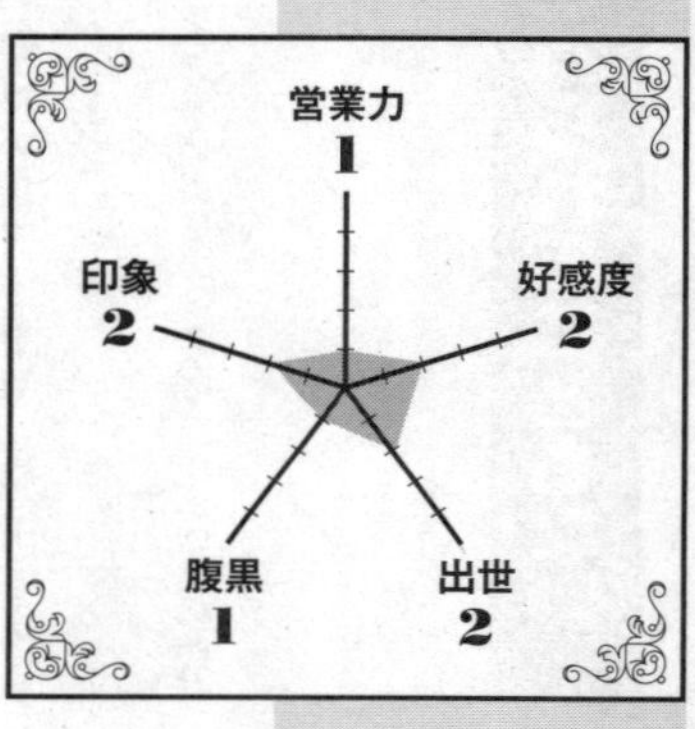

んとに？　一応、確認してみてよ」と、周囲に対して、本人への確認まで依頼し始める。来ると言っているのだから「一応」も何もないと思うのだが、少しでも確度を上げたいという気持ちの表れなのだろう。しまいには「確かに来るって言っていたらしいが、あるいは来ないという可能性だってなくはないよな」と、勝手に最悪の事態を想定し始めてしまう。そんなに気になるなら自分で本人に聞けばいいじゃないか、と思うが、それができていればそもそもこのタイプの人間に分類されていない。ああだこうだ言いながら、結局は自分で行動することもできずに悶々と飲み会の日を待つ以外にない。そんな人を見かねて確認してあげたとしても、「そうは言っても、ほんとに来るかは当日までわからないよな」とか言いながら、再び勝手に悶々とし始めるのがオチだろう。

あまりにも自信がないため、自分が望む未来が訪れようとしているものの現実味がなく、少しでも現実味を帯びるためにすべき行動を考えるが、それも自分で実行に移せない、といった状況なのだ。これだけ極度に自分に自信がないため、人に褒められた場合には簡単に気分よくなってくれる。このタイプと仲よくなりたければ、ちょっと褒めてあげれば簡単に心を許してくれるだろう。

心理POINT

心配性タイプは少し褒めれば仲よくなれる

笑い方を見ればいろんな性格がわかる！

透視力キーワード　自己顕示欲

一言で「笑い方」と言っても、人それぞれ特徴があり、みんながみんな同じ笑い方をするわけではない。笑い方にもクセがあり、それにより、性格が見えてくる。ちなみに笑い方のクセは生まれつきのものではなく子どもの頃に定着するという。

「アーッハッハッハ」と豪快に笑う人は自己顕示欲が強い。自信に溢れているようにも見える

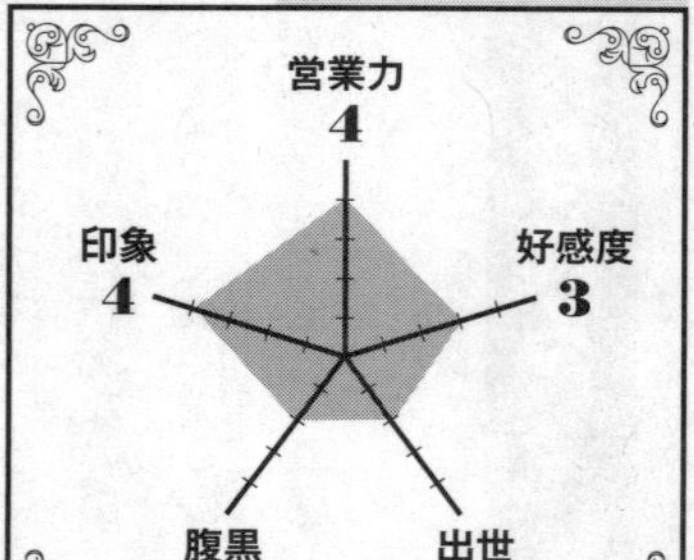

が、反面、小心さの裏返しでもある。

「フフン」と鼻で笑う人は、内向的な人が多い。自分にとってメリットのない人に対しては冷たい。

「クックックッ」と笑う人は意地悪なタイプ。人の失敗などに対してコッソリ笑うため、あまり人前で笑うことはない。

「イッヒッヒッ」とずる賢く笑う人はうがった物の見方をするタイプ。鬱屈した性格をしている。

このように、笑い方によって見えてくる性格もある。普段何気なく笑っていると思うが、改めて自分がどのように笑っているかを見てみるのもよいだろう。

心理 POINT

ずる賢い笑いをする人を見たら近づかないほうが無難

笑い方で性格がわかる!

豪快に笑う人は自己顕示欲が強く、
不敵な笑みを浮かべる人は性格が悪い。

オーダーの取り方で性格が透けて見える！

透視力キーワード　オーダーの順番

飲食店に入った際、食事の好みやマナーなど、一緒に行った相手のパーソナルな部分が垣間見える状況が多々あると思うが、実はオーダーの仕方からも性格が見えてくる。

自分からはオーダーをせず、相手の取った行動によってわかる性格を見てみよう。

まず、自分のものを決めてからこちらにオーダーを問う場合。これは自己中心的タイプと言

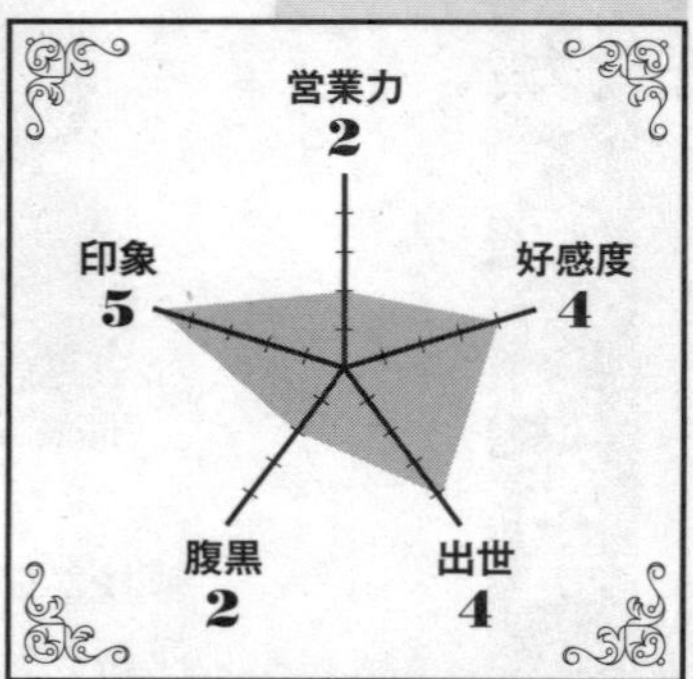

える。

「とにかく自分のことは決めた、あとは好きにしたら?」といったような感じである。

次に、こちらのオーダーを聞いてから自分のオーダーを決める場合。これは気づかいのできるタイプと言える。こちらのオーダー後の対応によっても違いがあり、すぐにオーダーを決められる人は決断力があり、頭の回転が速いタイプだ。なかなかオーダーを決められない人は行動力に乏しい鈍いタイプ。

同様に、こちらのオーダーを聞いてから自分のオーダーを決める場合でも、聞いてから同じものに合わせてくる人は自分の好みやこだわりがないタイプ。とりあえず一緒にいる人と同調しておけばいいだろう、という性格だ。

最後に、店員にどんなメニューか一言聞いてからオーダーをする人。これに当てはまる人は外交的で自分の個性を大事にするタイプ。自分の個性を大事にするあまり、周囲と衝突することもある。

オーダーの仕方一つでこれだけの情報が見てとれるので、誰かと飲食店に入った際にはじっくり観察してみるのもよいだろう。

!

心理POINT

自分のオーダーを即決できる人は頭がキレる!

シラフなのに下ネタを連発する人はサービス精神旺盛

透視力キーワード

サービス精神

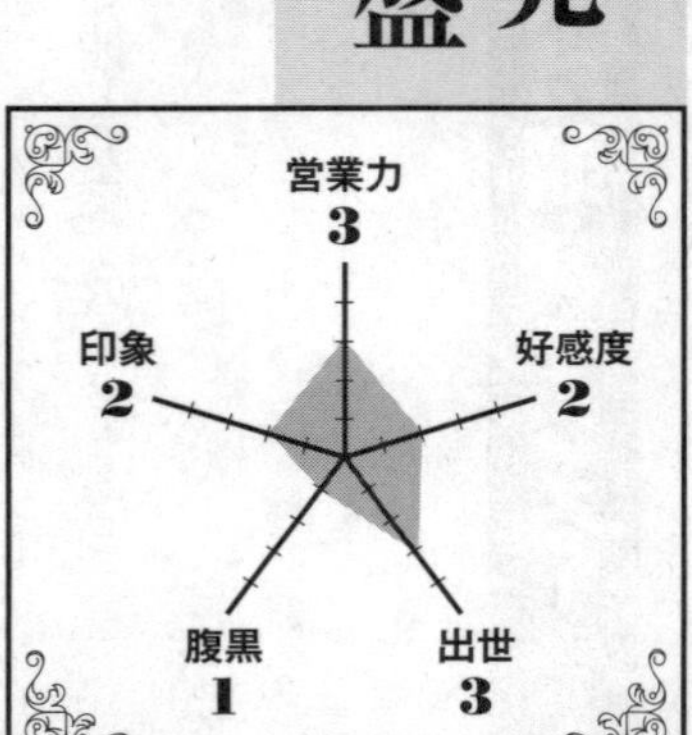

飲み会などで、酔った勢いと雰囲気で下ネタが盛り上がる、といったことはよくある話だろう。だが、たいして酔っていなくても下ネタを好んで連発する人もいる。また中には、早朝からゴルフという健康的で爽やかなシチュエーションにおいても「最近クラブ握ってないんだよ」と、さらっと冗談まじりの下ネタ発言をする人もいたりするが、下ネタを好む人には傾向がある。

シラフだろうがなんだろうが、下ネタが好きで常日頃から下ネタを連発している人はサービス精神が旺盛な人が多い。レベルの違いというものはあるにせよ、子どもの頃から下ネタで笑いを取る人は多い。ある種、笑いの鉄板であり原点でもあるのが下ネタと言ってもよいだろう。飲んでいなくても明るく下ネタが言える人は、周囲の人々を楽しませようとしている、サービス精神旺盛な人なのだ。ただ、周りの反応を気にせず下ネタを連発しているような人は少し事情が違う可能性がある。単純に欲求不満または性的コンプレックスを抱えている可能性がある。満たされない欲求を下ネタを言うことで発散させようとしているのだ。

また、逆に下ネタ嫌いな人はどうなのだろうか。「下ネタが嫌い」と言っても、下ネタ自体を嫌いというよりは、公の場で下ネタ話をすることを嫌っていることが多い。本来、外で大きな声で話す内容ではない下ネタ話をわざわざ外でする必要はない、というモラルを守るために本能をコントロールできる人間と言える。

また、そういった姿を他者に見られたくない、という気持ちの表れであると言えるだろう。

心理POINT

下ネタが好きか嫌いかは興味とは異なる

高級時計でアピールする人は自分に自信がない表れ

透視力キーワード　身体像境界

ピアスや指輪などのアクセサリー、時計を身に着けてオシャレをする人も多い。時計は社会人にとってある種、ステータスとも言えるアイテムでもある。より高級な時計を身に着けることで、自分のステータスアップをはかりたいと思っている男性も多いはずだ。

高くて格好いい時計を身に着けることで、まるで自分のランクが上がったかのような気持ち

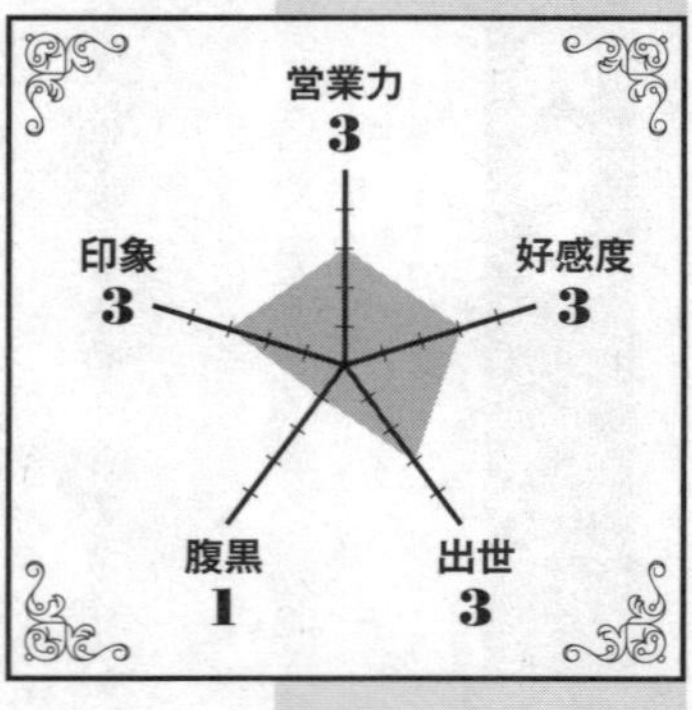

になる、という感覚はわからないでもない。しかし、やたら高級時計をアピールしている人は、「高級な時計をしている自分」ではなく「高級な時計」そのものをアピールしていると言える。それは裏返すと、自分という存在に自信が持てず（アピールするほどの存在であると自分で認められない）、高級な時計をすることで、他者にアピールできる自分を演出している、ということなのだ。

同じように、ピアスや指輪でも同様のことが言える。特に大きなピアスや指輪をしている人ほど、そういった傾向が見られる。自信が持てない自分を、どうにか大きなアクセサリーの力を借りようという心理が表れている。

なぜ、自分に自信が持てない人はアクセサリーを身に着けるのか。これは「身体像境界」という、「自分の体についてのイメージ」を補強するためである。「身体像境界」が大きくてハッキリしているほど自分に自信を持つことができる。アクセサリーを装着し、身体像境界をハッキリさせて自信を持とうとしているのだ。

心理POINT

自分の魅力をアップさせようとしている人は自信がない

服の値段を気にする人は物の価値がわかっていない

透視力キーワード

値段≠価値

服を買いに出かけたとき、質のよいものかどうかを何で判断しているだろうか。多くの人は服の値段を見て、高いものほど質の高いものだろうと考えていると思われる。仮に、まったく同じ商品が置いてあった場合でも、値段が違えば高いほうが何かしら価値が高い、あるいは、安いほうに何か問題があるのでは、と勘繰ってしまうのは当然のことだろう。

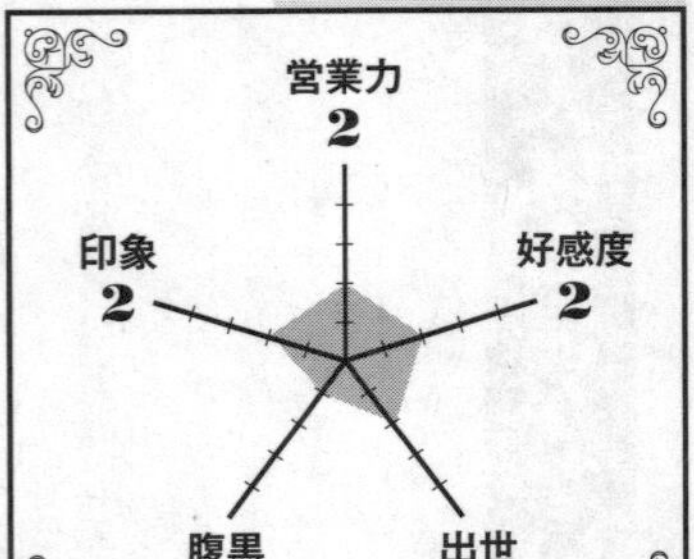

ただし、実際のところ「金額＝価値」という判断は正解とは言えない。同じ商品でも店舗が違えば価格が変わる可能性はあるし、店舗の事情、たとえば仕入れ値が違う、といった理由から価格が違う可能性もある。だとすれば商品価値はいずれも変わらないし、安いほうを購入したほうが間違いなく正解と言えるだろう。

裕福であれば、値札を見ずに買い物をする人もいるだろう。庶民からすれば、値段を気にして買い物をしている自分たちのほうが、物の価値を考えて買い物をしていると考えるだろうが、「金額＝価値」が成り立たないのであれば、値札を見ずに、純粋に商品の質だけを見て買い物をしている富裕層のほうが、よほど物の価値を意識して買い物をしていると言えるのだ。

安く買った物が悪いものであれば納得もいくが、「高いからよいものだろう」という判断で購入したものが、実は安く買えたり、値段が高いだけの物だったりしたら目もあてられない。「値段＝価値」と安易に考えていた人は、良質な物は値段だけで判断できるものではないという認識を新たに持つようにしておきたい。

心理POINT

値段ではなく商品を見て価値のわかる人間になろう

男でぽっちゃりしている女性を好む人は支配欲が強い

透視力キーワード　本能はモデル体型

　男性の多くは「女性はぽっちゃりしているくらいがかわいい」と言う。そのように言う男性すべてが嘘をついている、とは言わないが、本人も気づかないうちに、性的本能ではぽっちゃりよりもモデル体型を求めている可能性は高い。

　というのも、男性には、より優秀な状態で遺伝子を残したいという生物的な本能があるからだ。口では「ぽっちゃりしているくらいがいいよ」

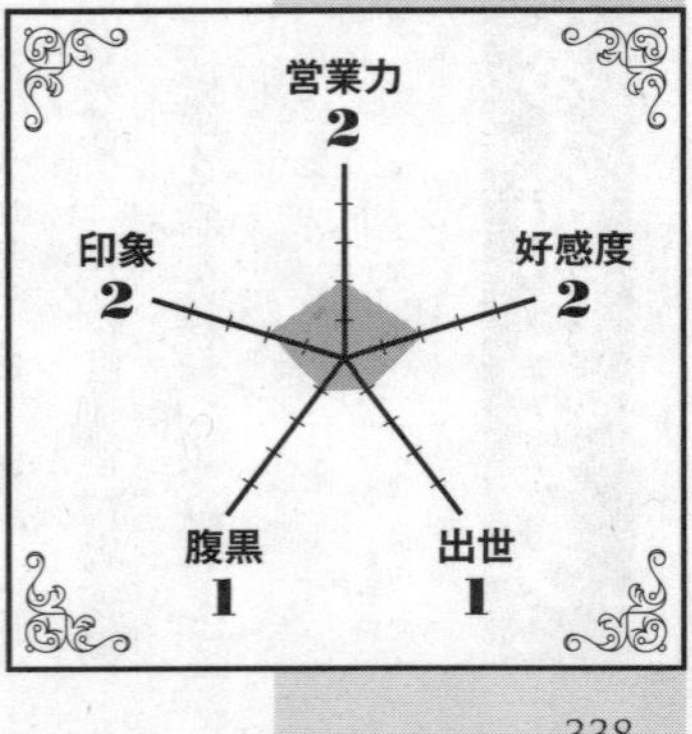

と言っていたとしても、本能が求めているのは、出るところが出て、締まるところは締まっている、いわゆるモデル体型の女性なのだ。

しかし、モデル体型でスタイルのよい女性というのはどこにでもいるわけではない。男性がいくらよいと思っても、高嶺の花である場合がほとんどだろう。本能が求めたところで、こればかりは自分だけでどうにかできる問題ではない。魅力は感じるけれども、手が届かないのでは諦めるしかないのだ。

そこで、本能が求めているかどうかは別にして、「ぽっちゃりめの女性と付き合いたい」と思う人もいる。ぽっちゃりめの女性は、男性に対して幼稚で従順な印象を与える。そのため男性は、ぽっちゃりめの女性なら、自分が上に立つ関係を成立させられる、という気になり、ぽっちゃりめの女性と付き合いたいという心理が働くのだ。これは、あくまで印象であるが、支配欲が強い男性ほどこういった心理になるだろう。

「ぽっちゃりしているくらいがかわいい」は男性の性的本能からすれば嘘と言えるが、ぽっちゃりしている女性を求めている男性がいることもまた事実だ。

心理POINT

ぽっちゃり女子は幼稚で従順な印象

「恋多き女」はプライド過剰

透視力キーワード　恋多き女

多くの男性を魅了し、「恋多き女」と言われる女性は、自分をうまく見せることに長けていて、過剰なまでにプライドが高い、と思われがちだが、その実情は少し異なっているようだ。

「恋多き女」は、それだけ惚れっぽい女性と言える。惚れっぽい女性というのは、むしろプライドが低く、自分に対して自信が持てない人のほうが多い。自分に対しての評価が低いために、

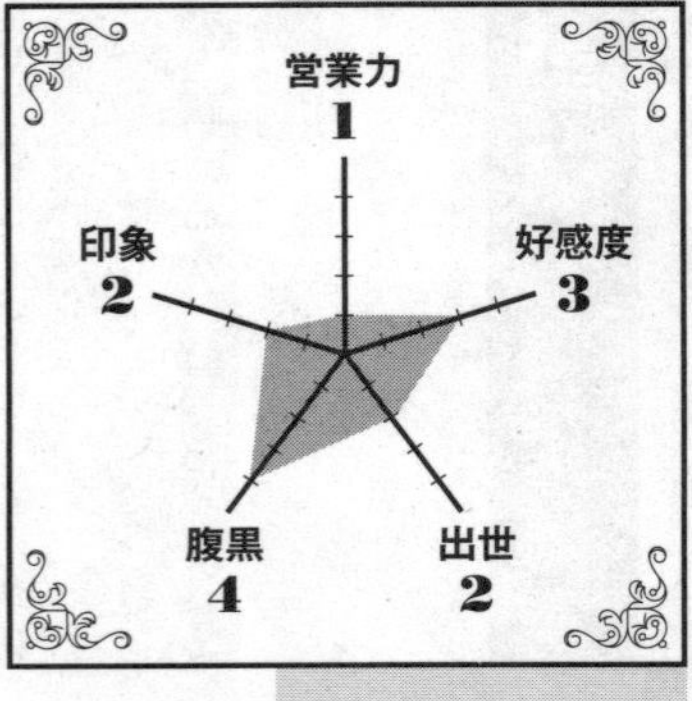

そんな自分を認めてくれる人に対して好意を持ちやすい。すなわち、好きだと言われたら自分からも好きになりやすいのだ。自分に自信がなく、1人でいるのが不安という人も多く、誰かと一緒にいたいという感情が強い傾向にある。

では、プライドの高い女性はどうなのか。見た目もよい、仕事もデキる、といった「イイ女」は自然と自己評価も高くなる。そうすると、自分と見合った男性でなければ付き合いたくないという気持ちが生まれ、選り好みするため、恋のチャンスが減っていってしまう。これはなんとも皮肉な結果である。

心理POINT

自信のない女性を認めてあげると両想いになりやすい

「恋多き女」の性格

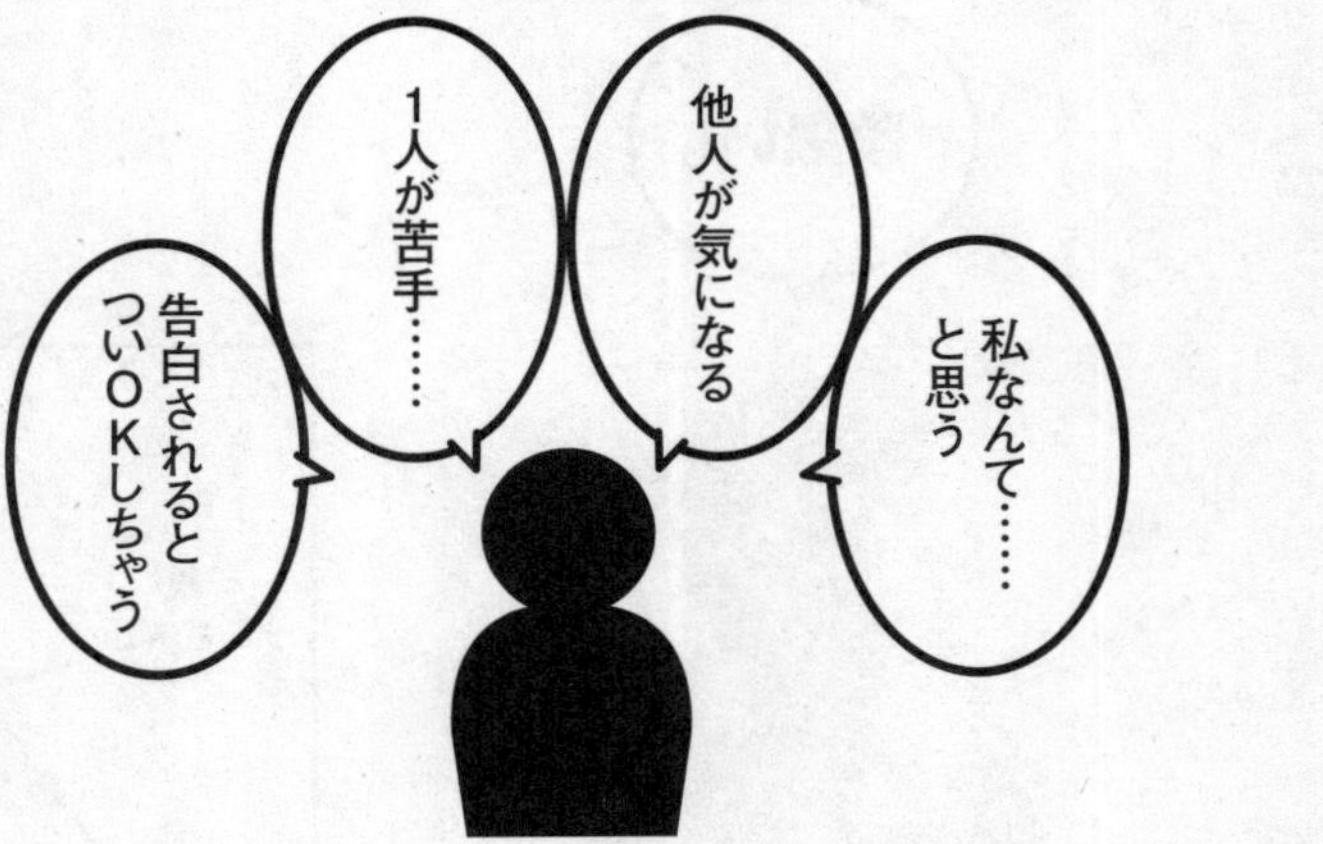
私なんて……と思う
他人が気になる
1人が苦手……
告白されるとついOKしちゃう

恋多き女性は自己評価が低く、告白されたらすぐ相手のことを好きになってしまう。

すぐに浮気を疑う人は浮気願望の裏返し

透視力キーワード　浮気願望

男性にとって彼女が「友達と食事に行く」と言ったときに「誰と?」と確認する行為は、相手が男だったら嫌だな、浮気されたら嫌だな、という気持ちの表れであるが、同時に浮気願望の裏返しでもある。

彼女からすれば、何もやましいことがない男友達との食事でも、彼氏が不安になってしまうのは、「男友達が自分だったら」を仮定して考え

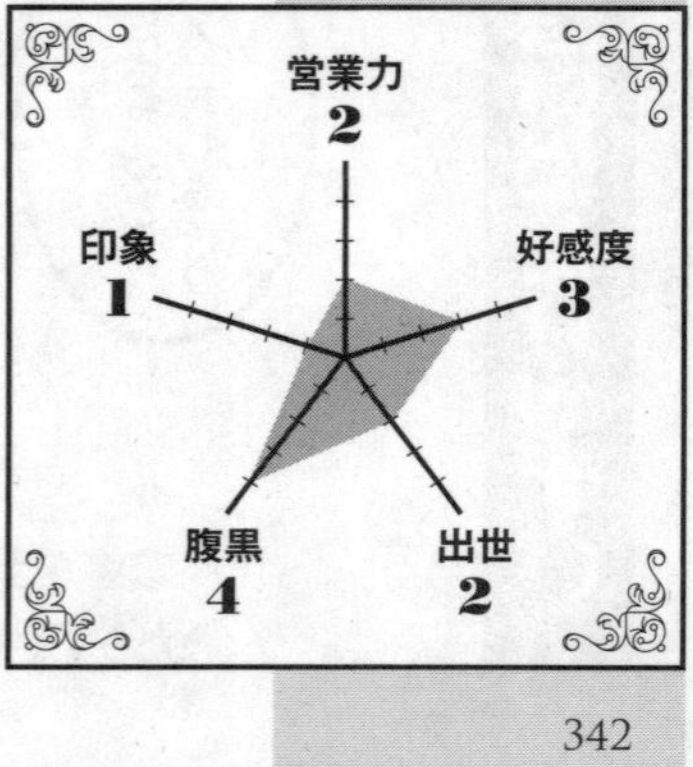

てしまうからだ。自分が男友達の立場だったら、2人で食事に行ったら、当然そのあとも……と考えているがゆえに、彼女の行動が心配になるのである。ということは、自分が女友達と食事に行った場合は浮気したいと考えている、ということだ。これでは浮気を心配、もしくは疑われている彼女もたまったものではない。「誰と?」「誰と?」としつこく聞いてくる男のほうこそ自分に自信がなく、かつ浮気願望が強いと言えるだろう。こういった、自分の思考をもとに浮気を心配する例としては、他にもある。

たとえば自分と彼女が付き合った経緯が略奪愛など、強引に押して押して付き合うことになった場合だ。今は自分が彼氏の立場であるが、昔の自分のような存在が彼女に現れて強引に押された場合、自分に応えてくれたという過去があるだけに、もしかしたら今回も彼女は他の男の強引な押しに応えてしまう可能性があるのではと不安になってしまう、というわけだ。

嫉妬深い人ほど実は浮気願望がある、という一見矛盾する構造が成り立つが、では、嫉妬をしなければお互い浮気をしないのか、というとまた別だろう。お互い無関心になってしまえば刺激を求めて浮気をする可能性もある。適度な嫉妬心は浮気防止にも一役買ってくれるはずだ。

心理POINT

嫉妬はしなさすぎても浮気に繋がる！

不幸自慢をする女性は注目してもらいたい

透視力キーワード　不幸自慢

はたから見ていて、特に不幸には思えない生活を送っているのに、「私ってかわいそう!」と不幸をアピールする人がいる。いわゆる不幸自慢というやつだが、不幸な自分を救ってほしい、というわけではなく、「不幸だけど頑張っている私って素敵でしょ?」といったように、自分を魅力的に見てもらいたい、注目してもらいたいという願望の表れだ。

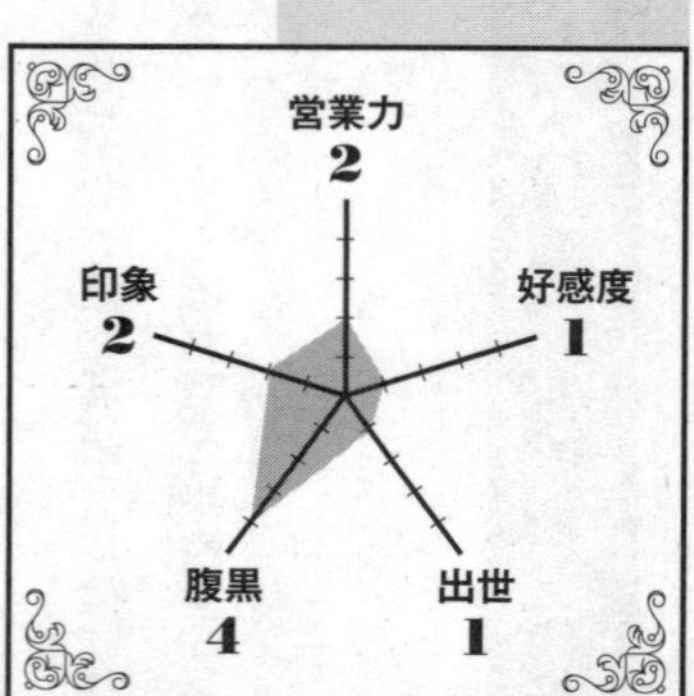

しかし、わざわざ不幸をアピールしている人を選んで恋愛をしよう、仲よくなろうと考える人はいるのだろうか。新たに恋人を探そうとしているところで、あえて面倒になりそうな相手を選ぶ必要はないだろう。不幸自慢をしてモテるようになったという成功体験をもとにやっているのならまだわかるが、こういったタイプは大体がテレビドラマなど、フィクションの世界に影響を受けているだけのことが多い。さしずめ、悲劇のヒロインを演じている自分に酔っているのだろう。

テレビドラマであれば素敵な王子様が現れてくれるのかもしれないが、現実世界ではなかなかそんな都合のよい話などあるはずもない。

そもそも、他人に不幸自慢できるようなことが本当に不幸なのだろうか。心底辛いことであれば、よほど心を開いた相手でないと打ち明けられないだろう。簡単に話すことができるということは、そもそも不幸だと思っていないことか、心底辛い出来事であったが自分の中で心の整理がつけられているようなことだろう。

本当に幸せになりたいのであれば、まず不幸自慢をやめるところから始めるべきかもしれない。

心理POINT

本当に不幸なら軽々しく他人には言えない

「我々」を使いがちの人はリーダーになりたがっている

透視力キーワード　リーダー力

「我々」という言葉はグループやチームとして活動するときに使われる。会社であれば、部署を任されている上司やプロジェクトのリーダー、学生時代の部活では監督や顧問の先生が使うイメージがある。リーダーとしてグループを統率する立場の人間が使う分には自然だが、その構成員の1人が使うと何か違和感を感じる。

「我々で力を合わせて〜していこう」などと、

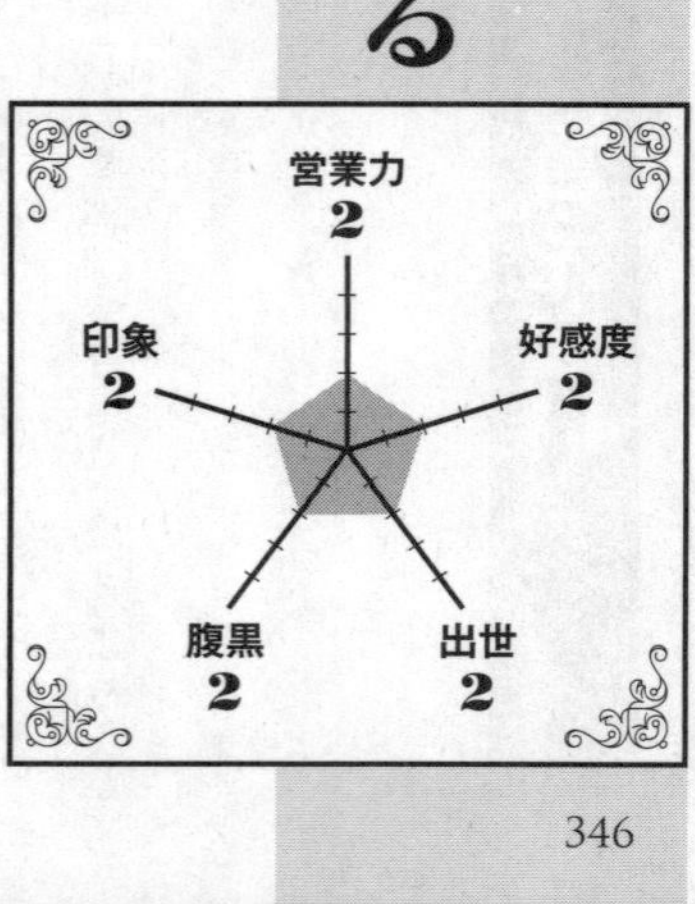

リーダー以外に言われても、正直なところ「なんでお前が言うんだ？」と周囲の人間も疑問を抱くはずだ。

また、リーダーが決まっていないグループにおいても、こうした態度を取るようであれば「リーダーをやりたい」というサインと考えてよいだろう。とはいえ、周りが「お前がリーダーだ」と言ってくれる自信もないので、なりゆきでリーダーになれればいいなと思っているはずだ。

こういった、リーダーになりたがるタイプの人間の、自分から率先してリーダー役をかって出ようとする姿勢は、頼りがいがあって面倒見がよいようにも見えそうだが、そういうわけでもない。というのも、リーダーとは周囲の信頼あって成り立つもので、「リーダーやりたいからお前らは俺についてこいよ」というのはちょっと違う。頼りがいのある人間であれば、自分からリーダーっぽく振る舞わないでも周りの人間から頼られたり、自然とその人をリーダー的なポジションに押し上げてくれるだろう。自ら「リーダーをやりたいんだけど」と言ってくれればまだよいが、どさくさに紛れてリーダー的ポジションに座ろうと思っている人間を、誰が支持するのだろうか。結局、「リーダーをやりたい」というその人の個人的な願望だけで、みんなのために動くつもりはないだろう。

心理POINT

リーダーは自分のエゴでなるものではない

「なるほど」ばかり言う人は話の主導権を握りたい

透視力キーワード　話題転換

会話が上手い人というのは、こちらの話にリアクションを取り、相づちを打ったりしながら聞いてくれる。自分の提供した話題に対して反応があるから、こちらとしても気分よく話を進めやすくなるはずだ。しかし、同じようにリアクションを取ってもらっていても、なんだか話の腰を折られたり、いつの間にか相手が話したい話題にすり替わってしまうことがある。

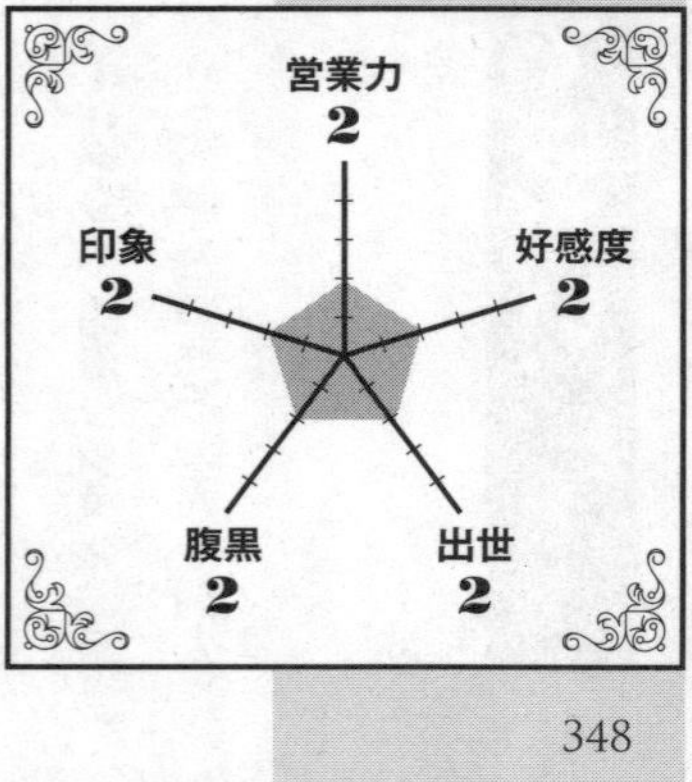

そういう場合は、相手がどんな言葉でこちらの話にリアクションを取っているかに注意してみよう。

こちらの話に対し、「なるほど」ばかり言う人は、話の主導権を自分に持ってきたいと思っている人だ。「なるほど」は、こちらの話を理解してくれているようにも聞こえるが、「なるほど。君の言いたいことはわかった。でもね」と、自分の話題へと持っていくために相手の話をストップするためにも使えるのだ。「なるほど」とだけ相づちを打って、こちらの話が進んでいくのなら問題ないが、「なるほど」と言われるたびに話の主導権を持っていこうとする人には要注意。聞き上手なふりをして、実は自分の話がしたいだけなのだ。

ほかにも、こちらの話を止めて主導権を握るために使われる言葉に「というか」がある。こちらの話題を「というか」で否定して、自分の意見を述べるというのであればまだよいが、特にこちらの話への否定があるわけではなく、話の主導権を握るための口癖になっている人もいる。

これらの言葉を多用する人とは話が進みづらくなるので、それを覚悟して話をふるか、話自体をあまりふらないほうがよいかもしれない。

心理POINT

自分の話ばかりしたがる人にはあまり話題をふらない

「話を聞いて、聞いて！」という人は構ってほしいだけ

透視力キーワード 構ってちゃん

話を聞いてほしいとき、「ちょっと話があるんだけど」「話、聞いてくれないかな」など、さまざまな話の振り方がある。中にはどうしても聞いてほしい話題があるようで、「ねえねえ聞いて聞いて！」と話題を振ってくる人もいる。そんなに話したいなら聞いてあげるか、となることもあるだろう。

しかし、この手のタイプには注意が必要だ。

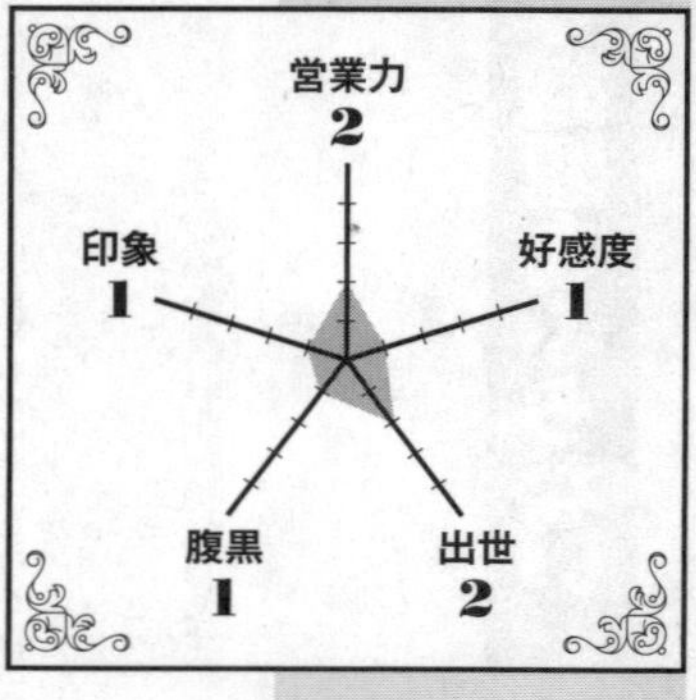

聞いてほしい話題が昨日見たテレビの話や他愛もない内容であればいいが、誰かの秘密やウワサ話の場合は気をつけたほうがよい。同じ言葉を繰り返す人は、誰かに構ってほしいという願望を持つ構ってちゃんで、話題は構ってもらうためのアイテムでしかない。話す相手、すなわち構ってくれる相手も、誰でもよかったりする。誰かの秘密も構ってもらうためのアイテムにしかならないような人である。「ここだけの話」と言いながら誰彼構わず触れ回っているだろう。間違ってもこのような人に自分の秘密を話さないようにしよう。

心理POINT

構ってほしいだけの八方美人に秘密を話してはいけない

構ってちゃんタイプは口が軽い

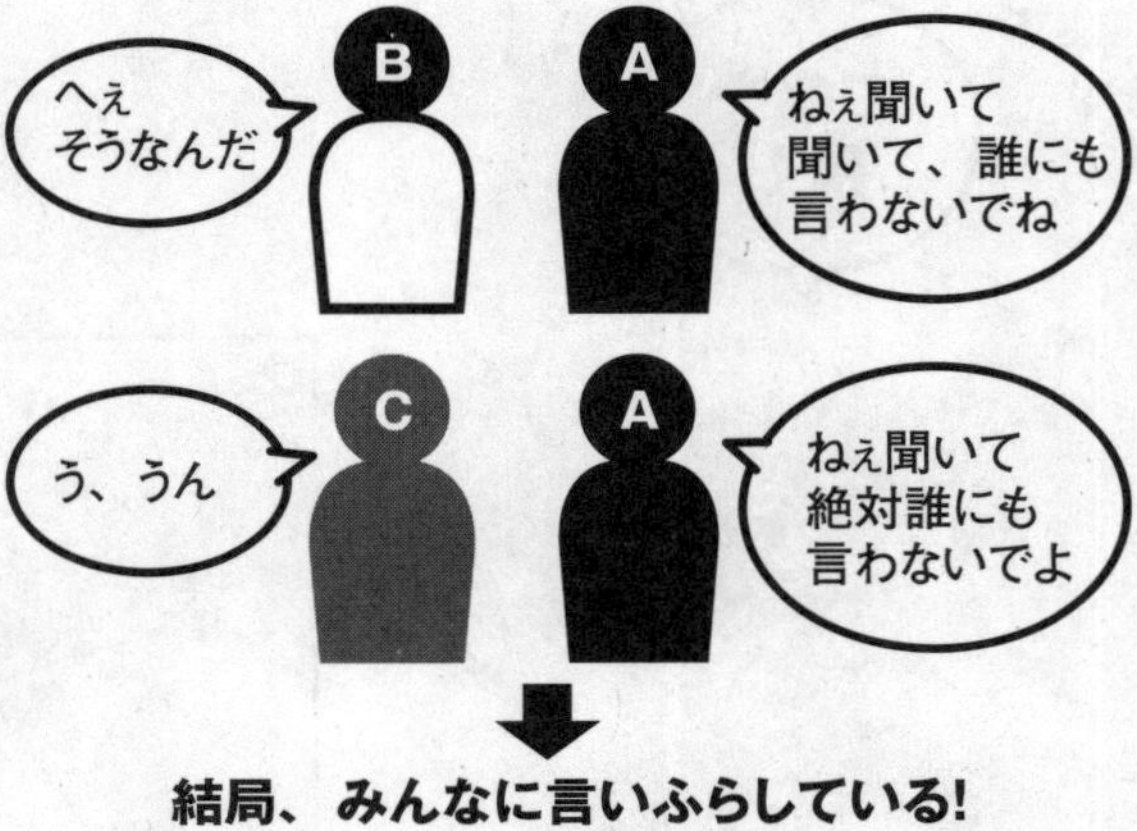
B
へぇ
そうなんだ
A
ねぇ聞いて
聞いて、誰にも
言わないでね
C
う、うん
A
ねぇ聞いて
絶対誰にも
言わないでよ

結局、みんなに言いふらしている!

「聞いて聞いて」の構ってちゃんには
自分の秘密を言わないほうが身のため。

話題を変えながら話を進めれば口癖を見抜ける

透視力キーワード　話題の連続性

この章ではさまざまな口癖ごとに、その口癖を言う人がどんなタイプかを紹介してきた。よくしゃべる人ならば、自然とクセを見抜いていくことができるが、無口なタイプの場合はあまりしゃべらないためにクセがわかりづらい。

そんなときには、しゃべっているうちに、ついついクセが出てしまうように誘導する話法を使ってみるとよい。

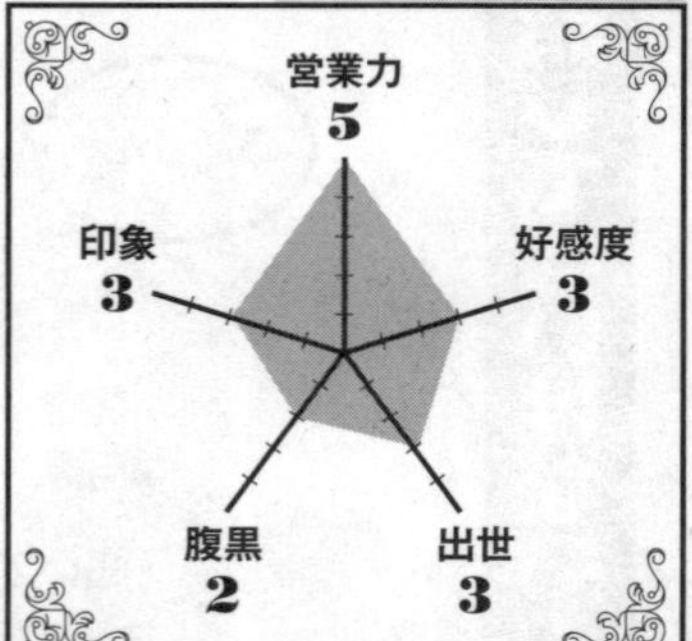

その話法とは、話題を変えながら連続して話し続ける、というだけ。これで相手はついついクセを出してしまうハズだ。仕事の話、政治の話、テレビの話、家庭の話、次の休日の予定、などコロコロと話題を変えながら、かつ連続して話題を振ってみよう。この際、一つ一つの話題自体は長くなくてもよい。ひとこと程度なら相手も答えやすいだろうし、最初のほうは「はい」「いいえ」で答えられる質問にしてみるのも手だろう。そこから段々と自分自身の言葉でないと答えられない質問を投げていく。普段からあまりしゃべらない人にとって、目まぐるしく変わる話題についていくのは大変なことで、一つ一つ焦りながら答えを出していくことになる。そうすると、丁寧に言葉を選んでいる余裕なんてもちろんない。その結果、無意識のうちに話し方のクセが出てくるようになるだろう。

相手が無口なタイプのときはもちろん、まだ会って間もなく、あまり親しくない取引先の人に対してこの話法を試してみる、というのもアリだろう。会話が少なく、重苦しい雰囲気になりがちな状況を打破することができるだけでなく、相手の性格を分析することで、その後の取引にも役立つ情報が得られるかもしれない。口癖による性格分析は、受動的なだけでなく能動的に行うこともできるのだ。

!

心理POINT

自分から積極的に他人を分析してみよう

問題
51

あなたが友達の家に遊びに行ったところ、その部屋にはサーフィンをしている異性の写真が……。その背後の海の様子はいったいどんなもの?

Question

A

嵐のように波がうねっている

B

波はほとんど立っていない

C

よい波が迫ってきている

D

珍しい波型が広がっている

Answer

母なる海は性の象徴!　さてあなたの激しさは?

「セックスの傾向」を診断

B　ビバ!　スローセックス 触れ合いこそ命の密着派

激しさよりも安らぎを求めるあなたは、いちゃいちゃしていれば、挿入がなくてもイカなくてもOK。親密な時間を大事にするのもいいけれど、パートナーが満足しているかは微妙。激しさを求めて去っていく可能性もあるので、時には希望を聞いてあげて。

A　相手によって相性は両極端 前戯なしで即挿入タイプ

外人さんのようにとにかく激しいセックスを好むあなたは、前戯なんてまどろっこしいことは大嫌い。入れている時間が長ければ長いほどいいと思うようで、相手が同じタイプならば相性がいいものの、ちょっと勘弁と思う人なら最悪の相性であること間違いなし。

D　相手は引いちゃうかも…… 新ワザを試してガッテン派

好奇心旺盛で、初めての相手でもいろんなことを試したいあなた。普通のプレイではまったく飽き足らず、いきなり飛び道具を持ち出すのもマストなのでは？　自分本位に責めたい責めたいばかりだと、本当に好きな人に出会ったときに相手が引いちゃうかも。

C　日々変わる波のように…… 日替わりメニュー希望タイプ

時には穏やかに、時には激しくといった感じで、日替わりに性的嗜好が変わるあなた。相手が望むならばアブノーマルなプレイも厭わない果敢なスタイルは、年をとっても衰えることを知らない。パートナー的には、もっとも好まれるタイプかも。

問題 52

Question

ある日あなたは、酒場で友達とポーカーをプレイ。1回のカードの交換で2枚を捨てて2枚を引いたあなた。さて、引いたカードと役はどれだった？

A
ハートの２＆
ハートのＡで
フラッシュ

B
ダイヤの５＆
ハートのＡで
ワンペア

C
ダイヤの３＆
ハートのＡで
ノーペア

D
ダイヤの５＆
ダイヤのＱで
ツーペア

Answer

あなたのハートとボディ、乾いていませんか?

「あなたの心と体の乾き度」を診断

B 心の乾きを埋めるためには……
心と体の乾き度 60%

体に潤いはあるものの、心がカラカラのあなた。行きずりの相手に求められ、ちょっとした優しい言葉にコロッと騙されてはいないだろうか? それこそ心が弱っている証拠で、心の乾きを埋めるためには禁セックスより道はなし。カンタンにヤラせるのはNG。

A 足りないものはシ・ゲ・キ!?
心と体の乾き度 10%

素敵なパートナーがいるようで、心と体の潤いは十分のあなた。性生活にまったく不満はないものの、少し足りないと思っているのは「刺激」では?　もしもアバンチュールを求めるならば、パートナーを裏切った代償は覚悟しておいたほうがいいかも。

D 関係の見直しも必要!?
心と体の乾き度 30%

そこそこの相手とそこそこの恋愛をしているあなたは現在のパートナーに「もっといい人がいるのでは?」と不満を感じているハズ。本当の自分の気持ちを確認し、相手との関係を冷静に見つめ直したほうがいい時期かも。ズルズルいってもお互いが不幸に!?

C 真夏の砂漠にいるほどの極限状態!!
心と体の乾き度 99%

心も体もカラッカラに乾いているあなたは、まさに砂漠のキャラバン状態。「もう、誰でもいい!!」なんてことを考えているのでは?　そんなときに見つかる相手にはロクな人がいないもの。まず座禅でも組んで、精神修養に努めてからパートナー探しをするべき。

問題
53

Question

ある日お台場にデートへ行ったあなた。楽しく観覧車へ乗ろうとすると、行列もなくスムースに選べることに。さてあなたが選んだゴンドラはどの色?

A 白

B 青

C 赤

D 紫

Answer

揺れるゴンドラの色でHに対するスタンスがわかる
「あなたのHへの夢中度」を診断

B

H嫌いの女の子っているのです
Hへの夢中度 10%

寒色系を選ぶあなたはそもそもHがあまり好きでないタイプ。男女交際の興味も希薄で「1人なら1人でもいいかな」と考えている節も。男嫌いが行きすぎると人間嫌いになる場合もあるので、ライトな関係からでも、パートナーを見つけることをおすすめする。

A

好きな人にはかなり乱れ気味
Hへの夢中度 70%

純潔を象徴する白を選んだあなたは、愛するパートナーとのみHができる人。ただし、セックスはかなり激しく乱れるようで、その積極性に、ときには相手がしり込みするようなことも。あまり求めすぎると相手が引く場合もあるので、ちょっと自制してもいいかも。

D

実はムッツリスケベ……かも
Hへの夢中度 50%

あなたはHをあくまでパートナーとの気持ちの確認作業と考えている人で、こちらから求めるわけでもなく、ごく普通の性生活送っているハズ。ただし、秘められた性欲は強く、行きずりの相手とはアブノーマルなことも許してしまうような魔性を秘めている可能性も。

C

燃えて燃えて火の中へ～
Hへの夢中度 120%

情熱的な赤を選ぶあなたは、Hなしでは生きていけないレベルの夢中度。パートナーに求めて求めてを繰り返すので、ハッキリいって相手は身が持たず、さらに余った性欲は浮気へと向かうため決して幸せな結果を生むことはない。少しは控えるように。

問題
54

Question

雑誌で有名な行列ができる洋食屋に行ったあなた。メニューを見ると値段が同じおすすめコースが4つある。さて、あなたはどのコースを選ぶ?

A
4種類のフライが楽しめる**ミックスコース**

B
人気の定番商品・**お母さんのコロッケコース**

C
中身はお楽しみの**ドキドキフライコース**

D
伝統に裏付けられた**正統派チキンカツコース**

Answer

あなたが本当にセックスしたいのはこんな人
「性的な魅力を感じる相手」を診断

B あなたにだけ、なのよ 心の底から好きな人

セックスに関する欲求と愛情のバランスがいい人。好きな相手のみに欲情するため、交際時のトラブルも少なく、結婚するなら最適なタイプと言える。しかし、自分の相手が同じようなタイプとは限らないため、結婚後に悲しい思いをする可能性もあるかも？

A 女房とタタミは新しいほうが…… 新人ならば、よし！

容姿や性格の好みはあるものの、スペックよりも新鮮さを求める人。どんなに素晴らしい相手と付き合っていても、新しい出会いがあればついそちらのほうへ。ただし、セックス自体は淡泊でそれほどズルズルと引きずるわけでもないので、問題になることも少ない。

D 優柔不断も行きすぎると…… みんなが「いい」と言う人

自分で好きなものを選べないあなたは、自分の意見というよりも、誰かがいいと言うものを選びがち。交際相手も芸能人の誰かに似ている人ではないだろうか？　求められるままに流されると、いつか見知らぬ場所で「こんなハズじゃなかった」と思うかも？

C まさに千本ノック状態 どんな人でもカモン

とにかく異性であればＯＫという守備範囲の広い人。ほかの人から見れば「なぜあんな人と……」という相手でも引き受けるツワモノである。単に数をこなすのが目的で、セックスをスポーツライクに考えている節があるので、不思議と人として嫌われることはない。

問題 55

Question

ある日の夢の中で、あなたは海の上に人1人が乗ったボートを発見する。その海の状態や波の様子、そしてボート上の人は何をしていた？

A
静かな海面で、人は**落ち着いている**

B
さざ波に揺られて、人は**気持ちよさそう**

C
波が高く、人は**荒波と闘っている**

D
人も小舟も**嵐に翻弄されている**

Answer

普段のあなたはこんな風にしてるんですよ
「パートナーとのセックス」を診断

B
マンネリを防ぐのも重要！
スローセックス推進派

ゆらゆらと揺れるさざ波は、ゆっくりとしたスローセックスのイメージ。優しい心を持つあなたは、相手を傷つけないように満足させることを考えているが、マンネリ化するのを防ぐために、ときに変化をつけるのもOK。試してもパートナーはあなたを許すハズ。

A
たまには刺激を加えてもいい？
極めてそつなく淡泊に

波一つない静かな海は、ふわっとしたおだやかで優しい状態を表している。あなたは通常、そつのない淡泊な性生活を送っている人。不安になるのは、パートナーが物足りなさを感じるような事態。たまには、日常を飛び越えた行為をしてもいいかも。

D
一度スイッチが入ったら
手が付けられない暴風雨!?

嵐の海をイメージしたあなたは、まさに性行為に全力を傾けるセックスマシーン。気持ちが高ぶると果てしなく求めるあなたを相手が受け入れているならば、相性はバツグン。しかし、もし我慢しているようであればいずれ関係も壊れてしまうので要注意だ。

C
新技は試してこそ価値アリ
研究熱心な情熱派

荒波を選んだあなたは、どちらかと言えば激しいセックスを好むタイプ。また、さまざまなテクニックに対しても研究熱心で、新しい技を試したがりなハズ。パートナーはそれにやや辟易としていることもあるので、少し相手本位に考えてあげてもいいかも。

問題
56

Question

学生時代に初めての1人旅で海外に出かけたあなた。今まさに飛行機が離陸しようと滑走路を走り出したとき、あなたは何を思う？

A
期待に
胸をふくらませる

B
好奇心いっぱいで
窓の外を眺める

C
不安で
心臓の鼓動が速くなる

D
怖くて
目をぎゅっと閉じる

Answer

初めての旅路はまさに処女飛行!
「初Hの感想」を診断

B
その好奇心は一生涯続く
ドキドキが癖になりそう

初Hを好奇心いっぱいで迎えたあなた。若いうちは肉体を存分に使ってセックスライフを謳歌し、そしてその好奇心は年齢を重ねても衰えることはない。生涯ずっと充実した性生活を送ることができるハズで、パートナーにも恵まれるタイプ。

A
全力でセックスを楽しんでます
ワクワクでしちゃった

期待いっぱいで初体験を迎えたあなたは、セックスに関して精神的にも肉体的にも非常に健全な意識を持っているハズ。大らかで開放的に性行為を楽しめるため、現在のパートナーの有り無しにかかわらず、有意義な性生活を送ることができるタイプ。

D
いったい何が楽しいの!?
恐怖以外の何モノでもなし

初体験に恐怖を感じてトラウマになってしまったあなたはとても不幸な人。当然、その後もその感覚を引きずっており、セックスに関して嫌悪感すら抱いているはず。温かくて優しいパートナーを見つけて、愛情の通ったセックスをすることで現問題を解決しよう。

C
ついつい受け身になりがち
不安でいっぱいだった

初めてのH体験を不安いっぱいで迎えたあなたは、セックスに関して期待や喜びよりも不安が先立ちがち。それゆえにその後の性生活でも、受け身の姿勢になりがちでいまひとつ積極的になりきれない。心を開けるパートナーと出会うのが状況打開のカギかも。

問題 57

Question

ある休日、あなたは友達とバーベキューへ。みんなで準備に取りかかり、コンロの設置も完了。作業をしながらの食事となったとき、あなたは何をする？

A 食べながら食材を焼く

B 「食べるの専門」と言い張る

C 食べながら食材を切る

D 後片付けを担当する

ベッドの上ではどんな人？

「セックス中の性格」を診断

B

**食物連鎖のトップに君臨!!
天性のサディスト**

人の目を気にすることなく、黙々と食べ続けることができるあなたは間違いなくドS。Hに対してもかなり貪欲で、自分の求めるままに相手を貪るセックスを求めるハズ。わがままに思われがちだが、おとなしい異性にはかなりのモテぶりを発揮するタイプでもある。

A

**食べられちゃうのも許しちゃう
生っ粋のマゾ**

焼きながら食べる……と言いながらも、なかなかあなたの口に食べ物が入ることがないのがバーベキューの焼き手の宿命。そんな役目を選ぶあなたの性癖はやはりドM。ベッドの上でじらされて、待たされることでジリジリと燃え上がっていくのが好きなハズ。

D

**じっくりと腰を据えて構える
隠れサド**

片付けの作業は落ち着いて食事をとったあとの作業。構えて事を済ますあなたは実は隠れたサディストのハズ。相性次第でいいパートナーと巡り合えるが、自分の隠れた性癖を知らないとドS同士でとんでもないことに。パートナー選びはくれぐれも慎重に。

C

**計算高さは天下一品
攻守自在のオールラウンダー**

一見食事にありつけなそうな切る作業は、一段落したところで食べるほうに回れるメリットがあり、そこに目をつけるあなたはそつのない計算高い人。ベッドの上でも攻守入り交じっての展開を難なくこなすタイプ。抜け目なく相手に合わせたプレイをこなせるハズ。

Question

問題 58

ある夢の中であなたが歩いていると、古株の前に裸で寝ている女の妖精に遭遇。すると、そこに1枚の羽が舞い落ちてきた。羽はいったいどこに落ちた？

A 妖精の体

B 古株の上

C 風に流されてどこかに行ってしまった

Answer

体に落ちる羽は、ズバリあなたの感じるトコロ!

「性感帯」を診断

B 意外とストレートな場所が急所!?ズバリ性器です

羽が古株に落ちたと思ったあなたは、かなり局部への直接的な刺激が好きなタイプ。セックスに関しても前戯や愛撫など必要なしと思うたちで、即フェラ、即挿入が通常進行。性癖が合わない人をパートナーに選ぶと、かなり悲惨なことになるので要注意。

A 落ちた場所はドコだった!?羽が落ちた場所が感じるところ

妖精の体に落ちた羽の場所は、あなたの感じる性感帯を象徴している。胸に落ちたと思えば胸が性感帯になるが、もし「違うかも」と思った場合でもまだまだ未開発なだけ。今後あなたが経験を積めば、見知らぬ快感をゲットできるのでチャレンジしてみよう。

C もしかして不感症……!?感じるところはありません

羽がどこかに行った、と思った人は性感帯がないか、もしくは非常に感度の悪い人。異性が嫌いなわけではないがセックスに関して敬遠気味なところがあり、男女関係も億劫になりがち。人嫌いになる前に自分の体を羽で触って性感帯チェックをしてみては?

問題
59

Question

ある日夢のなかでミュージシャンを目指していたあなたはついにメジャーデビューを果たして大喜び。
さて、あなたが担当していた楽器はどれ？

A ドラム

B キーボード

C ベース

D ギター

Answer

セックスは肉体で奏でるセッションだ!

「セックスのノリ」を診断

A 昇天へ導くノリノリのビート バツグンのリズム感

ドラムを選んだあなたは、バツグンのリズム感で相手を導く激しいノリのセックスが好き。相手をうまくコントロールして、高ぶらせたり、悦ばせたりするのも自由自在。ちょっとSっ気もあるので、受け身タイプのパートナーのほうが相性はいいかも。

B 相手に合わせた伴奏は天下一品! 超絶テクニシャン

バンドの中でも目立たず、それでいてしっかりと合わせてくれるキーボードを選んだあなたは、一体感を醸し出す天才。無理なく、優しくパートナーを導き、2人で一つの快感を得ることができるハズ。パートナーはセックスに自己主張があるほうが相性グッド。

C 淡々とこなす姿がシビレル 丁寧でねちっこいプレイ

バンドの要、縁の下の力持ちとも言えるベースを選んだあなたは、決してサボらず、ねちっこく手を抜かないセックスをする努力人。あまりイレギュラーなことはせず淡々と作業をこなすが、丁寧な接し方は異性に喜ばれるハズ。受け身のパートナーのほうが相性がよい。

D ちょっとロマンチスト……すぎ? 技よりハートで勝負

ギターを選んだあなたは、肉体的なセックスの結びつきよりもメンタルを重要視するタイプ。ベッドで抱き合ったり、言葉を交わしたりすることに重きを置き、行為自体はいたって淡泊。パートナーが納得すればいいが、違う場合は「見かけ倒し」と思われることも?

問題 60

Question

ある日の午後、自宅で食事を取ったあとに眠くなったあなた。昼寝をしようと、周りにあったモノを引き寄せてひと眠りしたが、いったい何を引き寄せた？

A 普通の枕

B 抱き枕

C ビーズクッション

D 大きなぬいぐるみ

Answer

どんな体勢が一番好みなんだい!?

「好きなHの体位」を診断

B かなり激しいのがお好き?バックスタイル

激しく愛されることを求めるあなたは、ベタベタいちゃいちゃするのもバックで突かれながら抱き締められるのも大好き。より密着度が高い体位が、あなたの心と体を満たす体位であるハズ。実は甘えん坊なため、包容力のあるパートナーを求める傾向があり。

A かなりの恥ずかしがり屋さん 正常位オンリー

プライドが高く、ドノーマルな感性の持ち主のあなたは、セックスの際に正常位以外は考えられないタイプ。たとえ心を許せる相手であっても、変わった体位は恥ずかしくて恥ずかしくて仕方がないと考えている模様。たまには冒険してみてもいいかも!?

D 激しい恰好に燃えてしまう どーんと大開脚

ちょっとMっ気が入っているあなたは、屈辱的な恰好やアブノーマルなシチュエーションに燃えてしまうタイプ。「自分で足を開いてごらん」なんて言われると、もうメロメロで体が熱くなってしまうハズ。堕ちていく自分に酔ってしまう傾向があるので要注意。

C 欲しいのは安心感なの 座位&騎乗位

男性に支えられたり、抱き締めたりされることに、喜びと安心感を覚えるタイプの人。あなたが求めているのは安定した状態であり、それがもっとも快感を得やすい状態とい言えるハズ。体位は女性上位だが本質は保守的な人なので、わりと身持ちが固いのも特徴。

問題 61

Question

ある日宇宙飛行士になった夢を見たあなた。数々のミッション経験を思い返していたところで、一番印象的な着陸があった。それは次のどれ？

A やっぱり **最初に降り立った星**

B スリルがあって **ワクワクした星**

C なんとなく **心地よかった星**

D **これから行く星**に期待している

Answer

宇宙遊泳はセックスと同じ気分?
「印象的なセックス経験」を診断

B
スリリングな体験が忘れられない
ちょっと危険な情事

ちょっとアブノーマルなセックスや不倫などの危険な相手との情事が忘れられないあなた。常軌を逸したプレイの印象は、その後の性的嗜好にも影響を及ぼすため、普段の性生活もややスリリング気味。身を滅ぼさない程度に楽しむように。

A
忘れられないのは初めての人!?
なんといっても初体験

初めてのセックスが一番印象に残っている人。行為そのものより、初めての相手に対する印象が深く、忘れられない人となっているようだ。しかし、もう一度その相手と付き合ったとしても、もはやまったく別の人となっているハズ。過度の思い入れは禁物。

D
実は未知なる体験にドッキドキ!
いまだに未経験!?

あなたはいまだにセックス経験がないか、これまでに印象的なセックスがないかのどちらかの人。とはいえ、性に関する興味は人一倍強く、見知らぬ体験に興味津々なハズ。実は根っからの好きモノの可能性もあり、異性関係が花開けばやめられなくなる可能性も?

C
愛する人との体験がサイコーです!!
心許す相手とのセックス

なんとなく心地よく感じるのは、気持ちが落ち着く相手とのH体験を象徴している。あなたは深く付き合った相手とのセックスを一番印象深く思っているようだ。心と体のバランスがうまくとれている非常に健全な人で、現在の性生活も満足するもののハズ。

問題
62

Question

ある日見た夢の中であなたは赤ずきんちゃんになっていた。おばあちゃんの家のドアの隙間を覗いて、そこに見えたものは次のうちのどれ？

A
オオカミの目

B
オオカミの鼻

C
オオカミの口

D
オオカミの手

Answer

オオカミに食べられちゃいたい気持ちはどれくらい?
「めちゃくちゃにされたい度」を診断

犯されたい願望なんてまさか!?
めちゃくちゃにされたい度 0%

B

他人に屈辱的な仕打ちを受けるなんて考えられないと思っている人。人から優しくされることこそが愛情であり、少しでも乱暴な行為を受けた時点で急速に冷めていくタイプである。プライドが高いので、自尊心を満足させてくれるパートナーと相性がよい。

壊れるくらい責めてほしい!!
めちゃくちゃにされたい度 100%

A

普段から誰かに襲われてみたい、罵られてみたいと思っている人。汚らわしい言葉でいじめられたり、卑猥な言葉を言わされたりすることに悦びを感じてしまうドMで、心の底では自我を解放して抑えられている欲望をむき出しにしてみたい、と考えているハズ。

前カレを忘れさせて!!
めちゃくちゃにされたい度 50%

D

メンタル的な意味で破壊されたい願望があるあなた。昔の楽しかったことを思い出すのがつらすぎて、記憶の上書きとして行きずりのセックスを求める傾向があり、性的にそういった願望が強いわけではない。おざなりだが自分を大事にすることを忘れないように。

未知の世界へ連れてって~
めちゃくちゃにされたい度 75%

C

好奇心の強いあなたは、見知らぬテクニックやおもちゃに興味津々。相手が多少乱暴でも好奇心の疼きには勝てず、ついついなすがままになって快感に溺れてしまうタイプで、不倫や近い場所での恋愛などちょっと危険な関係も平気。ムチャしすぎないように。

問題
63

Question

あなたは、とある街でセーターを着ている女性と出会った。セーターにはなぜか桃の模様が……。さて、桃の数と大きさはどんなものだった？

A
小粒な桃をひとつ

B
小粒な桃をたくさん

C
大きな桃をたくさん

Answer

桃の数と大きさは性生活を象徴!
「あなたの生涯のセックス回数」を診断

A 結婚するまではちょっとムリ!? かなり控えめなほう

貞操観念が強く身持ちの固いあなたは、お付き合い途上でのセックスを否定するタイプ。パートナーが欲求不満に陥ってしまう場合もあるので、理解ある異性を見つけることがおすすめ。もう少し心と体をオープンにして、肩の力を抜いてみては?

B 昼も夜もなくフル回転! ちょっとヤリすぎでは!?

かなりの好きモノで「恋愛とセックスは別」と考えているタイプ。セフレを複数持っていたり、一夜限りの恋を重ねてみたりと、ハードな日常を送っている様子。今はそうでなくてもきっかけがあれば豹変するハズなので、自分の中に潜む悪魔の存在を知っておこう。

C 思い出に引きづられてます……忘れられないHがありそう

セックスの回数、というよりは忘れられない異性、性体験があるタイプ。それがいい思い出であれば、ほかの異性と出会ったときに成熟したセックスのコミュニケーションを取ることが可能だが、トラウマになっているなら恋愛そのものを苦手にしている可能性も。

問題 64

Question

ある日、恋人に頼まれたあなたは花粉症の薬を買いにドラッグストアへやってきた。たくさんある花粉症の薬の中から選んだのはどれ？

A
相手の症状を思い出し、**最適なものを購入する**

B
総合的に**一番効きそうなものを購入する**

C
どれを買っていいか迷い、**困り果てる**

D
飲み薬や目薬、点鼻薬など**いろいろ購入する**

相手の望むものはすなわち感じるトコロ!?

「テクニシャン度」を診断

A 異性の気持ちを知り尽くした パーフェクトなテクニシャン

あなたは、相手が悦ぶことを先回りして察知し、準備することに長けた最高のテクニシャン。また、そうすることに喜びを感じる利他的精神の持ち主でもある。決して小手先の技術に走ることなく、その場その場で臨機応変に対応するのでマンネリもないハズ。

B 素直に相手の気持ちを聞いてみては……!? 実戦不足の理論先行タイプ

相手を悦ばせたい気持ちやそのための知識は頭の中にいっぱいだが、いまひとつパートナーとの呼吸が合わないと思っているタイプ。それゆえ、いざセックス本番のときには、やっていることが空回りなんてことも。言葉に出して相手の望みを聞いてみるのもいいかも。

C 自分勝手って言われません? サービス精神はまったくナシ

相手がどうすれば悦ぶなどということは考えたこともないタイプ。あなたはパートナーに「セックスよりオナニーのほうが気持ちいい」なんて口走ったことはないだろうか? セックスのことよりも前に、人に対するデリカシーや気遣いを考えたほうがいいかも。

D ちょっと鈍感なんだよなあー 気持ちばかりが先走るタイプ

長く付き合っているのにもかかわらず、相手の感じるところや悦ぶことがなかなか理解できないかなり鈍感なタイプ。なんとか悦ばせたいという優しい気持ちばかりが先走るが、実際の行為がまったく追いつかない。2人でゆっくりと話し合えば解決の道もアリ。

問題 65

Question

まず、恋人を表す大きな円をイメージ。そしてあなたを思い浮かべて、そこにもう一つ円を描くとする。果たしてあなたはどういう位置にどんな円を描く？

A 円の外側に大きな円を描く

B 円の内側に小さな円を描く

C 接触しないように円を描く

D 交差するように円を描く

Answer

相手を包みたい？　それとも包まれたい？
「異性への独占欲」を診断

A 裏切りはゼッタイ許さない!! 独占欲はマックス

独占欲が極限まで強く、1日に10回は携帯コールを入れるあなた。ゆえに、相手が浮気などしようものなら関係修復は不可能なタイプである。遊びを持たせた考えをしないと、長い人生を異性と過ごすのは難しいかも。精神修養をおすすめする。

B 包容力のある人がスキ! 甘えさせてほしいタイプ

表向きは独占欲が強く見えるが、その実態は依存心が強い甘えん坊な人。相手が優しいうちはいいが、自分の思うようにならないと途端に不機嫌になるなど、けっこうわがままなところも。ゆえに包容力のある相手でないと関係が長持ちしないことも覚えておこう。

C 干渉されるの苦手なんです…… 独占欲ゼロ

独占したいという気持ちがわからない、というくらい干渉しないあなた。あなた自体が干渉を嫌う人で、同タイプのパートナーを選ぶため、不思議と異性関係は長続きする傾向がある。ただし、周囲から見ればただの変わり者カップルに見えることも覚えておくべき。

D 相手を尊重……なの!? 放任主義タイプ

独占欲があまり強くなく、相手を尊重してバランスを取るあなた。パートナーの浮気も異性からの評価が高いこととして認め、自分のところに帰ればいいというスタンスのハズ。自分も自由行動なのでストレスは少ないが、行きすぎれば関係崩壊となることはお忘れなく。

Chapter5

行為

で読み取る人間心理

座席の選び方で性格や人間関係がわかる！

透視力キーワード　対人心理

友人と行ったレストランや、職場での会議の際に、どの席を選ぶかにその人物の性格や、人間関係がわかる。

心理学者のクックは、性格診断によってテスト対象の大学生を外向的と内向的に分類した上で、テーブルで座席選択実験を行った。すると、外向的な学生は、相手の真正面に座ることを好み、内向的な性格の学生は真正面を避ける傾向

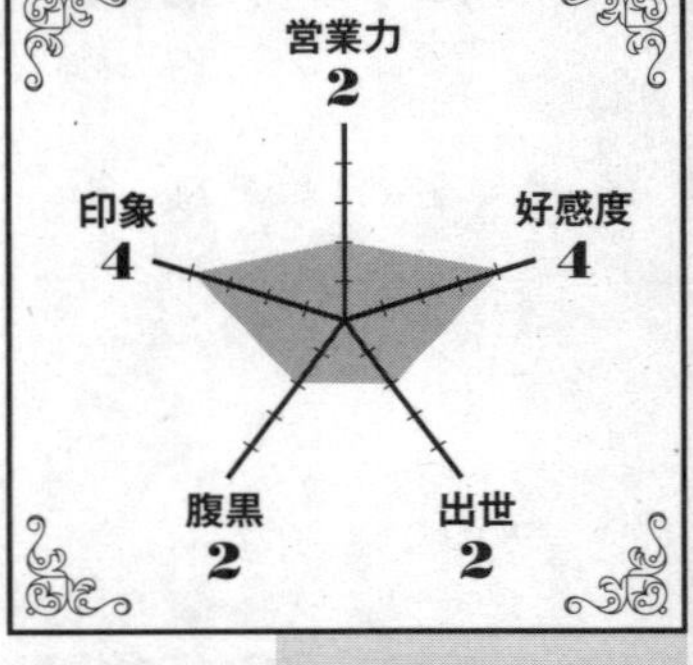

にあることを突きとめた。外向的な性格の学生は、相手との関係を深めようと積極性を見せる一方で、内向的な学生は、無意識に相手との接触を避けようとしていたためである。

またクックは、4人掛けのテーブルに、2人で座る際の様子を①会話場面、②協力場面、③単独共行為場面、④対立場面に分けた調査も行っている。

①会話場面でもっとも好まれたのは、テーブルの角をはさんで座る位置取り。相手を直視せずにすむためリラックスした状態になれることや、互いの距離がほどよく保たれることがこの結果の理由のようだ。②協力場面とは、2人で同じ作業をする状況のこと。この場合は、隣合わせに座るケースが多くの人に好まれる。③単独共行為場面とは、同じ空間で別々の行為をするシチュエーションのことで、作業スペースを確保するためハス向かいに着席するケースが多い。④対立場面では、向かい合って座るという選択をする人が多かった。

こうした傾向には、人の対人心理が表れている。相手の性格を見抜く際や、これから関係性を築いていこうという場面では「どこに座るか」をチェックするといいだろう。

心理POINT
相手によって座席を使い分ければ印象UP!

ゆっくり歩くと「デキる」と思われる

透視力キーワード　防御本能

ビジネスの世界では「廊下を走る人は仕事ができない」という定説がある。それは、自分の仕事をコントロールできず、走り回らなければならない状況に陥ってしまっていることの証拠だというのである。落ち着きがなく、心が不安定だからこそ、セカセカしてしまうのだ。本人はテキパキ、キビキビのつもりでも、そう見られていない可能性がある。

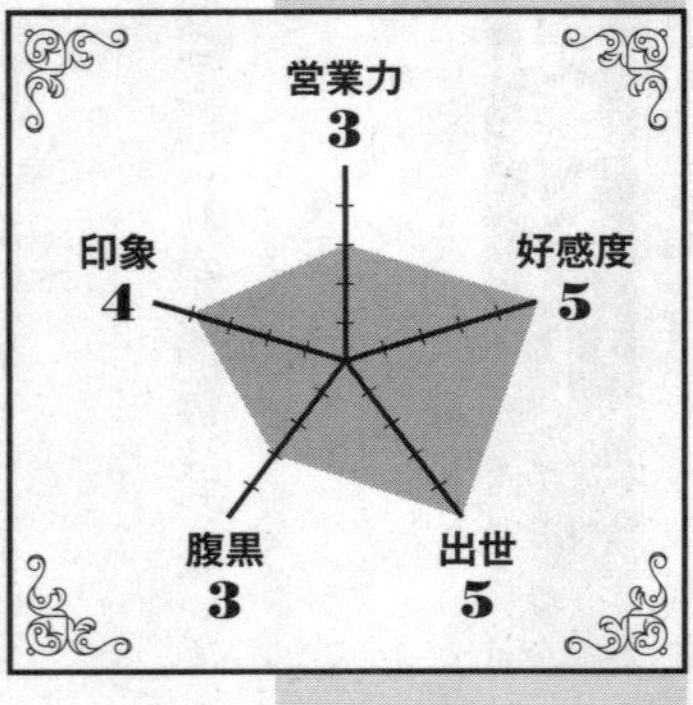

では、周囲に「デキる人物だ」と思わせるにはどうすればいいのだろう。答えは簡単、セカセカしないように気をつけて、ゆっくりと行動すればいい。〝会社の廊下を走る〟なんて論外。歩くスピードもゆっくりと、ノンビリに見えるくらいがいい。

思い出してほしいのは、校庭を散歩する校長先生や、会社の社長が社内を闊歩する際に、両手を後ろに組んでゆっくりと歩く姿だ。あのポーズは「ここでは、私は誰からも攻撃されない」「防御姿勢を取る必要がない」という自信から、防御本能がオフになっていると言える状態なのだ。気が散っていてセカセカしている人とは真逆である。

交渉相手や同僚に「こいつは大人物かもしれないぞ」と思わせるべく、この〝両手を後ろに組んでゆっくり歩く〟という動作を利用する手も考えられるだろう。ただし、ゆっくり・のんびりを意識し過ぎて「あの人は動きが鈍い」「何をやらせてもノロい」といったイメージを持たれないようにご注意を。また、目の前のゆっくりした人が、本物の重要人物なのか、それとも虚勢を張っているだけなのかを見抜く目も鍛えたい。

!

心理POINT

自信のある人物はセカセカしないもの

おすすめメニューを選ぶ人は責任転嫁型

透視力キーワード　葛藤

レストランや食堂での「メニューの決め方」からも、その人物の性格や心理状態を読み取ることができる。

注文時に〝本日のおすすめ〟や〝店長のイチオシ〟などを選んでしまう人は、何かにつけて責任転嫁してしまうタイプが多い。仮に出された料理の味がイマイチだったとしても「すすめられたから仕方ないか……」と言い訳ができる

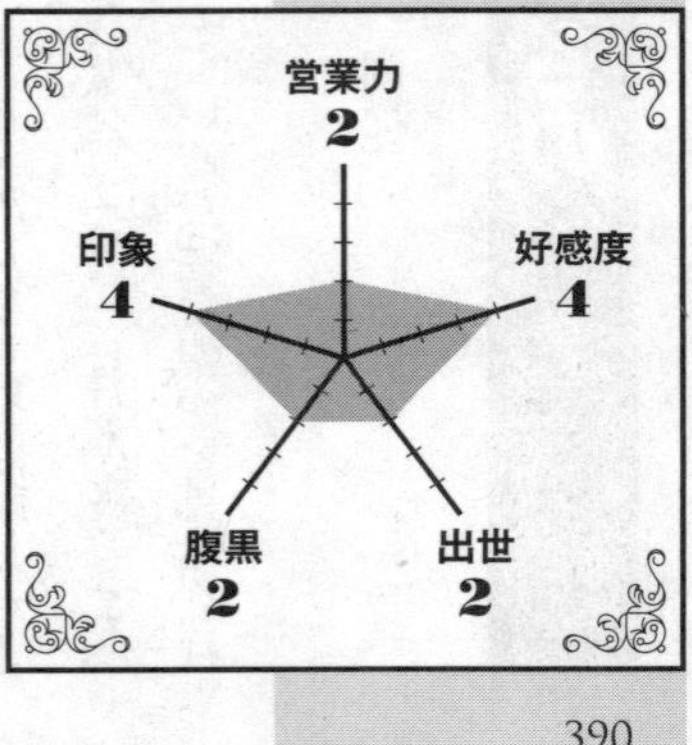

ゆえに〝おすすめ〟を選んでしまうのである。ファーストフードなどで「新商品の○○はいかがですか？」と言われて、注文してしまう場面も同様だ。「どれにしようかな？」という苦悩から、できるだけ早く解放されたいという思いも、そうした心理を後押ししている。

気になる2つのメニューを選びきれず、最終的に別のメニューを選んでしまう人もよく見かける。これは、魅力的な2つの選択肢の間で葛藤状態になり、そこから脱するために別のメニューを選んでしまうという現象である。周囲からすれば「ハンバーグとパスタで悩んでいたのに、なんでグラタンを頼んだの？」と不思議かもしれないが、心理学的には至極まっとうな心理作用だ。

あたふたせずに、素早くメニューを選べる人はリーダータイプの性格。上手に自己主張もできるが、それゆえにちょっぴり頑固な面も。同席する人に「どれを頼むの？」と確認してから自分のメニューを選ぶ人は、人間関係を重んじるタイプに多い。協調性や柔軟性に優れている。いつまでもメニューを決められない人は、優柔不断で大人しいタイプであると同時に、見方を変えると周囲を気にしない自己中心型とも考えられる。これを知っておけば、注文時に相手の性格を見抜ける。

！心理POINT

メニュー選びで性格や心理状態が丸わかり！

心理状態は必ず顔に表れる

透視力キーワード　微表情

空気を読んで作り笑いをしたものの「目が笑っていない」とバレてしまうことがある。人間は口角を持ち上げるための頬骨筋は意識的に動かせるが、目の周りの小さな筋肉は自分の意思で動かすことができないため、そこから作り笑いがばれてしまうのだ。どんなに取り繕っても、人の感情は行動や表情に出てしまうものなのである。

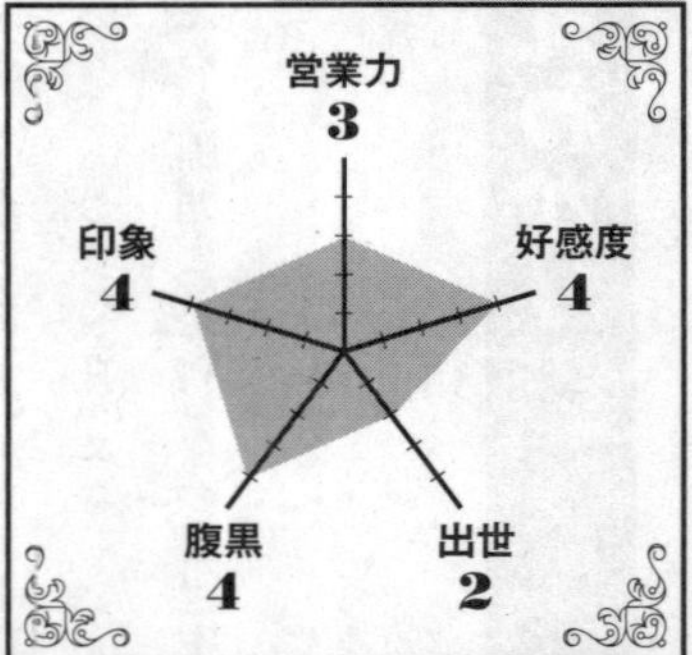

表情に関する研究の第一人者エクマンによると、人の感情は〝微表情〟と呼ばれる、瞬間的（15分の1秒以下）な表情に如実に表れるのだという。多くの人は微表情を読み取れないものの、専門家が見れば一目瞭然。人間の心理は、隠そうとしても隠しきれないのだ。エクマンの研究は、警察官、裁判官、弁護士、精神科をはじめとする医療現場などで活用されており、ビジネスシーンへの応用も進められている。

かつては「表情は学習によって身に付くもので、環境や経験によって個人差が生まれる」との考察もあった。だがエクマンは世界規模の調査を実施し、50以上ある顔の筋肉の中で意識的に動かすことができない部位が、どの地域の住人でも同様の感情表現に関わっていることを見出し、表情は人類共通の心理表現だと発見した。そして、人の表情は①怒り、②恐怖、③喜び、④悲しみ、⑤驚き、⑥嫌悪という6タイプに分けられるという結論も導いている。

目の前の相手の表情から心理状態や本心を読み取ることは容易ではない。しかし、心を読むためのヒントは、必ず相手の表情にあると言えるのだ。

心理POINT

一瞬の表情の変化や、特定の筋肉の動きに本音が宿る

男性がコスプレに弱いのは支配欲があるため！

透視力キーワード　支配欲

〝女性の制服姿〟を好む男性は多い。看護師、フライト・アテンダント、メイドなどの制服に、フェティッシュな、魅力を感じてしまう、その理由とはいかなるものだろうか。

そうした職業に共通しているのは〝人に尽くす仕事〟だということ。制服を着て働く女性の、優しく従順なイメージが男性の本能に潜んでいる支配欲を刺激するのだと考えられる。たとえ

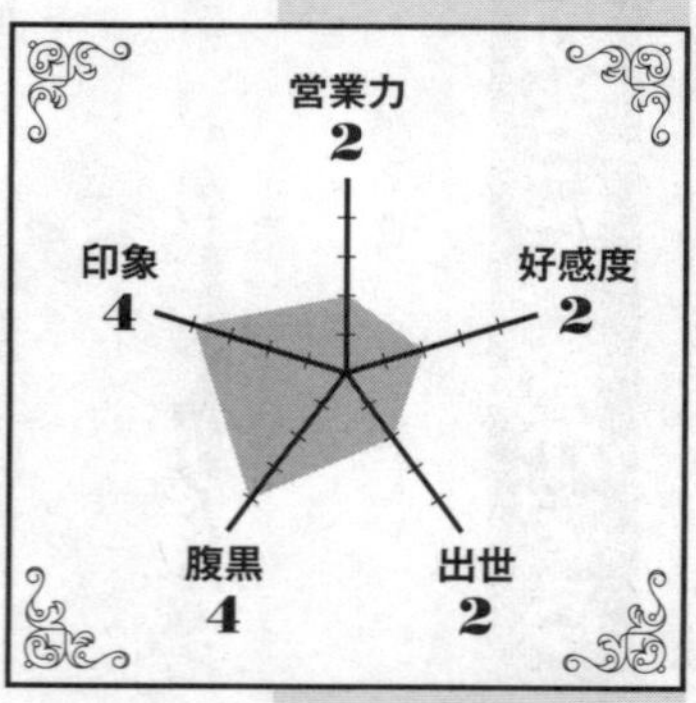

制服を着ている女性が従順な性格でなかったとしても、〝従順さの象徴〟である制服を着た姿に興奮や関心を覚えるという仕組みである。

また、制服には「若々しさ」のイメージもある。学校の制服や、新入社員たちの制服、ショップの制服などは、若い女性が着ている印象が強い。男性は「子孫をより多く残したい」という本能を持っているため、無意識のうちに女性に若さを求めてしまうもの。それゆえに、制服の持つ若さのイメージに、本能を刺激されることになる。つまり、女性の制服姿は、男性の支配欲と性的本能を同時に刺激していると言えるのだ。

一方、女性が男性の制服姿にグッとくる場面も少なからずある。女性が惹かれる制服の筆頭は、医者の白衣や、ビジネススーツなど。女性の場合は男性の制服から、権威、地位、財力などを読み取ろうとする傾向にある。女性は「自分の子孫を残すにふさわしい力を持った人物かどうか」を制服の持つ意味から判別しようとしているのだ。それゆえ、権威や財力を示さないブルーカラーの制服に心が動く女性は多くない。制服全般に弱い男性との差が見えてくる。

心理POINT

従順さと若さのイメージが男の本能を刺激する

いつも時間に遅れて来る人は相手よりも優位に立ちたい

透視力キーワード　潜在意識

友達に、遅刻の常習犯はいないだろうか。うっかりしているのか、それとも別な理由があるのか……。中には、遅刻をすることで相手の気を引こうとしている人物もいる。

「待たせる」という行為は、相手から時間の自由を奪うことと同じだ。待たされる側は、不安やイライラを募らせることに。その結果、待たせた側のほうが、待つ側よりも心理的に優位に

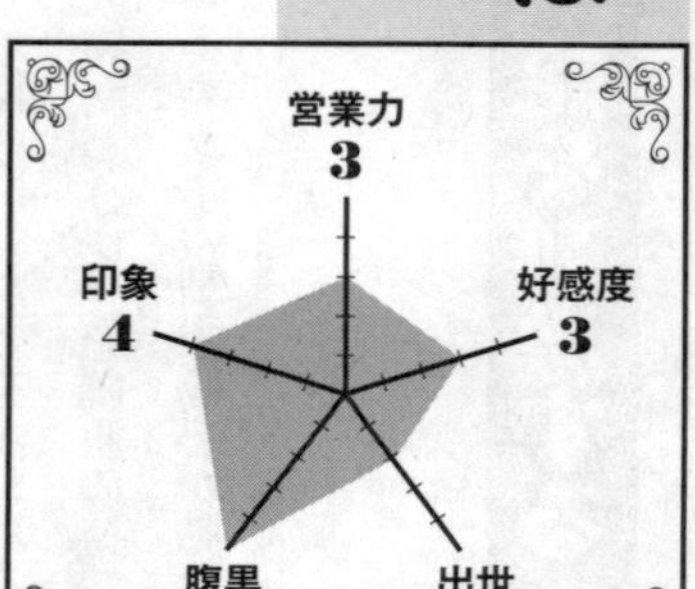

立つことになる。

だからといって、遅刻が許されるわけではない。相手の優位に立ちたいがために、わざと遅刻を繰り返し、結果的に「いい加減な奴」というレッテルを貼られないようにしたい。

気をつけているのに、遅刻を重ねてしまう人は、潜在意識に刻まれた「自分はダメな人間だ」という自分像を〝遅刻〟によって無意識のうちに表現していると考えられる。また、慣れや甘えから遅刻を繰り返すケースも。

身の回りの遅刻常習犯がどのタイプなのかを、しっかりと見極めたいものである。

待ち合わせ時間に遅れる人の心理

また5分
遅れて来た
ごめーん
待った〜
優位
待つ側
不理
遅れる側

いつも時間に遅れて来る人は自分の価値を高めようとしている。そうすることで相手よりも優位に立てるのだ。

心理POINT

遅刻も程度や頻度次第でメリットになる

待ち合わせ時間よりも早く到着するのは不安の表れ

透視力キーワード　自己管理

遅刻の常習犯とは真逆に、待ち合わせ場所に必要以上に早く行ってしまう人もいる。遅刻で人を待たせるよりはよっぽどましだが、実はこの行動パターンも褒められたものではない。

得意先との午後1時の約束に、30分前に着いてしまったら……相手はまだお昼休み中かもしれない。15分前には、まだ面会の準備ができていない可能性もあるだろう。休日に車で恋人を

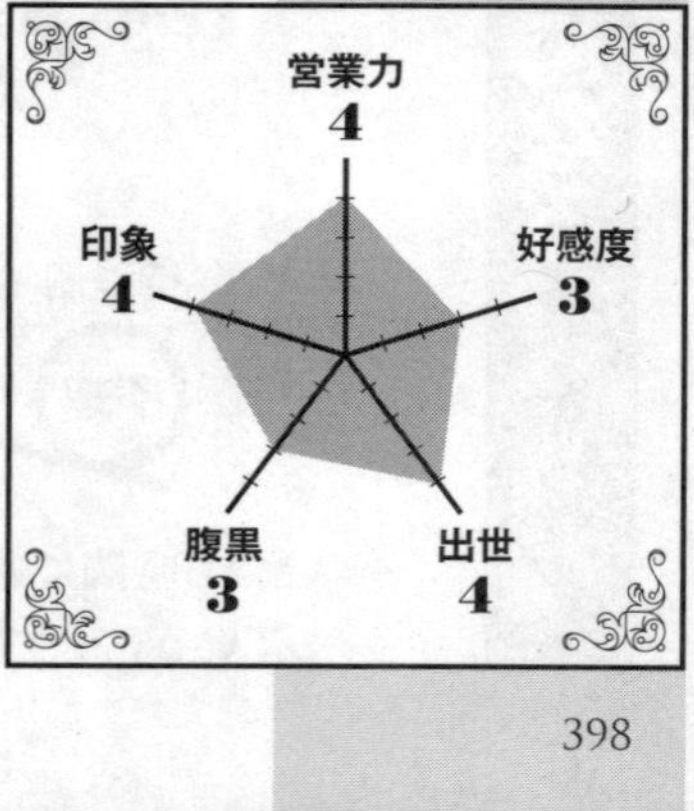

迎えに行くときも、あまりに早く着いてしまうと、相手の準備を急かしてしまうことになるかもしれない。

待ち合わせ場所に早く着いてしまう人は「遅刻したくない」という心配が先に立つあまり、相手のことを考えられなくなっていると言える。その性格をさらに掘り下げると、心配症のため過度の自己管理型が逆に自己管理が苦手で計画的な行動ができないとも言い換えられる。そして、自分が時間にルーズなことを自覚しているがために、待ち合わせに早く着き過ぎてしまうのである。ちなみに、自分がルーズだとわかっている分、他人の遅刻を比較的許せてしまうのも、このタイプの人の特徴だ。

約束の時間より早く現場に着いてしまったら、適度なタイミングまで時間をつぶせば相手に迷惑をかけることはない。その意味では遅刻常習犯より数段ましだが、このタイプの性格の人は、関係に慣れて甘えが出始めると頻繁に遅刻するようになる傾向がある。自覚がある人は、ぜひ注意していただきたい。

そして、付き合い始めた相手が〝待ち合わせに早く来るタイプ〟だった場合は、慣れ合いの関係にならないように気をつけるべきだ。

心理POINT
約束の時間より早く着きすぎる人は、自己管理が不得意

限定品を買いたいと思うのは優越感に浸りたいため

透視力キーワード　集団同調、優越感

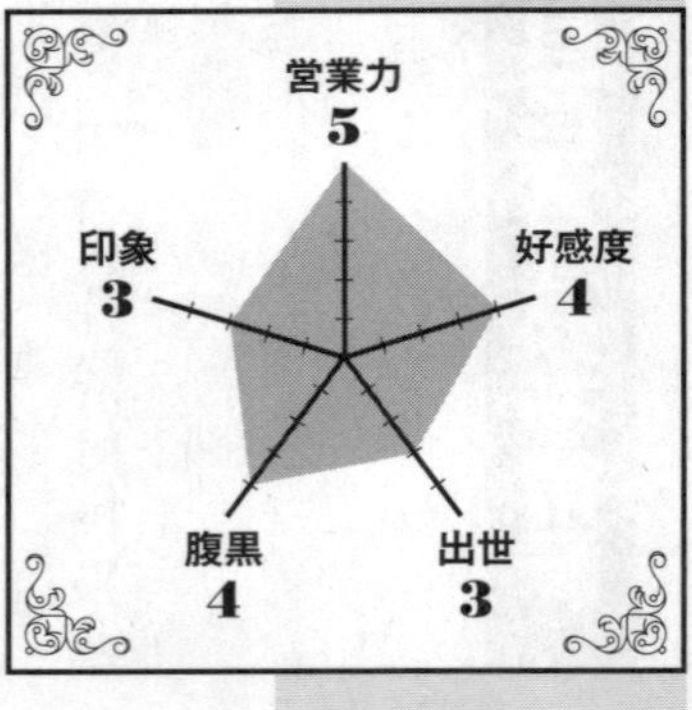

日本人は限定品に弱いと言われている。その理由には諸説あるが、海外とは異なり四季があるため〝この時期しか手に入らないもの〟に敏感だとする説や、資源に乏しい島国ゆえに〝いつか買えなくなるかもしれない〟という不安が潜在的にあるため「外国人に比べて限定品に弱い」と言われている。

心理学的に見ると、日本人は「他人と同じが

いい」という集団同調の傾向が高く、同時に「自分だけは特別でいたい」という自己独立因子の影響も受けることが、限定品がもてはやされる理由だと考えられる。〝定番品のクオリティを持ちながらもちょっと特別〟な限定品が愛されるのだ。

限定品の魅力は、なんといっても希少価値にある。「限定100個」「期間限定」などと銘打たれたアイテムは、入手困難なものであり、手にしているだけでステータスとなり優越感を味わえる。その背景には「限定品商法」を仕掛ける、売る側の工夫や努力もある。日本では、買う側と売る側の作用が働きながら「限定品は素晴らしい！」という価値観が醸成されてきたのである。

人がブランド品に走る心理も同様だ。ブランド品は、それ自体が〝ステータスを高めてくれる贅沢品〟であり、所有者の存在価値までも高まるものだ考えられている。そうした優越感に浸るために、人はブランド品を身に着けるのである。また、ブランドショップは接客も丁寧なところが多いため、買い物に行くと「ＶＩＰ気分」や「お姫様気分」を味わえる。ショップでの体験も、優越感につながるため、ブランド品が愛されるのである。

心理POINT

限定品・ブランド品に弱い日本人

満員電車でイライラするのはパーソナルスペースを侵略されているため

透視力キーワード　パーソナルスペース、テストステロン

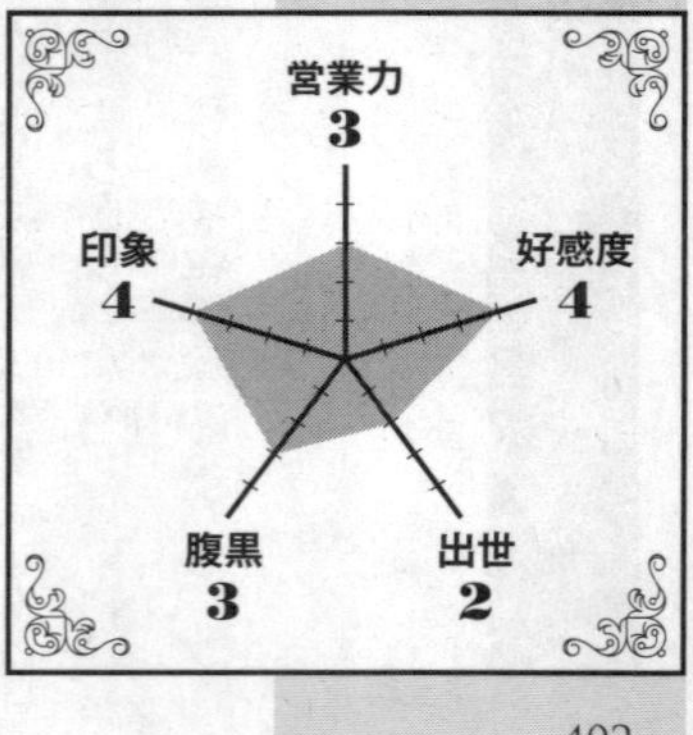

見知らぬ人が座席に隣り合って座り、ラッシュ時には立ったまま押しあいへしあいに。電車の車内は、日常では考えられない状況が生まれる、ちょっとした異空間だと言えるだろう。ギュウギュウの満員電車の中ではイライラが募り、ささいなことでいざこざが起きることも。

これは、他人によってパーソナルスペースを侵略された状態が続くことにより、脳内ホルモン・

アドレナリンが分泌されることが原因。

アドレナリンは、交感神経の興奮を司るホルモンである。研究者たちの間では「〝闘争か逃走か〟のホルモン」と呼ばれており、分泌されると、臨戦態勢になるかその場を離れようとするか、どちらかの状態になることが知られている。逃げ出すことができない走行中の電車内で、人がいざこざを起こすのは、社会的には許される行為ではないが、脳科学の見地からは至極まっとうな現象なのである。

また、男性の場合は、アドレナリンと同時にテストステロンというホルモンも分泌される。テストステロンも、攻撃性を高める作用を持っている。女性よりも男性のほうがいざこざを起こすことが多いのは、テストステロンの影響によるものなのだ。

イライラしがちな人は、面倒でも途中下車をして、パーソナルスペースの再確保を。そうすれば落ち着きを取り戻せるはず。

また、テストステロンの影響を受ける男性のほうが、車内では女性よりもイライラしやすいことも知っておいて損はないだろう。

心理POINT

パーソナルスペースを確保できれば人は落ち着く

病院を渡り歩いてしまう人は精神疾患の可能性が!?

透視力キーワード　心気症的

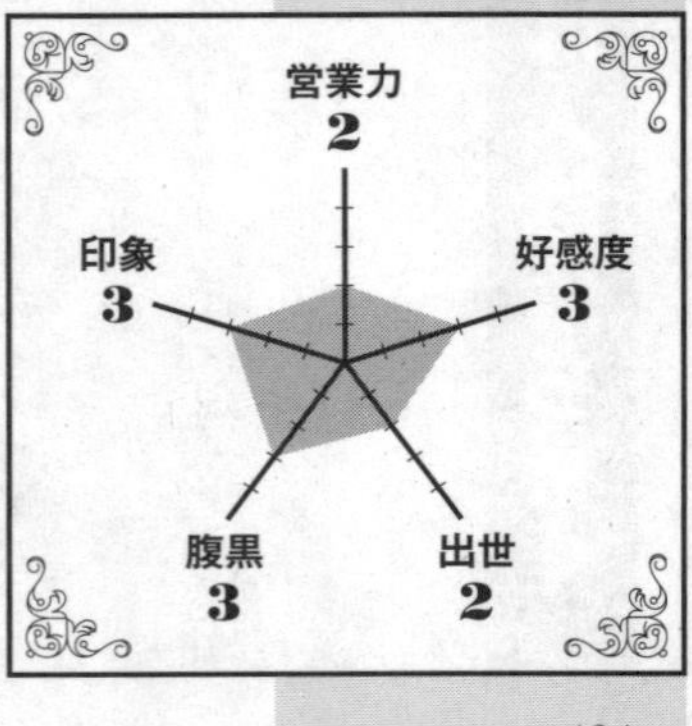

ふと「自分は病気なのではないだろうか?」という不安に駆られた経験はないだろうか。病院で診察を受け、異常があれば治療をし、異常がなければ「良かった!」ですむのが普通だろう。だが、異常なしと診断されても「そんなはずはない」と、一層不安を募らせていくケースがある。

これは心気症と言われる精神疾患の一種。こ

の症状が出ると、ちょっとした体調不良をガンや心筋梗塞をはじめとする重病だと疑い、自分の病気を特定できない医者をやぶ医者扱いすることもしばしば。そして自分のことを「病気だ」と診断してくれる医者を求めて、病院から病院へと渡り歩くことになる。その結果、財布の中が診察券でいっぱい……なんていうことも。また、実際に病気が見つかると不安が極限に達し、他のことが手につかない精神状態に陥ってしまう。

心気症の原因は、心に溜まった苦悩や葛藤、心配事など。「病は気から」という言葉があるが、思い込みが原因で調子を崩してしまうのはおもしろいものではない。そうした不安が解消されれば自然と心気症も消え去ることがあるが、程度によってはしかるべき治療を受けることが必要となる。心を健康に保つことが何より重要なのだ。「もしや自分も？」と思った人は、日頃の気分転換を心がけ、鬱憤を溜め込まないようにしよう。

その逆に、本当に病気があるにもかかわらず「心気症みたいなものだろう」「気のせいに違いない」と放置するのは危険。体の異変を感じたら、必ず病院へ行こう。

心理POINT

心の健康状態をチェックすることが大事！

会議室の出入り口付近に座る人は議題に興味がない

透視力キーワード　アイコンタクト

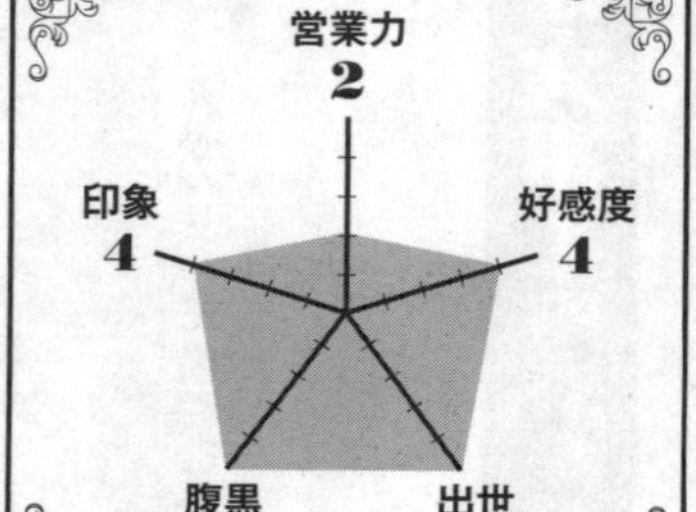

会議室では、議長が上座の中央に座り、重要な発言を控える人ほど、両サイドの奥のほうに座っていることが多い。そして、出入り口に近いメンバーは、あまり発言をしない……というイメージだ。

そうした傾向ゆえか、会議室で自由に席を選ぶ場合、入口の近くに着席する人は「会議に大きな関心がない」「早くこの場から抜け出したい」

という心理状態の人が多い。率先して議長席の近くに座る人は、リーダーになるつもりはないが議題に関心があり話題の中心にいたいタイプ、議長席からも出入り口からもほどよい距離に着席する人は、協調性を重んじるバランサータイプであると考えられる。

こんな実験結果もある。心理学者のワードは、丸いテーブル片側に2席、反対側に4席を設けたセットで学生にミーティングを行わせた。すると、2席に座った学生のほうが発言数が多く「リーダーシップがある」と認識されるに至ったというのだ。発言が増えた2人は、自然と他の4人のアイコンタクトの様子をチェックし、グループを支配する結果になったのだという。

会議室では、どの席に座るかによって、周囲に対する自分の影響力をコントロールできることになるだろう。しかしながら、欧米では「目立ちたければ出入り口の近くに座れ」というセオリーもあるという。人が確実に行き来する出入り口付近はおのずと視線が集まる上、出入りする人に間近で声をかけることもできるので、自分を印象付けるには最適だというのだ。自分が選んだ席をどう活用するかは自分次第だと言えそうだ。

心理POINT

会議室のどこに座るかで意気込みがわかる

デコメ好きな人は自己中心的

透視力キーワード メール依存症

メールでデコメールや絵文字を多用する人は自己中心性が強い性格である。絵文字も適度に使う分には、愛嬌があっていいが、使い過ぎると読みにくい文章になってしまい、メールとしての意味がなくなってしまう。

そのことに気づかず、デコメールや絵文字を濫用するというのは、メールの受け手の気持ちを考えられないがゆえ。デコメールを書いている

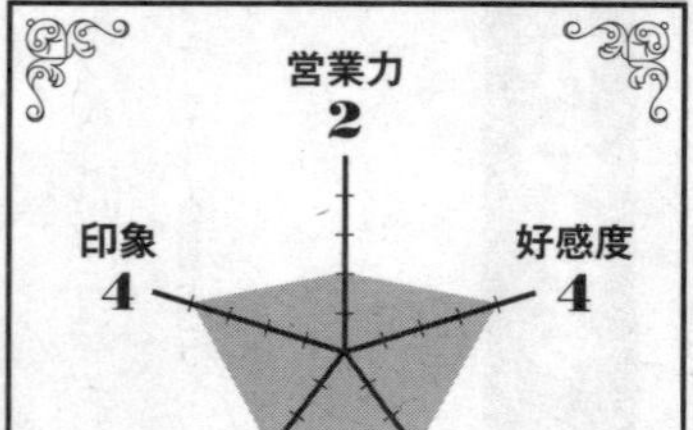

自分ばかりが楽しんでいるということに気づけない性格なのである。

われわれの日常生活に欠かせないものとなったメールだが、近頃はメール依存症なる言葉も聞かれるようになってきた。メールが来たらどんな状況下でも即座に返事を返す、メールの返事が来ないことで極端に不安を覚える、イライラする……これがメール依存症だ。

この症状の原因は孤独感や嫉妬心にある。メールのやりとりを通じて「自分は必要とされている」「私は孤独ではない」と感じて、心を満たしているのだ。

心理POINT

メールの内容・頻度で性格や心理状態がわかる！

行列を好む人は寂しがり屋

透視力キーワード　同調行為

たいして興味もないのに行列に並んでしまったり、なんとなく人だかりに加わってしまったり……。これは「他の人と同じことをしたい」という同調心理の働きによるもの。

日本人は特に同調傾向が強いと言われているが、この心理は海外でも証明されている。ニューヨークで、数人サクラを使ってビルを見上げる実験を行ったところ、サクラが1人のときは42

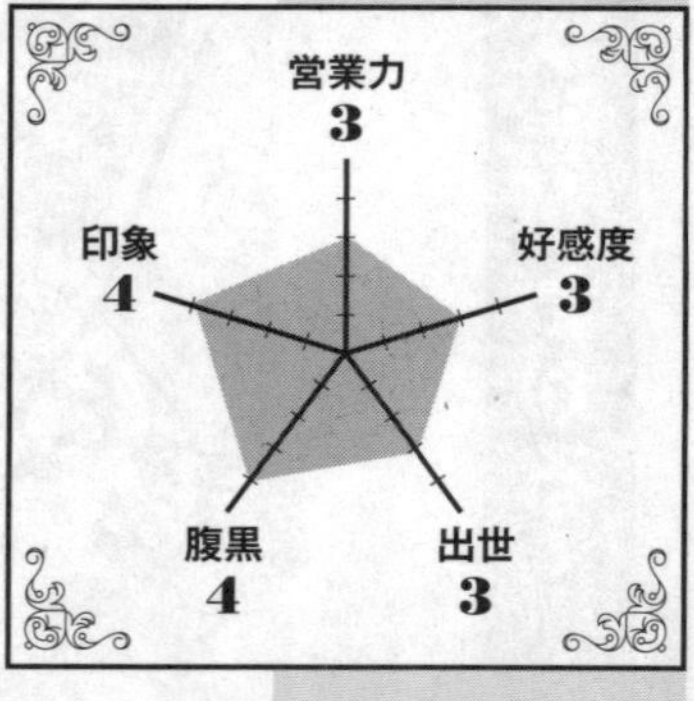

%の通行人が同調。サクラが5人に増えると86%もの通行人がビルを見上げたという。同調は社会性を持つ人間にとっては本能的な心理作用なのである。

人が行列に並んでしまう理由はほかにもある。

行列を見た人は「何かすごいことが起きているに違いない」と感じて好奇心を刺激され、「自分も体験したい！」と思うようになる。さらに「人が集まっているのは、何らかの得ができるはず」という判断も加わると、「自分も得をしたい」という心理状態になる。そうした理由から人は、思わず行列や人だかりに参加してしまうのである。

また、「周囲の人から孤立したくない」「自分だけ損をしたくない」といった心の動きも、人を行列へと向かわせる要因となる。そして人は、行列に参加することによって社会的な連帯感を味わい、孤独にならずにすんでいるのだ。

評判のレストランやショップなどの店頭に、わざわざ時間をかけて並ぶのは「いいものが欲しい」という理由だけではないのである。

心理POINT

人は孤立を恐れ行列に並ぶ

電車内でメイクする女性は周囲の人を人として見ていない

透視力キーワード

パーソナルスペース

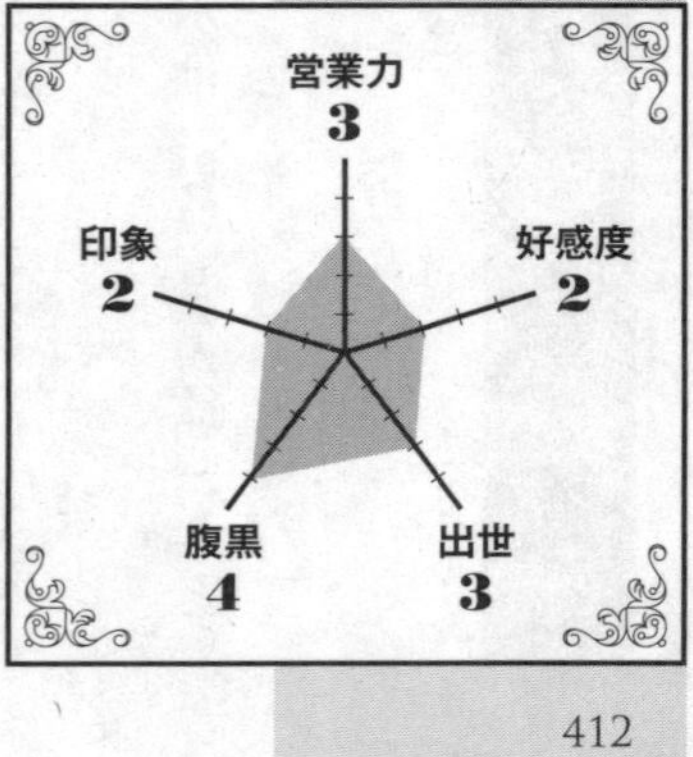

電車の中で、器用にメイクを整える女性を見かけるが、一般的にはマナー違反だとされている。化粧品の匂いや、化粧の動作で周りに迷惑がかかるだけでなく、アイラインや口紅を引く際の表情はお世辞にもかわいらしいとは言えない。〝化粧は着替え〟と同じという説もあり、人前で見せるものではないというのが「電車内での化粧はマナー違反」と唱える人々の主な意見

である。

とはいえ、電車内でメイクをする女性は絶えない。「朝は忙しくて家でメイクをする時間がない。でも、職場にすっぴんではいけない」という状況なのだろう。中には「近所のコンビニに行くのもすっぴんでは無理」という人もいる。人に素顔を見せることを恥じらう女性も多い中、素顔で電車に乗り込み化粧を始められる女性の心理とはどのような状態なのか?

混雑した電車内にはパーソナルスペースが存在しない。それゆえに、逆に自らを〝周囲の人を人として見ない〟という心理状態におく。そして、まるでカプセルに閉じこもっているかのような気分を作り出すのである。これは満員電車の中で精神衛生を保つための心理作用にほかならない。その結果、女性は周囲を気にせずメイクに没頭できることになる。

電車内で化粧ができる女性も、本来は自宅や化粧室でメイクをしているはず。電車内以外の混雑した場所でメイク道具を広げることはないだろう。それだけに、電車内という空間が、どれだけ人の心理を特殊な状況にしているかがわかる。

心理POINT

まるでカプセルの中に閉じこもっているかのような精神状態

キスが好きな人は甘えの気持ちが強い

透視力キーワード 口唇愛的性格

付き合い始めて日が浅いカップルなら、相手から頻繁にキスを求められても悪い気はしないだろう。相手がむしろ自分にどれだけ惚れ込んでいるかと思えば、愛おしくも思えてくる。しかし、時間が経って冷静に相手の性格や日頃の言動が観察できるようになってくると、煩わしさを感じさせるケースも多い。こうした相手によく見られるのが、口唇愛的性格である。

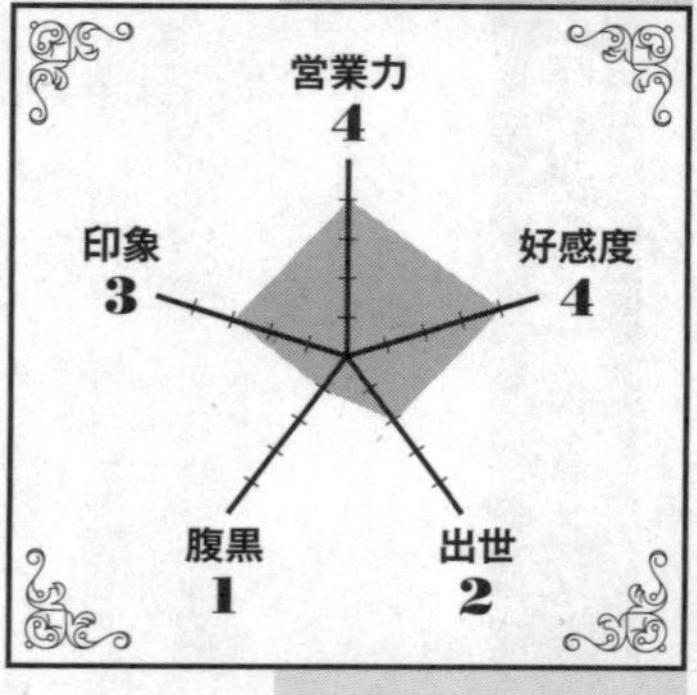

口唇愛とは、人間が発育する過程で段階的に発生する性的刺激のうち、最初期の生後18ヵ月あたりまで生じる口唇周辺への快感欲求のこと。空腹が食欲を生むのと同時に、母親の乳首を口に含むことに快感を生ませ、授乳をスムーズに行わせる働きを持っている。

しかし、乳幼児期にこの口唇愛が満たされないと、その後も口唇部周辺への刺激を求めるようになる。これが口唇愛的性格だ。幼児期になかなか指をしゃぶるクセが抜けないのはその典型で、大人になってからもタバコ好き、酒好き、ガム好きなどの傾向がある。キスが好きというのもその例の一つで、特定のパートナーに対してのみならず、アルコールが入ると途端にキス魔になったりするのは、わかりやすい口唇愛的性格者と言えるだろう。その根底にあるのは愛情への渇望であり、他者からの愛情表現を強く求める。そのため他人に気に入られようとする振る舞いが多く、受け身で依存心が強い。

こういう相手に対しては、自主性を求めるよりも、こちらが主導権を握って強引なくらいの態度でリードしたほうがいい。そのほうが相手も、自分が注目されていることに悦びを感じるようになる。ただし、相手が何を求めているか見誤ると途端に関係が冷えきってしまうので、要注意だ。

心理POINT

キス魔には押しの一手が効果的！

歩くスピードが合わないときは片思い

透視力キーワード　恋愛体質

せっかくのデートなのに、2人の歩くスピードが合わずに女性がうしろをついていくというシーンを見かけることがある。これは2人の恋愛感情のバランスが取れていないことの証。一方的な片思いに近い状態にあるときに、しばしばこうなる。

一昔前なら女性は男性の3歩うしろにつき従うのがよしとされたが、それは男尊女卑が罷り

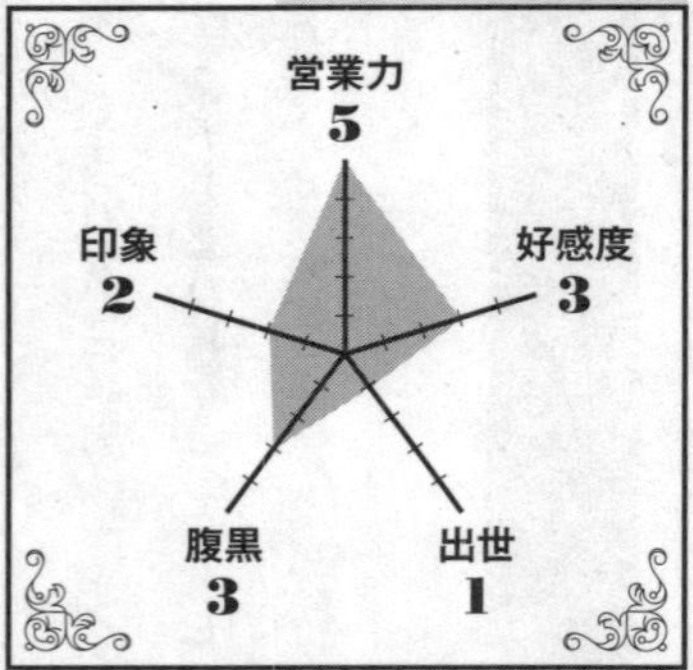

通っていた時代の話。お互いの気持ちが通い合っているかどうかは重要なことではなかった。しかし、今は違う。にもかかわらず同じ歩調で歩けないのは、相手との体格や履き物などの違いから歩くスピードが違ってくるのを、合わせようという気持ちが小さいからだ。特に男の意識が女性に向いていないときに、こうなりがちである。デートというにはあまりに残念な光景だ。

このケースで考えられるのは、女性が過剰に恋愛体質であるということだ。恋多き女、と言えば聞こえはいいが、早い話が恋愛依存症である。常に特定の相手がいないと落ち着かず、相手の気持ちを見定めずに手近な男を打算的に彼氏認定して、表面的なデートを繰り返してしまう。男性からすれば、手軽にセックスできるだけの都合のいい女でしかない。それでもだんだんと情が移って男が女性歩調に合わせてゆっくり歩くようになればいいが、いつまでも改まらないようであれば、将来性はないと解釈したほうがいい。

むしろ、特定の彼氏というわけでなくても女の子の歩調に合わせて歩くことのできる男を見定めたほうが、深い関係になってからもお互いを尊重し合ったいい関係が続けられるだろう。

! 心理POINT
わざとゆっくり歩いて男の行動を見極める!!

カウンター席に行きたがる相手は脈あり

透視力キーワード　心理的距離

まだ彼氏と彼女という関係にない2人が、一緒に食事に出かけたとする。お酒を飲みに行ったと考えてもいい。レストランかバーで、席が自由に選べる状態だったとしよう。このとき、もし女性が向かい合って座ることになるテーブル席を選んだなら、それは暗に「いいお友達でいましょ」と言っている。勇気ある撤退こそ賢明な選択だ。しかし並んで座ることになるカウン

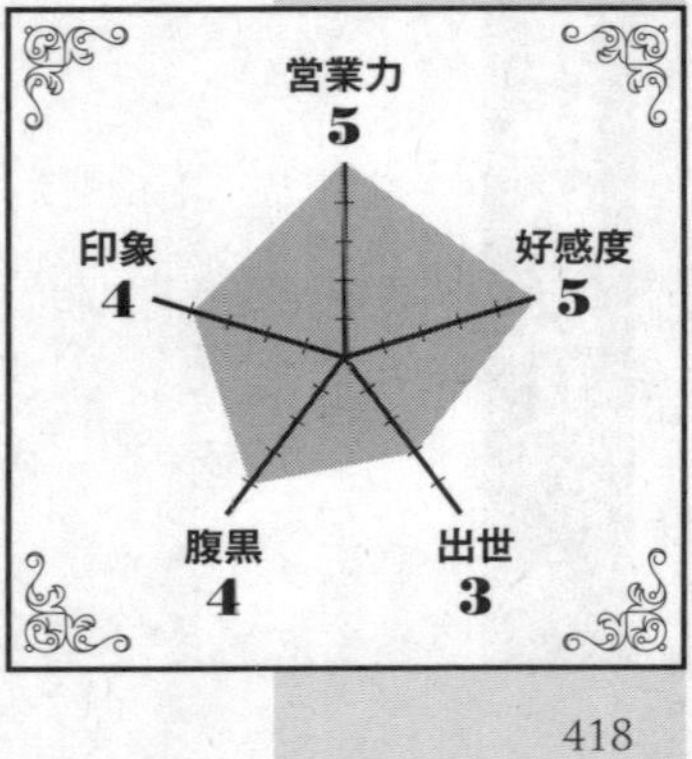

ター席を希望したなら、女性はもっと深い関係を望んでいる、もしくはその可能性があるという状態である。希望の光を感じていい。

テーブルで向かい合って座ると、テーブルの分だけ物理的な距離が生まれる。それはそのまま2人の心理的な距離となり、それ以上の発展性が失われる。さらに正面から向かい合うと視線が交わりやすくなり、無意識のうちに対立的な心理を生みやすい。女性は本能的にそれを知っているので、ガードすべき相手に対しては、テーブル席を選んでさりげなく壁を張り巡らせてくるのだ。

一方、カウンターで並んで座った場合、2人の距離は恋人同士が寄り添っているのと同じものになる。さりげなく体が触れ合ったり、会話の中で自然とボディタッチが生まれて、好意的な感情が育ちやすくなる。そういうシチュエーションも女性は承知しているから、もし並んで座るカウンター席を希望したなら、脈ありと解釈していいわけだ。

逆に男の側から女性にアタックしたい場合もこの法則は有効なので、気になる女性がいたら積極的にカウンター席に誘ってみよう。

心理POINT

さりげないボディタッチが心の壁を突き崩す

目の前で服の乱れを直す女性は脈なし

透視力キーワード　性的羞恥心

近年は見せブラ、見せパンなどと呼ばれる見えてもかまわない下着が市民権を得て、ファッションとして下着の一部を露出させる若い女性が増えた。しかしそれはカジュアルシーンに限られ、仕事中や異性とのデート中に着ている服が乱れてブラの肩ひもなどが見えていたら、それは社会人が自己管理できていないことを意味するし、気になる異性に対しては性的羞恥心を生む。そ

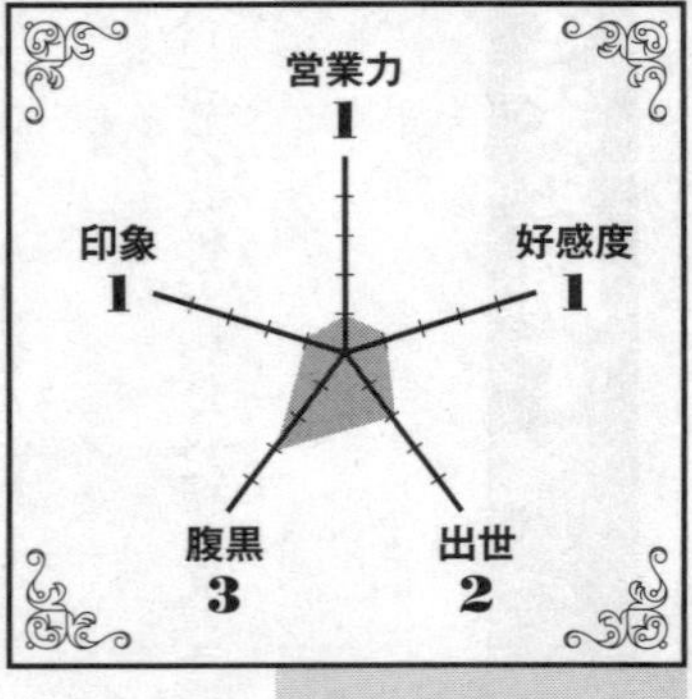

心理 POINT

興味のない相手に恥じらいの心は持たない

れに気づいた相手も、目のやり場に困るし、面と向かって指摘するのは気まずい。

そんな場面で女性が自分の服装の乱れに気づいたら、どうするか。これによって、女性が相手をどう見ているかわかる。せめて気まずそうに、性的羞恥心を持って直せばいいが、もし平然と直すようなら、彼女は相手を仕事上、もしくは異性の重要な存在と見ていない。相手にどう思われようとかまわない、という気持ちがそこにあるから、平然としていられるのだ。もしデートに誘うつもりの女性がそんな仕草をしていたら、脈なしだと諦めたほうがいい。

テレビのザッピングをする人は心が満たされていない

透視力キーワード　欲求不満

お目当ての番組があるわけでもなくテレビの電源を入れたとき、見る番組を決めるためにこまめにチャンネルを切り替える。見ている番組がつまらなくて、途中で別の番組を探して落ち着きなくチャンネルを変える。これらの行為をザッピングという。

実はこのザッピング、欲求不満が募っている人にありがちな典型的行動の一つである。

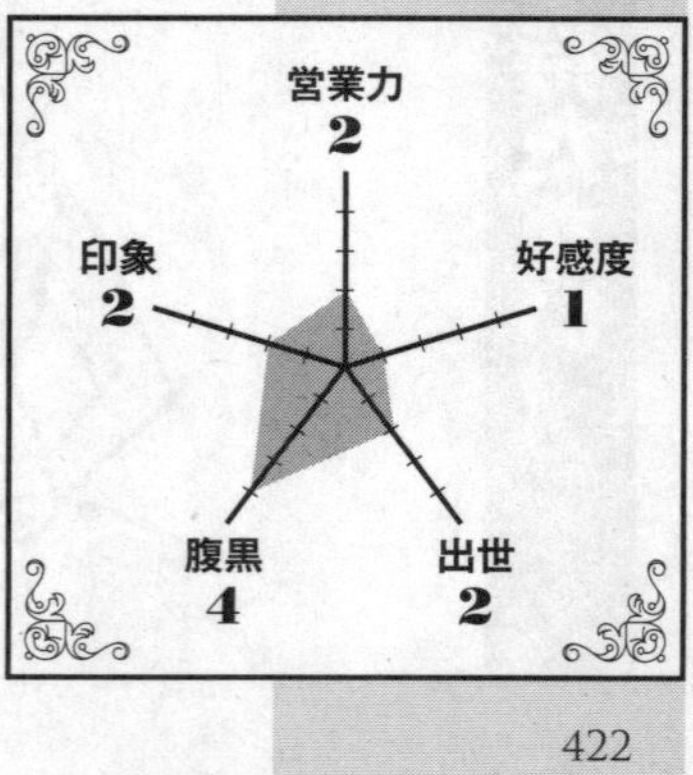

欲求不満は人を短気にさせ、むやみに気持ちが苛立つようになる。すると感受性がどんどん鈍っていってしまい、特に「うれしい」「楽しい」といったポジティブな感覚が薄れてきて、目に見えるものが無機質で無味乾燥なものに思えてきてしまう。この状態でテレビを眺めても番組をおもしろいと感じられず、もっとおもしろい番組はないかとむやみにザッピングを繰り返してしまうのだ。しかしいつまでたってもおもしろい番組にめぐり合えず、さらに欲求不満を強めていくという負のスパイラルに突入することになる。ひとりでテレビを見ている場合ならまだしも、家族や恋人と一緒の場合は大迷惑である。そして、こうした迷惑に思い至らないのも、欲求不満で感受性や配慮といった思考回路が麻痺しているからだ。もし自分がいつもよりもしつこくザッピングをくり返してテレビのリモコンを手放さないと気づいたなら、思い切ってテレビの電源を切ろう。どうせつまらない番組しかやっていないなら、未練はないはずだ。深く深呼吸して頭を切り替え、散歩に出かけてみるといい。

何かを期待してそれが満たされないとストレスになるが、頭を空っぽにして歩くと、意外といいリフレッシュになる。

心理POINT

テレビを消して、散歩に出かけよう

受話器を肩で挟みながら話す人は見栄っ張り

透視力キーワード　中途半端ながら族

　一昔前のドラマや映画のシーンでは、多忙なサラリーマンが受話機を肩に挟んで話しながらメモを取ったりするシーンがよく描かれていた。劇中では優秀な人物がそんな仕草でバリバリと仕事をこなすから、効率もよさそうでデキる男の象徴のようにも思える。

　しかし現実社会ではどうかというと、こういう仕草をする人に限って、実は出世できないケ

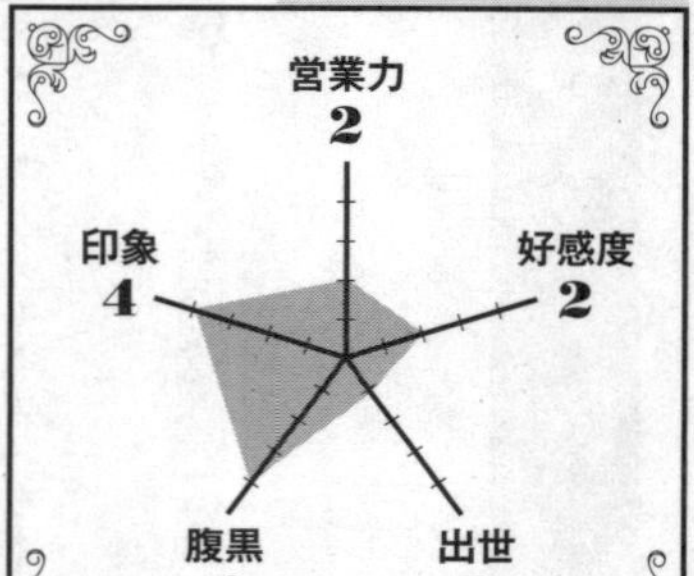

ースが多い。一つ一つの仕事がずさんで、小さなミスも連発。なぜなら、何よりも効率が優先で、仕事のクオリティはどうでもよかったりするからだ。おかげですべてが中途半端になり、その尻拭いが回ってくる仕事仲間からはお荷物扱いされていることもある。さらに始末が悪いのは、それを本人がまったく自覚していないこと。むしろ、「俺ってこんなに手早く仕事をこなしてるんだぜ」と言わんばかりに、自信たっぷりだったりする。

一言で言ってしまえば、受話機を肩に挟んで話す仕草というのは、ほとんど意味のない動作だ。外出先で立ちながら電話をしているのならともかく、オフィスでデスクに着いているのなら、利き手の反対側で受話器を持ち、利き手でメモを取れば事足りる。それをしないでわざわざ無理な姿勢で電話をするのは、周りの人にデキるビジネスマンっぽさをアピールしているだけなのである。

こういうタイプの人は電話以外にも、人と話しながら仕事をしたり、食事中に落ち着かず携帯電話をチェックしていたりする。メリハリがきかず、一つのことに集中できない。その結果、一つ一つの仕事が中途半端なものになってしまうのである。

!

心理POINT

自分の中途半端さには無自覚な自信家

鏡をよく見る人は自信がない証拠

透視力キーワード　公的自己意識

人はほぼ例外なく、周りの人たちの顔を個々人を見て判断し、区別する。「顔が広い」という表現があるくらい、顔はその人をもっとも象徴する看板なのだ。

しかし、人は誰もが自分の目で自分の顔を見ることができない。つまり、自分が周りからどう見えているのかわからないのだ。となれば、自分がどう見られているのか知りたくなる。こ

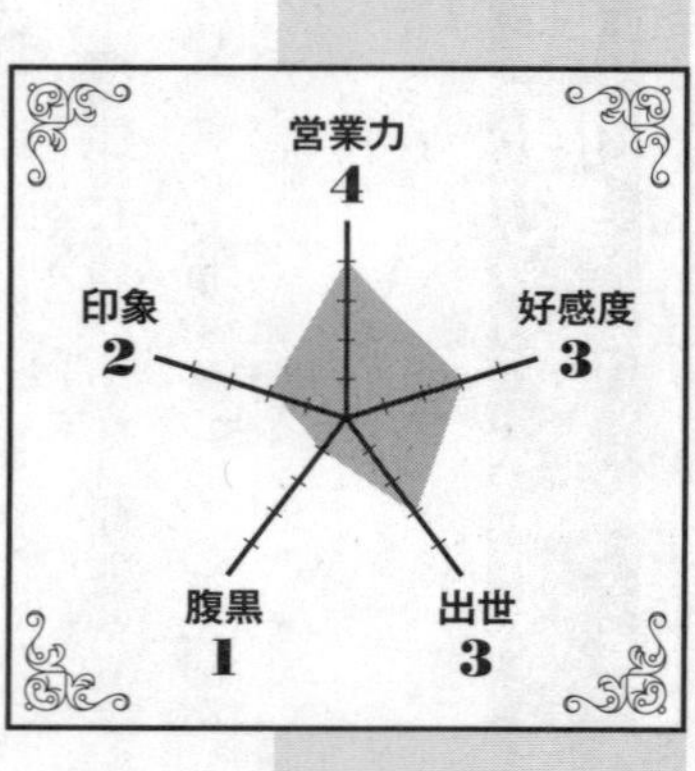

れを心理学では公的自己意識という。

それを満たしてくれるのが鏡だ。鏡を見れば、自分の顔や姿がどんなものか、しっかりと観察できる。自分が周りの人にいろんな印象を抱くように、周りの人が自分に抱くであろう印象を想像することができる。それが自我の確立につながるのだから、自分の姿を鏡で見ることは決して悪いことではない。美男美女ならより自信を深めるだろうし、いまいちだと思えば化粧やヘアスタイル、身だしなみに注意する。思春期の頃は、鏡の前でいろんな表情の練習をした人も多いだろう。あらゆる意味で、鏡は自分を成長させてくれるツールなのだ。

そしてもう一つ、別の理由で鏡を見ることがある。それは、自分の能力や性格など、内面の要素に自信が持てない場合だ。自己肯定ができなくなったとき、目に見える形で自分の存在を確認できると、なんとも心強く感じられる。だから、鏡の中に自分の姿を追い求めてしまうのだ。この行為は、自分の殻に閉じこもることを防ぎ、社会に向けて一歩足を踏み出すときに背中を押してくれる。

自分に自信をなくしたら、まずは鏡の前でしっかり自分を見よう。

心理POINT

自分を成長させてくれるのも鏡！

電話しながら別のことをするのはイライラしているから

透視力キーワード　抑制

友達と長電話をしている女性が受話機のコードを指にからませているのを見たことはないだろうか。最近は家庭電話はコードレスが主流になってしまったが、このほかにも、電話で相手の話を聞きながらメモ用紙に意味不明な落書きをしていたり、さらに上級者になると、面と向かって人と話をしているときに手だけが勝手に落書きをしていることもある。授業中に指先でペ

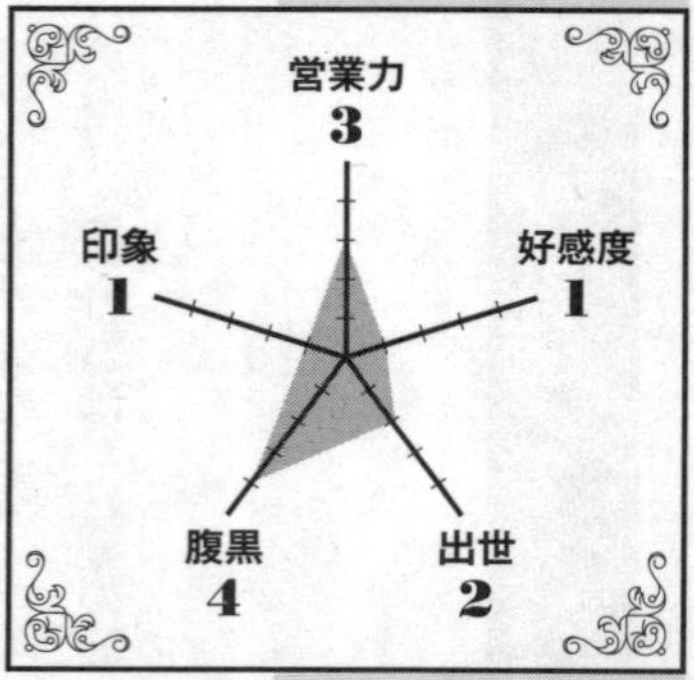

ンをくるくる回すのは、できるようになるまでは何度も練習が必要だったが、できるようになると無意識にやっている。

なんとこれ、すべてイライラが原因なのだ。人と話をしているとき、会議や授業で話を聞いているとき、心の中で無意識にストレスを感じている。その状況から逃避して自分の感情や言動をコントロールする「抑制」という行動が、こういった細かい仕草に表れるのである。よく、電話の取り次ぎなどに長く待たされたり、お店で店員の対応にイラッとするとき、無意識にテーブルやカウンターを指でトントンと叩いていたりする。あれと同じことなのだ。とはいえ、授業や会議のストレスならともかく、楽しいはずの友達との長電話にもストレスを感じて自分を抑制しているというのだから、乙女心は本当に複雑だ。

こういう無意識の仕草に気づいたら、まずは自分にストレスを感じていると言い聞かせ、大きくゆっくり深呼吸をしてみよう。それから両手を頭の上にあげて全身ストレッチ。イライラを溜め込んでもいいことは何もないのだから、頭の中をすっきりさせて切り替えよう。

! 心理POINT

笑顔の下にストレスが潜んでいるのを見逃すな

エスカレーターを歩く人は負けず嫌い

透視力キーワード　優位性の追求

エスカレーターに乗るとき、ステップ上で立ち止まる人は関東だと左側、関西だと右側に寄るという不思議なローカルルールがある。しかしどちらも、エスカレーター上で立ち止まる人と歩いて（もしくは駆け上がって）先を急ぐ人の2種類がいるのは共通だ。そしてエスカレーターを歩いて進んで行く人たちは、さらに2種類に分けられる。それが、単純に用事があって急い

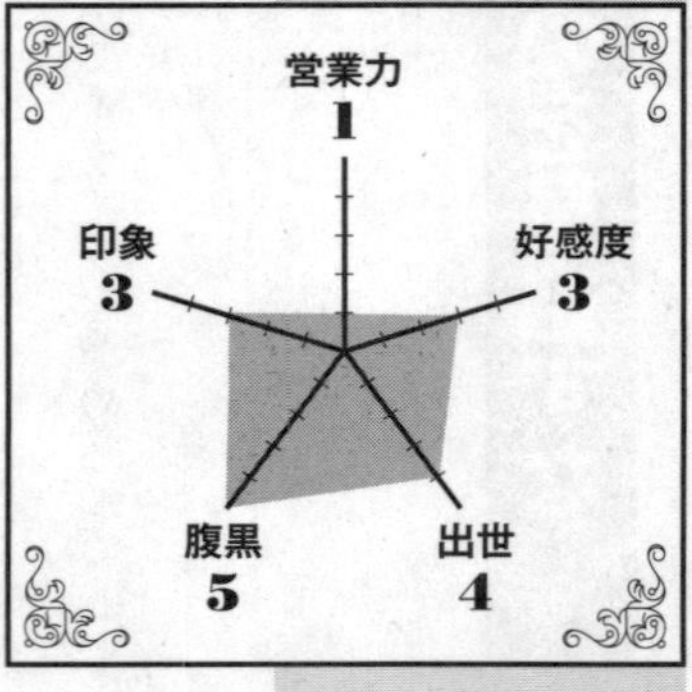

でいる人と、急いでいないときでも駆け上がってしまうタイプの人である。

この急いでいないときまでエスカレーターを駆け上がってしまう人は、総じて競争心が強く、負けず嫌いな性格と判断できる。そのからくりは、こうだ。人は誰しも、欲求が満たされないとき、代替物で自分を慰めようとする。仕事のライバルに営業成績で差をつけられたとき、素敵な異性をゲットして恋愛でリードしようとする。友人と海外旅行に出かけてプライベートの充実ぶりをアピールする。高価なスポーツカーを買って自慢する。だから、俺の勝ちという思考回路である。これと同じように、エスカレーターで駆け上がるのも、人より先に到着したというささやかな勝利の快感を味わっているのである。

勝ちにこだわり優位性を追求する姿勢は、特に社会人であればあっぱれだが、肝心の営業成績でつけられた差はぜんぜん埋まらないというのが残念なところ。

しかも、この負けず嫌いの論理には決定的なオチがある。エスカレーターで急いで駆け上がらない人は、すでになんらかの「勝ち」を獲得していて、わざわざエスカレーターを駆け上がって勝利する必要がない人たちなのだ。駆け上がる以前に、とっくに勝負はついているのである。

心理POINT

エスカレーターを歩かない人のほうが勝ち組!?

初対面なのになれなれしいメールを送る人は友達が少ない

透視力キーワード　親しき仲にも礼儀あり

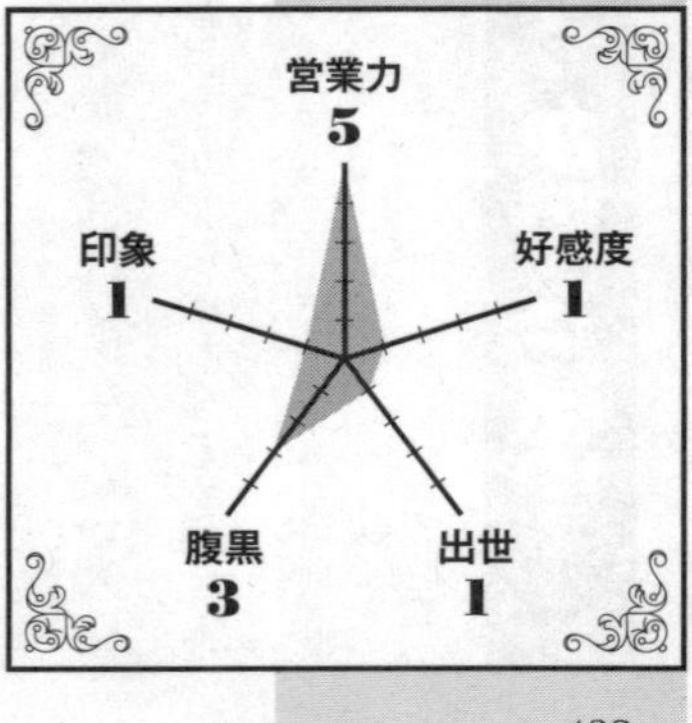

「ねえ、あした、○○で一緒にご飯食べようよ。6時に□□□駅の改札で待ち合わせでいいかな？　待ってま～す！」

今日知り合ったばかりの相手からいきなりこんなメールが送られてきたら、あなたはどう思うだろう。相手の都合を考えない自分勝手な人と思うだろうか。それとも、これだけ人を積極的に誘うのだから、きっと友達がたくさんいる

に違いないと解釈するだろうか。

正解は、自分勝手で「友達は少ない」である。

この手のタイプの人は友達が少なく、極度の寂しがり屋であることが多い。そのため友達を増やそうと、知り合ったばかりの相手に親しそうに声をかけるのだ。

「親しき仲にも礼儀あり」とは、昔からよく語られる格言。これが親しくないうちから礼儀が損なわれていたら、友達は増えず結果的に寂しさを募らせるだけである。もし自分の身に思い当たることがあったら、まずは「礼儀知らず」を卒業することから始めてみたらどうだろう？

心理POINT なれなれしいメールは華麗にスルーすべし

なれなれしいメールを送る人の心理

この人のこと
まだ何も知らないのに
イェ〜イ。
今日は楽しかった〜
(´∀`)ノ
またチョ〜♪♪会いたいから今度飲みにでも行こ♥

最初から誰にでもなれなれしい人は、寂しがり屋で友達が少ない。悪意はないのであしからず。

握手にはさまざまな感情が込められている

透視力キーワード　接触行動

握手とは、お互いの手を握り合う行為。手は人の感情が込められた部位であり、それを握り合うのだから、コミュニケーションとしてはかなり大きな意味を持っている。特に日本では非接触行動型のお辞儀や言葉による挨拶が主流なので、接触行動である握手には、うわべだけでない深い感情が込められている。

欧米のような「はじめまして」を意味する気

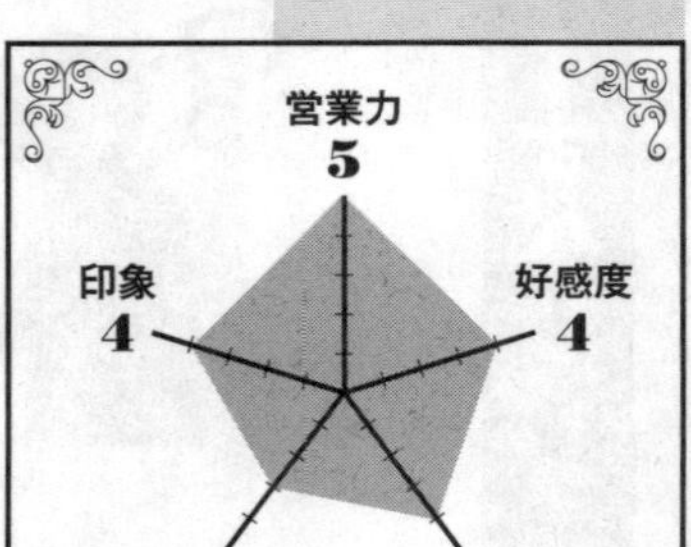

軽な挨拶行為とは重さが違うのだ。

握手にもいろいろあって、アイドルの握手会のようにほぼ手を重ね合わせるだけだったり、選挙活動中の候補者が声をかけながら有権者の手を両手で包んだり、友人や仕事仲間が誠意や感謝を込めて強く握り合ったりする。

これらで共通しているのは、相手との結びつきや支援を求める意思の表現であるということ。アイドルや政治家のようにほぼ一期一会の関係ならともかく、友人から紹介された相手、商談相手などから握手を求められた場合は、それだけ相手がこちらを期待、もしくは信頼していることの証となる。

その中でも、相手がこちらの手をぎゅっと強く握りしめてきたなら、込められた思いも強い。特に初対面、ないし付き合いの浅い相手の場合、それは長い付き合いを期待されていると解釈していいだろう。好意を持った異性に熱烈なアピールをしてしまったり、やたらと長文のメールを打ってしまったりするのも、熱い思いを伝えるための行動という意味で、根は同じこと。それをさらに気持ちが伝わりやすい握手という接触行動で表現しているのだ。

心理POINT
握手には友好・親交の作用がある

犬好きか猫好きかで性格が判断できる

透視力キーワード　類は友を呼ぶ

同じ趣味の友人同士で集まると、共通の話題で盛り上がることができる。しかし自分の属する集団の中で同じ趣味の人間を何人も見つけるのは、簡単なことではない。そんなときにとても便利なのが、「犬好き？　それとも猫好き？」という質問だ。これなら誰の気分を害することもなく、相手からどちらかの答えを引き出すことができる。

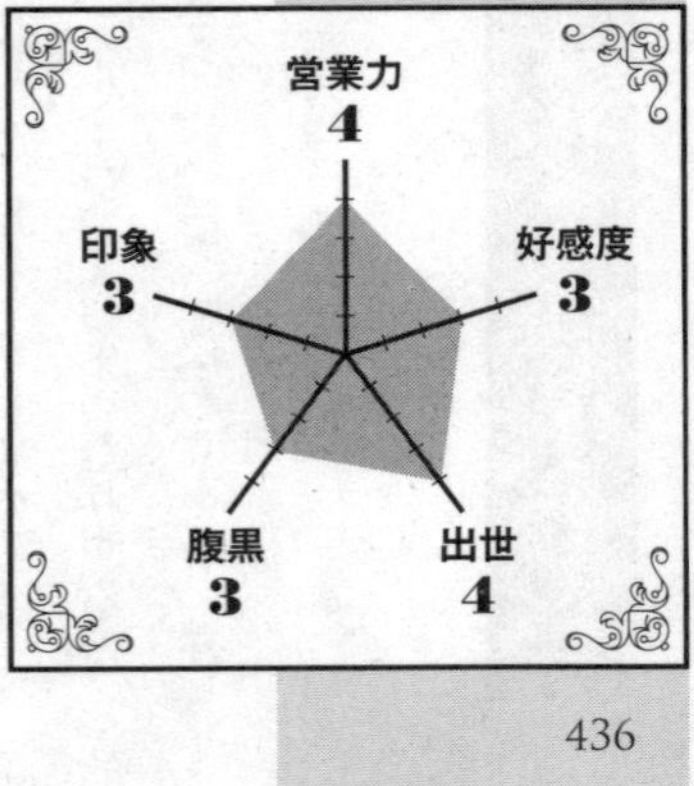

しかしこの質問には、深い意味が隠されている。犬派と猫派で、その人の基本的な性格が大きく異なってくるからである。

犬好きと答えた人は、対人関係や上下関係を重視する協調型。犬そのものが群れで動き協調性を持った動物であり、犬を好む人も、おおむねこのタイプなのだ。これは犬をペットとして飼ったときを想像すればわかりやすい。「類は友を呼ぶ」という諺があるように、自分と同じタイプの動物のほうが、同じ空間で生活していてもうまくいく。人間同士でも同じことで、犬派の人たちは学校や会社の集団の中でも協調性を重視し、和を乱すことを嫌う。何かやりたいことがあった場合、周りの友人にも声をかけて団体で楽しもうというタイプだ。

一方の猫好きは、性格も猫。自由気ままで自分1人の時間を大切にするタイプであり、やりたいことがあったら自分1人でさっさと行動に移してしまう。どちらかと言えば集団行動は苦手で、時には「周りに迷惑さえかけなければルールを無視してもかまわない」と公言することも。しかし、周りの人の目を気にしない分、行動力があり、仕事でも結果を出すのが早い傾向がある。

心理POINT

犬と猫の両方を飼う人は気持ちの切り替えが上手

部下を呼びつける上司は自分に自信がない

透視力キーワード　権威主義

いつの時代も、会社の上司は厄介な存在だ。

特に近年は、どれだけパワハラを受けても、簡単には再就職先が見つからないため、辞表を叩きつけるのにも覚悟がいる。そうなると、この厄介な上司といかにしてうまく付き合っていくかが、人生を決める。ここでは、2人の対照的な課長の例を見てみよう。

まず、自分のデスクまで部下を呼びつけて指

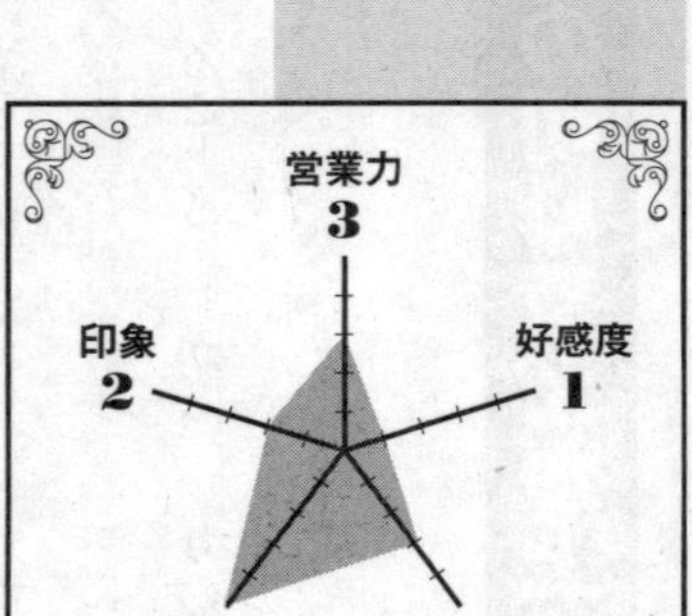

示を出す上司。このタイプは一見するとどっしり構えて貫禄たっぷりに見えるが、実は自分の能力に自信がないタイプが多い。そのため権威を感じさせる課長の席から動かず、部下を萎縮させながら命令を伝えるのである。こういった権威主義の上司は典型的な「下に強く、上に弱い」タイプなので、部下からの信望が薄いものである。とはいえ、上司は上司。企業内における命令には従わなければならない。そこでもし課長の命令と異なるこちらの意見を通したい場合は、「部長もおっしゃっていました」などと、さらに強い権威を持ち出すと効果的である。

逆に、部下のデスクまでやってきて指示を出すタイプの上司は、自分の課長というポストにあまり権威を感じていない。しかし自分自身に強い自信や権威を感じており、他者の言葉に影響されない自分なりのはっきりとした価値基準を持っている。そのため信望が篤く、課長や重役、さらには社長の意見を持ち出しても、あまり影響を受けることがない。その一方で、客観的なデータを持ち出して「こちらのほうが効果的」と説明すれば、相応の理解を示してくれる。ただし、頭の回転が速く小さなミスもすぐに見抜くので、中途半端なアイデアはすぐに論破されてしまうと覚悟して行動しよう。

心理POINT

能力のある上司もない上司も厄介な相手

年配者と仲がいい若者は野心家

透視力キーワード 向上心

会社で自分よりも権威があり出世している人に媚びていると、誰それの腰巾着などと陰口をたたかれることがよくある。能力がないのにむやみに引き立ててもらおうという下心がある場合は微妙だが、これも含めて出世を目指す向上心を持った人は、さまざまな野心を持って年配者と積極的に交流している。

人間として、社会人として成長するためには、

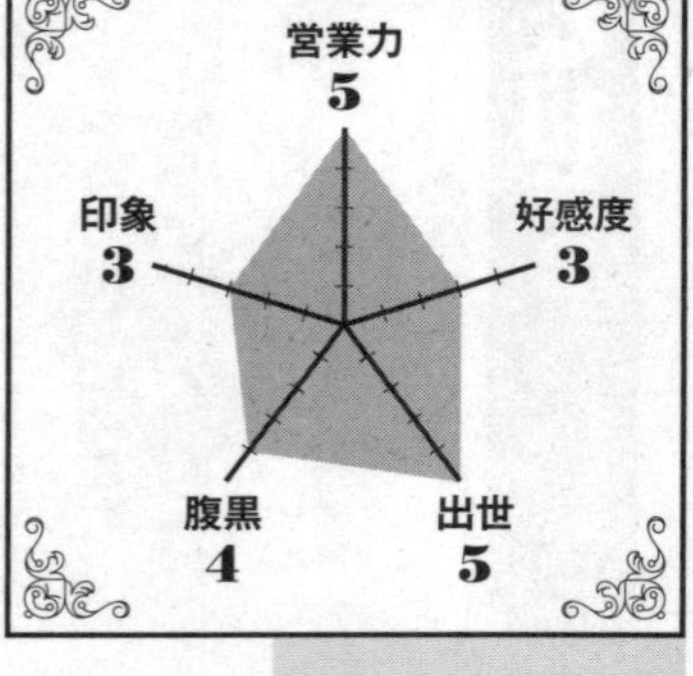

経験や観察を通じた学習が欠かせない。そして、野心を持っている人は、どんな相手から学ぶのが効果的なのかを直感的に知っている。具体的には、「目をかけてもらおうとする相手」「仕事を優位に進めるために力を利用できる上司」「アドバイスを与えてくれる仕事や人生の先輩」などがそうだ。いずれも結果を出して自分よりも高い地位まで昇りつめた人たちであり、かれらが持ち合わせている要素から成功に結びつく部分を見出し、自分を高めていく。あなたも出世しようという野心を持っているなら、先達である年配者の立ち居振る舞いには、学ぶべき素養がつまっていると肝に銘じておきたい。

向上心のない人から陰口をたたかれることもあるだろう。ただ、陰口というのは、自分にない素質や能力を持った人に対する羨望や劣等感の裏返しであり、陰口をたたかれる人は優秀な能力を秘めているということである。上下を問わず人をきちんと評価できる姿勢は、自分が出世したあとに部下を使いこなすためにも、身につけておきたいところだ。

ただし、出世そのものが目標では虚しい。出世して何をしたいかという目標が明瞭にあってこそ、成功者から学ぶことが意味を持ってくる。手段が目的にならないよう意識しておこう。

心理POINT

成功した人は相応の何かを持っている

お酢上手な人は警戒心が強い

透視力キーワード　自己の抑制と解放

お酒の席は、人の隠された性格や積み重なった不満が如実に表れる場所である。アルコールが気分を解放的にし、普段の生活の中で意識的に抑制されている部分が表面に出やすくなるからだ。

たとえば酒乱タイプの人は、アルコールの力を借りて日頃のストレスを発散させようとしている可能性が高い。自慢話を始める人は、日頃

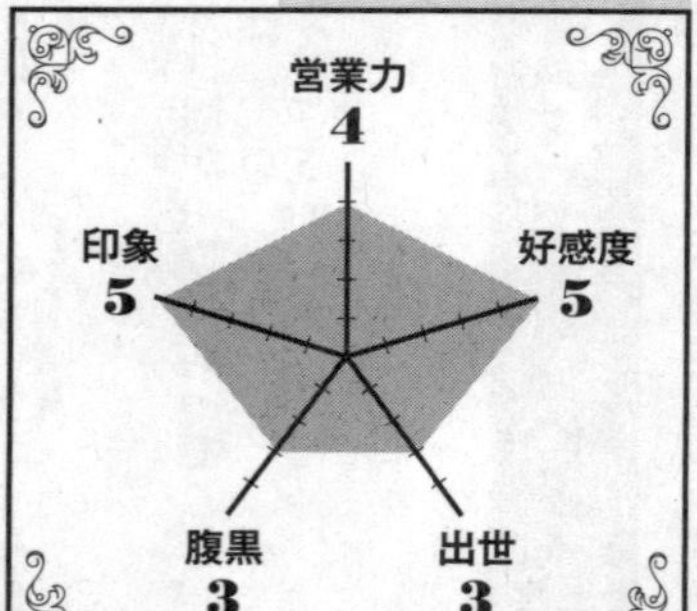

からなんらかのコンプレックスを抱え、それを解消するためにまったく無関係な自慢話を披露して精神のバランスをとろうとしている。いずれも、普段は強い理性によって自分を抑えつけている人に見られる傾向である。

これらとは別に、お酒の席での振る舞いからも、その人の基本的な性格がわかる。その典型例が、ビール瓶を片手に席を動き回ってお酌をして回る人だ。気配り上手で周囲から好感を持たれるが、その反面、すこぶる計算高い一面を秘めている。人にお酒をすすめて回るということは、それだけ自分がお酒を口にする機会が減り、結果的に自分が酔って本性をさらけ出す可能性が低くなる。要するに、警戒心が強い人なのだ。さらに、お酒の席という独特のムードに流されることのない、冷静なタイプとも言える。それだけ本音を口にすることのない殻に閉じこもった人とも言えるが、集団の中に1人はいてほしい、優れた自制心と客観的観察力を持つ存在である。

逆に、いつも人からお酒を注がれてばかりの人は、気配りのできない自己中心的な人。視野狭窄に陥りやすく、わずかな情報から大切な決断を下しがちなので、もう少し周囲に気を配るようにしよう。

心理POINT

酒は飲んでも飲まなくても性格が出る

左側にポジションを取る人はリーダーになりたいと思っている

透視力キーワード
論理脳である左脳

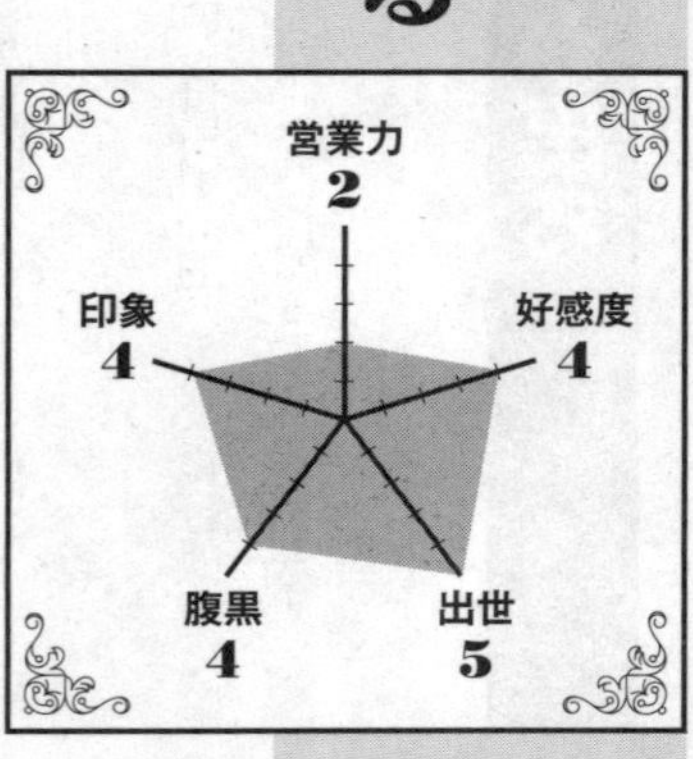

集団においてリーダー的存在の人は、周囲の人に対して自分の顔の右側を見せる傾向がある。そのため、誰かと一緒に行動する場合は、さりげなく人の左側に位置している。

顔の右半分には力強さやりりしさが表れるという。それを見せつけることで、自分を集団のリーダーとして認めさせようとしているのだ。

また、体の右半分を統括しているのは論理脳と

心理 POINT

リーダー的な印象に負けない実力も身につけろ！

呼ばれる左脳で、顔の右側には力強さに加えて論理的、知的な印象をアピールする性質もある。

あなたがもし集団の中で発言力を持ちたい、リーダーになりたいと願っているなら、顔の右側を相手に見せることを習慣づけてみよう。人の左側に立つのはそれが簡単にできるからだが、それができないときには向かい合って話をするようにすればいい。そこで顔をやや左向きにすれば、相手には顔の右側が見えるようになる。これを繰り返すことで、相手にリーダー的な印象を植えつけることができるのだ。

リーダーに憧れる人は無意識に左側に立つ

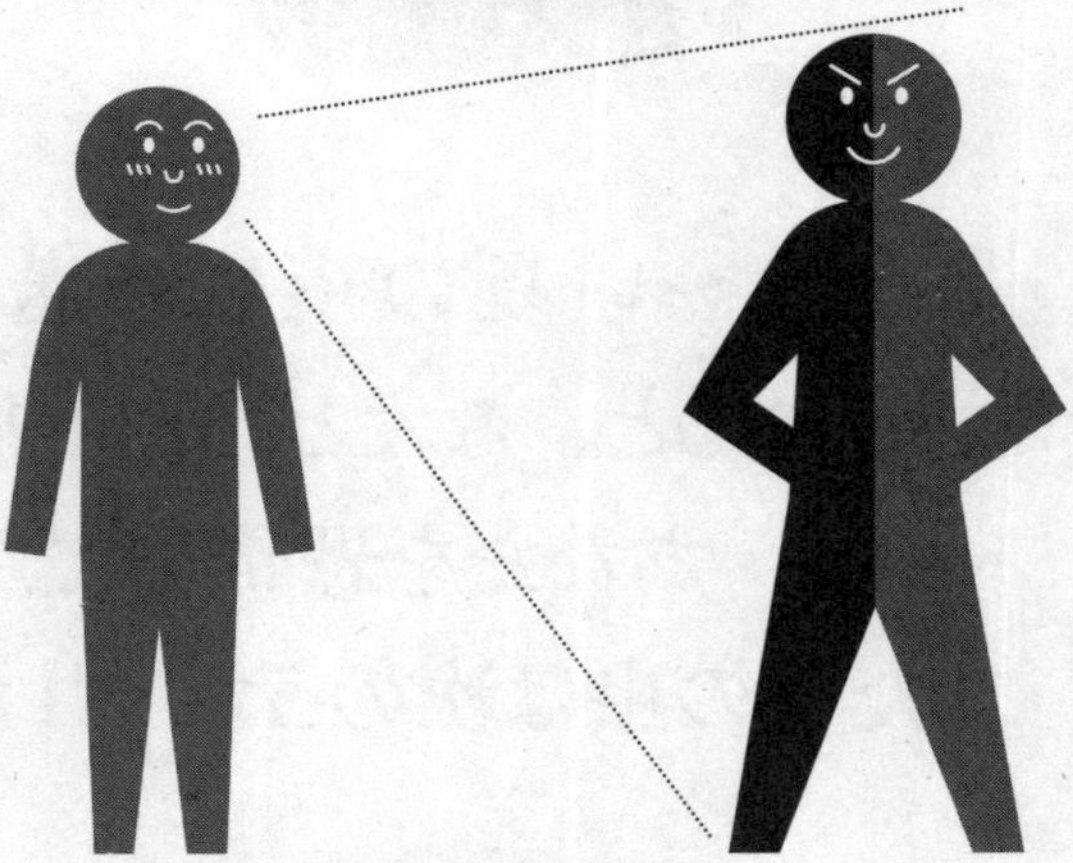

無意識的に顔の右側を見せるということは自分が理性的であることの表れ。

問題 66

ある暑～い夏の夜に寝苦しくて目が覚めると、なんと顔に1匹の虫が……!!　あなたを恐怖のどん底に陥れたその虫は次のうちどれだった?

Question

A

アリ

B

ゴキブリ

C

カメムシ

D

チョウ

Answer

やっぱりどーしてもムリ!!　と思う

「生理的に受け付けない異性」を診断

汗でベットリ、顔はテッカリの油ギッシュな人

B

「人を見た目で判断してはいけない」と思いつつ、異性を100%見た目で判断しているのがあなた。電車などでは、汗や油で満面にテカリをたたえている中年に対して、殺意すら覚えているはず。つい冷たい態度が表に出てしまっているかも?

小さいことをウジウジこねくり回すやたらと細かい人

A

あなた自身がどちらかといえば大らか、悪く言えば大雑把なタイプだけに、重箱の隅をつついて物を言うような細かい人はNG。潔癖で器の小さい相手に、ついつい拒絶反応を示すことはないだろうか。はっきり言って相性は最悪なので要注意。

あっちもこっちもニコニコ顔とにかく八方美人な人

D

芯の強い骨太な考え方で行動するあなたは、誰にでもいい顔ができる人が大の苦手。相手に合わせて自分をカメレオンのように変えられる心根が許せないはず。しかし、それはあなたの心の狭さの表れでもあるということを、決して忘れないように!

近くに寄ると体臭がモワッ不潔でニオイがきつい人

C

ちょっと神経質で潔癖性気味なあなたが苦手なのは、なにより不潔な人。さらにワキガや足のニオイがきついようなことがあれば、もう顔を見るだけで湿疹ができそうな気分。そういう人は自分の香水の匂いがきつすぎることには気がつかないものなので注意しよう。

問題 67

Question

あるとき会社の廊下を歩いていると、あなたに気づかない同僚たちがあなたの話題をひそひそ。そんなとき、あなたが言われて一番嬉しいと思うのはどれ？

A
「優しい人だよね」

B
「ノリがいい人だよね」

C
「頼りがいがある人だよね」

D
「大好き！」

Answer

ちょっと関わりたくないなあ……と思う
「自分から遠ざけたい人」を診断

B
とことんわが道を行く
ノリの合わせられない人

いつもチームのムードメーカーとして働くあなたは、場の空気を読まない人が許せないハズ。マイペースな人の人格まで否定しがちなのだが、ノリが悪いことと協調性がないことは無関係。大きな心で受け止めて、相手の心情を思いやるのも大切なのでは？

A
顔を見ればツンツンの
優しくない人

愛想がよく社交的なあなたは付き合う相手にも同じような優しさを求めがち。だから人に対して冷たい態度を取る人間が理解不能で、身の回りから排除したいと考えていないだろうか。優しさは見返りを求めるものじゃないことにそろそろ気づくべきかも。

D
嫌いという態度がつい表に……
自分を好きになってくれない人

あなたはすべての行動基準が「好き」「嫌い」に委ねられている人。相手の愛情の量を行動の理由にすることは、支配したり、束縛したりしたいという欲求の表れ。自分のことを好きか嫌いか、ではなく、あなたが相手をどう考えるか、が大事なのでは？

C
いつもフラフラで役に立たない
頼りない人

リーダーシップを取って、周囲の人から頼られているあなたは、役立たずに見えるいい加減な人を自分から遠ざけたいと考えがち。でも、価値観が合わないからといって即排除の考え方こそ、心が狭い証拠。いいところを探すのもリーダーの役目と気づくべき？

問題
68

Question

地方への転勤が決まって、会社の同僚たちが開いてくれた送別会。「そろそろ終電……」と帰る人が出始めた二次会で最後まで残った人数はどれだけ？

A ほとんどの人が残った

B 6割くらい残った

C 半分くらいが残った

D ほとんど残らなかった

Answer

あなたの真のカリスマ性がわかる
「隠れた本当の人徳度」を診断

B

人徳指数は町の人気者レベル
隠れ人徳度 70%

ノーマルな交友関係を心がけているあなたは、人付き合いの範囲も広くうまくやっていけているほう。ただし出会いと別れに関しては「去る者は追わず」という考え方で、情の薄い人と思われがち。あなたの周りで寂しい思いをしている人がいないか、一度考えてみては？

A

教祖さま並みの人徳者
隠れ人徳度 100%

友達の数の多い少ないは関係なく、あなたは人間関係に問題のないとても幸せな人。他人との付き合いで孤独や不安を考えたことなど、生まれてこの方一度もなかったハズ。ただし、実は孤立していることに気づかない、おめでたい人物である可能性も？

D

心を開くところから始めよう
隠れ人徳度 0%

あなたは他人に対して、自分の心をハリネズミのようにして守ってはいないだろうか。人が離れていくことを極端に恐れて、他人に対して心を閉ざすのはあなたの防御本能。「人徳」うんぬんを考える前に、恐れを抱かず心を開いて相手に話しかけてみては？

C

自分を見る目がちょっと不安
隠れ人徳度 50%

交友関係に自信がなく、孤独への恐怖がちらちらと見えるタイプ。時間があればメールの受信を押したりしがちではないだろうか？　人徳は孤立を恐れない人の心についてくるもの。趣味を見つけて、他人と自分を切り離すのも自立の方法だ。

問題 69

Question

タクシー待ちの列に並んでいるときに、ふと横を見ると女性が悲しそうな顔をしていました。その女性を見て、あなたは何を感じた？

A 失恋でもしたのかな

B 大事な人が亡くなったのかな

C おなかが減ったのかな

Answer

男と女のイザコザをバッチリ修復!!
「異性との問題を解決する能力」を診断

B
まさに恋のトラブルシューター
解決能力 100%

男女関係のみならず、普段から人の心の機微がわかるあなたは、問題が起きたときでもまず相手の立場に立って考えることができる人。感情を交えず、問題を分析し、解決策を示すことができるため、恋人に「わけがわからずフラれた」というアクシデントは少ないハズ。

A
心の機微もちょっとだけ
解決能力 60%

理解できるかどうかはともかく、相手の気持ちを推し量ろうとするあなたは思いやりのある人。たとえそれが正解でなくても、相手にあなたの優しい気持ちが伝われば、問題解決の道は開けるハズ。ただし、たまに的外れでとんちんかんなことを言い出すことも?

C
あなたの鈍感力にうんざり
解決能力 20%

どうにも他人を思い量ることが苦手のあなた。あなたの周りの異性は、それをあきらめている節すらあるのでは?　うんざりしている可能性もある反面、それでも愛してくれる人は、あなたのいいところも知っているハズ。ただし、その優しさに甘えないように!

問題 70

Question

りんご農園のアルバイト中、たわわに実った果実を収穫していると、鳥が今にもついばもうとしていました。なんとかしようと考えたあなたは、どんな行動を取る？

A
鳥を
音で威嚇する

B
鳥用の餌を
別に用意する

C
果実に
網をかける

D
鳥に好きなだけ
食べさせてやる

Answer

いざというときのトラブルにあなたはどうする!?

「リスクマネジメント能力」を診断

B 汝の敵を愛せよ リスクとの共存を選ぶ

自らの敵となるような邪魔者に対しても、心の広い博愛精神をかかげるあなたは、危険とすら共存を図ろうとする優しい人。しかし、その愛が邪魔者に通じるとはまったく限らず、むしろ恩を仇で返されることのほうが多いハズ。それでも人道主義を通せれば本物か!?

A 邪魔者を抹殺は間違い? リスクマネジメント初心者

邪魔者にかなり攻撃的な姿勢を見せるあなたは、リスクに対して直接解決を試みる徹底主義者。しかし、邪魔者は消せという考え方はかなりエゴイスティックで、被害を想定して回避するほどには効率はよくない方法かも。もっと穏便に物事を考えるように。

D ガンジー並みの非暴力主義 リスクをリスクと考えず放置

考え方としては非暴力の平和主義者だが、そもそも番人をするという目的からも外れていることに気づくべき。そして鳥にやられるがままなら、自分の体までついばまれてしまうハズ。それがわからないあなたが、そのまま生きていけるのかちょっと心配だ。

C 知恵を使って先回り リスクマネジメント上級者

邪魔者に対して、行動を予測して対策を練り、準備をしておくあなたはリスク回避能力の高い人。被害を最小限に抑えることができるため、効率よくトラブルを乗り切ることができるハズ。ただし、策士策におぼれるのたとえもあるので、過信は禁物かも。

問題 71

Question

街中でふらっと寄ったアクセサリーショップで携帯電話のケースを購入。あなたはどのようなケースをつけて携帯を持ち歩きますか?

A キャラクターやブランドもの

B 自分でデコレーションしたもの

C 携帯電話に一緒についてきたもの

D ケースには入れていない

Answer

携帯は好きなモノ、アクセサリーはハマりやすさ
「洗脳されやすさ」を診断

B かなりのハマリタイプ 洗脳されやすさ 75%

自分の好みのものをよく知っているあなたは、受け入れるモノをあなた好みのものにアレンジすることができる人。自分に合うモノ、好きなモノは無限に生み出せるため、ハマり具合も底抜けと言えるハズ。自制心を忘れず、何事もほどほどに。

A 身も心も捧げちゃう 洗脳されやすさ 100%

好きなモノにはお金を惜しまず、身も心も与えるあなた。夢中になっているあなた本人は幸せかもしれませんが、その先に待っているのは破滅かも。依存タイプであることに早く気づいて、ちょっと危ないな、と思うモノや人に惚れそうになったら自らストップを。

D お地蔵さん並みの石頭 洗脳されやすさ 0%

物事に流されない、といえば聞こえはいいが、果たしてここに心が存在するのかと思うほどのカチカチ頭。自分しか信じないため、他人の言葉など寸分も耳に入らず、何かにハマるような依存心はゼロ。ただの頑固者と思われている可能性もあるので、要注意。

C あらゆるモノに影響されない人 洗脳されやすさ 25%

趣味にしても、恋愛に関してもあるもので満足。まさに足るを知るを地で行くあなたは、こだわりが少なく本気度が低いため、よく言えばクール、悪く言えば情の薄い人。ゆえに、すべてのことにあまりに無関心だと、周りの評価も下がってしまうことを忘れずに。

問題
72

Question

ウォーキング中に休憩を取ろうと見つけた公園のベンチで、さまざまなイスを発見したあなた。あなたが選んだイスの座り心地はどんなもの？

A 弾力性がなくて固い

B フカフカして気持ちがいい

C 新感覚でユニークだ

D これまでにないほど上質

Answer

イスは共同体、座り心地はあなたの立場
「コミュニティーでのポジション」を診断

B
癒しのオーラを身にまとう
いるだけで場が和む人

にっこり笑うだけで周りがなんとなく明るくなるタイプ。ついつい周りが保護してしまうので、大変なことや辛いことを回避できる得な性格の持ち主でもある。好意に甘えず、自らあなたにしかできない楽しいイベントなどを企画するなどの努力を見せればＯＫ。

A
面倒くさいけどほっとけない
気を使わされる人

機嫌を損ねると面倒くさいあなたは、周りの人から気を使わされる人だなぁと思われている可能性大。他人に必要とされる能力や人格も持っているため、弾き飛ばされることはないもようだが、あまり周囲の気遣いに甘えてばかりいると排除されることもあるかも。

D
仲間を先導するカリスマ
強力なリーダータイプ

がっちりとコミュニティーの方針を決めて推進する、強力な指導者タイプのあなた。頼られる部分が多く役目を果たしているように思われがちだが、裏を返せば圧迫感のある、近くにいてほしくない人でもある。たまには隙を見せて、くだけて盛り上がるのもいいかも。

C
最新のニュースを届ける
情報伝達の達人

仲間に最新の情報を届ける、コミュニティーの瓦版役。あなたのもたらす刺激的なニュースは、周囲の人間を楽しませて活性化させるため、いつもみんなの人気者になっている。しかし、期待に応えられないときには、ついついストレスを溜めてしまうことも。

問題
73

Question

なんとなくぼんやりと富士山を眺めている自分の姿を想像してください。富士山には雲がかかっていましたが、雲のある位置はいったいどのあたり？

A 山頂のはるか上の方

B 山の中腹

C 山頂あたり

D 山のふもと

Answer

あなたはどこまで出世願望がある?

「出世欲」を診断

B　やる気ある?　とよく言われる 出世欲 10%

山の中腹程度に雲があると考えたあなたは、出世にあまり関心がない人。当然ながら仕事の意欲も低調で、仲間からは役立たずと思われることも。人柄がよければカバーできるが、これで性格が悪ければ最悪の会社員なので、周囲に対する気遣いは忘れずに。

A　出世のためなら何でもするぜ! 出世欲 100%

山を飛び越えるほどの雲の位置を選ぶあなたは、極限の上昇志向の持ち主。他人はあくまで自分の「駒」にしか考えず、その不幸を喜ぶ冷酷ささえある出世の鬼とも言える。当然、周囲に敵は多いため、背後から刺される可能性もあるのでそれなりの覚悟が必要か。

D　すべてがそこそこの草食系社員 出世欲 50%

山のふもとあたりに雲があると考えたあなたは、出世欲と仕事のバランスがいい人。しかしながら悪く考えれば「そこそこに仕事をこなしてそつなくやっていければOK」という事なかれ主義者ともとれる。のんびり現状に満足していると会社に席がなくなるかも!?

C　犯罪スレスレの行為もGO! 出世欲 99%

雲が山の頂上付近と考えたあなたは出世願望がかなり強めの人。席取りゲームに勝つためには手段を選ばず、怪文書やニセメールなどの陰湿な行為にも手を染める可能性があり。行きすぎる前に、ちょっとわが身を振り返って、人としての生き方を考えるべきか?

問題
74

Question

あなたの家に、突然よく見ていたテレビ番組の中継リポーターがやってきた。果たしてそのリポーターは、あなたに何と語りかけた？

A
「一緒にどこかに行かない？」

B
「あなたに不老不死の調味料をあげる」

C
「あなたの人生それでいいの？」

D
「どうも、こんにちは！」

Answer

突然の問題発生！　さあどうする？

「トラブルが起きた場合の対処法」を診断

B　思考がショートしないように！ 論理的に問題を解決する人

ロジックを積み上げることを好むあなたは、一つ一つの証拠や結果を検証しながら問題を解決する論理派。このタイプは自分の考える流れに沿ったことは対処できるが、そこから外れて臨機応変に対処をすることが苦手。考えすぎて頭をショートさせないように。

A　意外にもトラブル対処の達人 まあなんとかなるさタイプ

物事をとにかく楽観的に考えるのが好きなあなたは、起きた問題を誰かのせいにするわけでもなく、自分で背負い込みすぎることもなく、上手に解決することができる達人。ただし、あまりに適当な判断ばかり続けていると、そのうちしっぺ返しをくらうことも……。

D　問題解決には急がば回れ 時間をかけて判断する人

急いで結論を求めず、落ち着いてゆっくりと話を聞いてから判断するタイプ。原因を求めることも解決方法もゆっくりとしているため、確かに時間はかかるが解決方法は確実で正確。ただし、周りの人をじりじりとさせる人でもあるので、他人に対する気遣いは必要だ。

C　その場を逃げればOKさ 責任押しつけ型

トラブルに遭遇したときに相手を責めることしかできないタイプ。自分の間違いを認めず、その場を回避することだけを考えているので、問題が解決することはなく、拡大することもしばしば。自分がトラブルの元凶であることに早く気づくべき？

問題 75

Question

就職難を乗り越えてやっとのことで就職。さていよいよ会社への入社1日目、初出勤のあなたの前にあった仕事机はいったいどんな机だった？

A キャスター付きの机

B 透明なガラス製の机

C 自分で組み立てられる機能机

D 木製のナチュラルな机

Answer

机はあなたの仕事への気合度の表れ!
「仕事の情熱度」を診断

中身よりもスタイルが大事!
仕事への情熱 50%

B

ガラス製のテーブルは見栄えがよく、カッコいいイメージ。あなたは自分の満足度より、人からどう思われるかを基準に仕事を選ぶ傾向があるのでは？　会社の名前や有名度などにもこだわりがありそうだけど、肝腎なのは仕事ができるかどうかなのをお忘れなく。

いつ辞めたっていいんだよ!?
仕事への情熱 10%

A

キャスター付きの机は即移動が可能な仕事場。今の仕事もそれほどこだわりを持っていないため、転職するのはいつでもいいと考えているタイプ。逆に言えば、周囲に対してあまり神経質でない対応力の高い人でもあるので、どの職場でも即馴染めるとも言えるかも。

気持ちはまだまだ無色透明
仕事への情熱 30%

D

木製の机を選んだあなたは、良くも悪くもまだまだ無色透明の発展途上の人。今の会社での仕事にやりがいを見つければ情熱を傾けることも可能だが、合わなければ即飛び出す可能性もあり。これだ、というものが見つかれば、思わぬパワーを発揮するかも?

職人気質のガンバルマン
仕事への情熱 99%

C

組立て式の機能机は創意工夫を持って仕事をクリエイトできる才能の象徴。気持ちの切り替えがスピーディーで、メリハリを持って仕事をできる人なので、当然ながら仕事の覚えも早いハズ。ただし、一途な職人気質が悪いほうに出ると周囲との軋轢が起きることも。

問題 76

Question

あなたは庭のチューリップの球根に水をやって成長を見ています。よく晴れた日にたっぷり水をやった翌日の朝、チューリップはどこまで伸びている？

A 1センチくらい

B 3センチくらい

C 5センチくらい

D 7センチ以上

Answer

会社が伸びるか伸びないかはあなた次第?
「社長に向いている度」を診断

B

目利きと統率力はバツグン
社長に向いている度 100%

適正な成長度を見越す力があるあなたはかなり社長向きの性格の持ち主。人の意見をよく聞き分け、何事もバランスよく進める能力を持っているので、大ケガをすることもないハズ。ただし、周りの期待に応えようとして無理をすると体調を崩しがちなので要注意。

A

人を率いるのはかなり苦手かも
社長に向いている度 30%

人を率いるのには向いていないあなたは、社長よりもフリーランスの立場のほうが活躍できる人。1人で考えて行動する一匹狼タイプなので部下に対してどう指示を出してよいかや、場をどう仕切るかなどを考えると、何をしていいかわからなくなってしまうかも。

D

上に立ちたいばかりはダメ!!
社長に向いている度 50%

極限の成長を求めるあなたは、上昇志向が強すぎる傾向がある人。独裁的なあなたが人の上に立つ場合、相当な策略かカリスマを持ち合わせていない限り成功しないハズ。もし、その自信がなければ、リーダーとなるのをあきらめるか、他人の意見に耳を傾けるように。

C

みんなと一緒に汗をかくリーダー
社長に向いている度 80%

適正よりもやや上向きな成長を考えるあなたは、チームとともに汗をかいて仕事を進めることのできるリーダー。集団の和を大切にしてみんなをまとめることは得意なものの、やや厳しさに欠けるところは欠点である。嫌われても言うべきことは言うべき。

問題 77

Question

河原を散歩中に段ボールを発見したあなた。どうやら動物が入っているらしくガサゴソと音がします。その中に入っている動物はいったい何？

A 犬

B ヤギ

C ウサギ

D サル

Answer

可哀そうな動物はあなたの後輩 !?
「部下を許せる度」を診断

執念深さと心の狭さは天下一品
部下を許せる度 30%

B

一度でも癇に障ることをした相手を許すことができず、執念深くいつまでも根に持つ最悪の人。その後、またミスを犯そうものなら、何度も何度も「あのときは……」と、前回のミスについて説教する。上司、というより人として更生することをおすすめしたい。

寛容度は高い、が意外と粘着質
部下を許せる度 80%

A

熱しやすく冷めやすい性質で、瞬間湯沸かし器のように怒っても、すぐに忘れてしまうよさもある人。だが、部下や後輩が陰でこそこそと言っていることが耳に入ると、かなり気にしてしまうたちなので悪口を根に持つことも。引きずらないように心がけるように。

いつもニコニコ……でいいの?
部下を許せる度 100%

D

部下のミスがあっても決して怒らず笑って許す寛容度100%のあなたは、怒ることもほとんどなく、ときには部下を励ます理想の上司。もちろん陰で舌を出しているような部下がいることを知りながらも許容する懐の深さは感服もの。上司としては理想の人かも。

許すかどうかは相手の態度次第
部下を許せる度 60%

C

責任の所在がハッキリすればそこで気持ちをスッキリさせられるため、冷静で公正な判断を下すことが可能なタイプ。しかしながら、素直に謝ることができない部下に対しては、絶対に許すことができないメンタリティもあるため、寛容度はやや低いかも。

問題 78

Question

ある朝目覚めると、なんとたった一つの食べ物以外は食べられない体になってしまっていた！　その1種類の食べ物はいったい何だった？

A チョコレート

B リンゴ

C おにぎり

D ショックで何もいらない

Answer

あなたはどれだけひとりに耐えられる!?

「孤独に生きる力度」を診断

B 愛情不足では生きていけない 孤独に生きる力度 30%

果物のリンゴを求めるのは愛情が欲しい、ということの表れ。自分の求めに応じて働いてくれることで、相手の愛情を確かめているような気配があるかも。自力でやっていける力はあるのだから、もっと自信を持ってひとりで生きる力を磨くべき。

A ベタベタの甘えん坊体質 孤独に生きる力度 20%

甘いチョコレートは人に甘える体質の象徴。会社を休んでも平気だったり、誰かが代わりになんとかしてくれると思ったりするのはかなりの甘ちゃん体質のハズ。人に頼ってばかりいると、いざ自力で勝負するときに「何もできません」てなことになりがちかも?

D 慎重さも大事……だが!? 孤独に生きる力度 80%

何も食べられないと思ったあなたは物事を慎重に深く考えるタイプ。どんなに難しい状況にあっても、安易に人に頼るような真似をせず、ひとりで生きる知恵と意思を発揮できるハズ。ただし、その慎重さゆえに大事な場面で何も選択できない、なんてことがないように。

C 心のバイタリティーはピカイチ 孤独に生きる力度 100%

すべての生きていく力を表すお米を選んだあなたは、生命力の強いパワフルな人生を歩めるタイプ。我慢強く地に足の着いた生活力でバリバリと仕事をこなしていけるハズ。しかし、孤独に生きる力が強いため1人でも大丈夫、と思われすぎないように。

問題
79

Question

久しぶりに帰った故郷での幼なじみの結婚式に向かったところ、二次会の服装は自由と聞いたあなた。そこであなたならどんな雰囲気の洋服を選ぶ？

A 誰よりも目立つ

B 仮装する

C ウケを狙う

D 美しく装う

Answer

仕事仲間はあなたをこんな風に思っていた!?
「職場でどう思われているか」を診断

B 計算高さは仕事に生かせ! 分析と処理能力に長けた人

そろばんずくで行動ができるあなたは、分析や処理スピードの速い職場にいなくてはならない人。上司からの信頼も厚く、適した仕事を任されることも多い。しかしその反面、謙虚さを失えばクールな物腰が同僚からの反発を招きかねないので要注意だ。

A 目立つ姿勢は両刃の剣!? バリバリ仕事をするタイプ

周囲からは何事にも意欲的に取り組むタイプだと思われているあなた。自分で仕事を作り出すことができて、一歩前へ出る姿勢は上司からも可愛い奴と思われるハズ。ただし、それだけに独善的になりがちで、自分の考えだけにとらわれすぎないよう注意が必要かも。

D 同性のヒガミには気をつけろ! 異性にモテモテのタイプ

エレガントな雰囲気を醸し出すあなたは常に職場の華扱い。上司もあなたを見るとついつい優しくなりがちで、なんとも得な人と思われがちだが、そのぶん同性からのヒガミは覚悟すべき。それゆえにトータルで考えれば損をしているほうが多いかも。

C 空気を察知して素早く動ける 職場における社交の天才

とにかく空気を読むのがうまく、人の心の機微がわかるあなた。サービス精神も旺盛で部署が違う上司や取引先からも気に入られる人気者だけに、社交能力が高く、顔も非常に広い。それゆえに気難しい上司には目を付けられがち、ということも覚えておこう。

問題
80

Question

久々に合コンに参加したあなたはそこでかなりタイプの異性を発見。そしてイスはどこでも自由に座れそうな感じ……。さてあなたはどこに座る?

A
その人の
隣のイス

B
その人から
少し離れたイス

C
その人の
正面のイス

D
あちこち
移動する

Answer

本当はあんたのここが気に入らないんだよ!!
「同僚に対する不満の内容」を診断

B ちょっと顔近いんですけど デリカシーのなさが不満

自分のエリアは自分で守りたいと思っているあなたは、同僚がずけずけと私生活のことを聞いてこようものならもう我慢できない。おまけに「前の髪型のほうがよかったね」とか「服の趣味どうなの?」とかうるさいったらありゃしない。好みを押しつけるな!

A 気配り……以前の問題だろ! 無神経さが不満

いつも周囲のことを考えて行動しているあなたは、同僚の気配りのなさが我慢できないハズ。トイレの電気がつけっぱなしだったり、ゴミの分別ができていなかったりするともう怒りはピークに。実は内心いつも「公共心ってものはないのか!」とイライラ。

D だからキミはダメなんだよ~ 愚痴っぽいのが不満

あなたは明るい太陽のような性格でいつも前向きな人。それだけに愚痴っぽい同僚の文句や不満に耐えられない。なぜそんなに後ろ向きな話を延々とできるのか、といつも思っているハズ。それでも聞いてあげている優しいあなたのストレスは溜まる一方では?

C 言いたいことは言ってください!! コソコソ話が不満

竹を割ったようなさっぱりした性格のあなたは、陰で話をされることが大嫌い。言いたいことがあるなら会議や公の場で言えばいいのにと思うのに、あちこちでコソコソ、コソコソ……。大事な話を密談で済ませるようじゃ会社の未来もないや、と内心トホホ状態。

参考文献

『本当は怖い心理テスト』監／齊藤勇（イースト・プレス）

『本当は怖い心理学』監／齊藤勇（イースト・プレス）

『―怖いくらい彼のココロが見ぬける恋の心理学―』
監／齊藤勇（イースト・プレス）

『人をトリコにする技術』著／齊藤勇（講談社）

『何気ないひと言にホンネがみえる！「ことばの裏」の○秘心理法則』
監／齊藤勇（青春出版社）

『しぐさに隠された大人の本音』監／齊藤勇（蒼竜社）

『恋の深層心理テスト』監／齊藤勇（宝島社）

『他人の心がカンタンにわかる！　植木理恵の行動心理学入門』
監／植木理恵（宝島社）

『やさしい男の「本心」が見抜ける本―恋愛心理50の不思議―』
著／齊藤勇（大和書房）

『ココロが見える心理学』監／齊藤勇（ナツメ社）

『見た目でわかる　外見心理学』著／齊藤勇（ナツメ社）

『恋愛心理学』著／齊藤勇（ナツメ社）

『自分探しの心理ゲーム』著／齊藤勇（南雲堂）

『人には言えない…大人の心理テスト』監／齊藤勇（日本文芸社）

『図解でわかる　深層心理のすべて』編著／齊藤勇（日本実業出版社）

『心理ゲーム恋愛編』著／齊藤勇（ネスコ）

『しぐさで見抜く相手のホンネ』監／匠英一（扶桑社）

STAFF

＊編集
株式会社G.B.
（坂尾昌昭、佐々木努）

＊執筆協力
株式会社ノトーリアス
合同会社DRIL STAR、
上野臺恵介、澤井一、井上岳則

＊表紙、本文デザイン
酒井由加里（G.B. Design House）

＊本文DTP
徳本育民

＊イラスト
玉田紀子、吉井みぃ

齊藤 勇（さいとう いさむ）
元立正大学心理学部教授。現在は日本ビジネス心理学会会長。主な編・著書・監修に『図解でわかる深層心理のすべて』（日本実業出版社）、『対人心理学トピックス100』（誠信書房）、『人づきあいがグンとラクになる人間関係のコツ』（永岡書店）、『図解　心理分析ができる本』（三笠書房）、『悪用禁止！ 悪魔の心理学』（宝島社）など。

相手の心を読む！
透視心理学大全

2013年9月23日　第1刷発行
2021年1月22日　第4刷発行

監修／齊藤 勇

発行人／蓮見清一
発行所／株式会社 宝島社
〒102-8388　東京都千代田区一番町25番地
電話／営業　03-3234-4621
　　　編集　03-3239-0928
https://tkj.jp
振替／00170-1-170829　㈱宝島社

印刷・製本／株式会社光邦

ISBN978-4-8002-1339-6